U0567656

权威·前沿·原创

皮书系列为
"十二五""十三五"国家重点图书出版规划项目

澳门绿皮书

GREEN BOOK OF MACAU

本书由澳门基金会资助出版

澳门旅游休闲发展报告（2018~2019）

ANNUAL REPORT ON DEVELOPMENT OF TRAVEL & LEISURE IN MACAU (2018-2019)

澳门科技大学社会和文化研究所
澳门旅游学会
主　编／林广志
副主编／赵伟兵　陈思敏

社会科学文献出版社
SOCIAL SCIENCES ACADEMIC PRESS (CHINA)

图书在版编目（CIP）数据

澳门旅游休闲发展报告 . 2018 - 2019/林广志主编
. -- 北京：社会科学文献出版社，2019.10
　（澳门绿皮书）
　ISBN 978 - 7 - 5201 - 5384 - 3

　Ⅰ. ①澳… 　Ⅱ. ①林… 　Ⅲ. ①休闲旅游 - 旅游业发展
- 研究报告 - 澳门 - 2018 - 2019 　Ⅳ. ①F592. 765. 9

中国版本图书馆 CIP 数据核字（2019）第 181983 号

澳门绿皮书
澳门旅游休闲发展报告（2018 ~ 2019）

主　　编 / 林广志
副 主 编 / 赵伟兵　陈思敏

出 版 人 / 谢寿光
责任编辑 / 张苏琴　张　萍

出　　版 / 社会科学文献出版社 · 当代世界出版分社（010）59367004
　　　　　地址：北京市北三环中路甲 29 号院华龙大厦　邮编：100029
　　　　　网址：www. ssap. com. cn
发　　行 / 市场营销中心（010）59367081　59367083
印　　装 / 三河市东方印刷有限公司

规　　格 / 开　本：787mm × 1092mm　1/16
　　　　　印　张：21.75　字　数：325 千字
版　　次 / 2019 年 10 月第 1 版　2019 年 10 月第 1 次印刷
书　　号 / ISBN 978 - 7 - 5201 - 5384 - 3
定　　价 / 168.00 元

本书如有印装质量问题，请与读者服务中心（010 - 59367028）联系

主编简介

　　林广志　历史学博士，澳门科技大学社会和文化研究所所长、教授、博士生导师。历任暨南大学古籍研究所助理研究员、广州珠江物业酒店管理公司副总经理、广州珠江管理专修学院院长、广州华侨房屋开发公司总经理、广州白云国际会议中心有限公司副总裁、中国社会科学院经济研究所理论经济学博士后研究员、澳门大学澳门研究中心访问学者及《澳门研究》执行主编，兼任澳门特区政府文化咨询委员会委员、文化产业基金项目评审委员会委员。主要从事澳门经济社会史及相关公共政策研究，发表相关论文30余篇，出版（主编）《澳门之魂——晚清澳门华商与华人社会研究》《卢九家族研究》《澳门蓝皮书》《澳门绿皮书》《中葡经贸蓝皮书》《粤港澳大湾区发展报告》《澳门回归大事编年（2010～2014）》《澳门劳动力需求与供给研究》等，主持或参与澳门特区政府多项政策研究课题。获第二届、第三届、第四届和第五届澳门人文社会科学研究优秀成果奖论文类一等奖（2009年、2012年）、著作类优异奖（2015年）和二等奖（2019年）。

摘　要

《澳门旅游休闲发展报告（2018～2019）》由澳门科技大学社会和文化研究所、澳门旅游学会策划并组织澳门及内地旅游学者参与编写，分总报告、人物篇、热点篇、评价篇、专题篇、案例篇和附录七部分共22篇报告〔含《澳门旅游休闲产业大数据（2017～2018）》及《2018年澳门旅游休闲大事记》〕。本报告系统分析了澳门回归20年来旅游休闲产业发展的历史、现状及趋势，首次将博彩业纳入观察与评估范畴，致力于探索建立旅游休闲产业的相关评价体系和标准。

澳门回归祖国20年来，在中央政府的支持下，旅游休闲产业有了长足的发展，在基础设施、政策配套、产业环境以及产业规模与影响等方面取得了举世瞩目的巨大成就。在此背景下，本报告对澳门旅游休闲产业的特征、问题与趋势进行了全面回顾与分析，评选出回归以来澳门旅游休闲产业价值人物"20年20人"，总结了赌权开放以来澳门博彩业的结构、行为和绩效，并根据博彩业和酒店业的特点，开展澳门博彩企业社会责任及酒店美誉度指数的研究。报告重点关注2018年澳门旅游休闲产业的现状、特征及2019年的发展趋势，对澳门旅游休闲产业、博彩经济进行分析，对旅客结构、旅客消费、旅客税、负责任博彩工作、博彩业劳动力情况、澳门土生菜发展进行专题研讨。报告关注周边地区旅游业对澳门的影响，包括新加坡博彩业的发展和日本赌场合法化情况等，分析其对澳门的影响或借鉴意义。报告还对澳门国际旅游（产业）博览会及澳门休闲科技展的发展、银河娱乐集团履行社会责任情况、澳门百老汇非博彩业务等进行评述与展望。

通过上述观察分析，本报告认为，澳门旅游休闲产业在取得巨大成就的同时，仍存在资源禀赋不足、基础设施落后、客源结构单一、人力资源短缺、城市承载力不足等问题。面向未来，澳门应在现有的基础上"内外兼修"，重点做好对外拓展和自我完善两方面的工作。建立多边旅游合作机制，探索在"一带一路"沿线开展旅游投资合作的路径，加大对外宣传的力度与提高精准度，拓展国际旅游资源；同时在粤港澳大湾区建设的背景下，澳门–横琴共建共享世界旅游休闲中心，推动制度创新、设施联通，建设现代旅游休闲产业体系；改善基础设施、服务质量和居住环境，实现宜游和宜居的平衡；挖掘资源，增加非博彩旅游产品供给；加强旅游教育合作，释放澳门优质旅游教育的潜力。作为粤港澳大湾区的"中心城市"，澳门应在中央政府的支持下，抓住机遇，积极作为，推动宜居、宜游城市建设及经济适度多元发展，发挥世界旅游休闲中心的辐射与带动作用。

关键词：澳门　旅游休闲产业　博彩业　世界旅游休闲中心

目 录

IV 评价篇

V 专题篇

VI 案例篇

Ⅶ 附录

皮书数据库阅读 **使用指南**

总 报 告

General Report

G.1

回归以来澳门旅游休闲
产业的发展现状及未来展望

林广志　陈章喜*

摘　要： 进入21世纪，随着经济全球化进程的加快，旅游休闲产业
在全球经济及现代服务产业总体格局中占有突出的战略地
位，已成为全球经济发展的主要刺激源。澳门建设世界旅
游休闲中心是国家发展战略的重要组成部分，而世界旅游
休闲中心的宏观定位有利于澳门经济社会的可持续发展。
回归以来，澳门旅游休闲产业的发展取得了举世瞩目的成
就，展现出产业发展的优势与特征，但也存在一些问题，
面临一定的挑战。在"一带一路"倡议、粤港澳大湾区建

---

* 林广志，历史学博士，澳门科技大学社会和文化研究所所长、教授，研究方向为澳门学、澳
门旅游博彩、企业管理等；陈章喜，暨南大学特区港澳经济研究所教授，研究方向为粤港澳
区域经济。

设背景下，作为大湾区"中心城市"，澳门应抓住机遇，积极作为，在中央政府的支持下，通过制度创新，与横琴共建共享世界旅游休闲中心，以此推动宜居、宜游城市建设及经济适度多元发展，发挥世界旅游休闲中心的辐射与带动作用。

关键词： 粤港澳大湾区　澳门　横琴　旅游休闲产业　世界旅游休闲中心

2019 年是澳门回归祖国 20 周年，也是澳门面临重大发展机遇的起步之年。回顾回归以来澳门旅游休闲产业的发展历程、现状，并展望其未来发展趋势，对今后澳门加快建设世界旅游休闲中心具有十分重要的理论和实践意义。

旅游休闲产业是澳门高端服务业发展的重要组成部分。澳门回归以来，国家出台了一系列推动澳门旅游休闲产业发展的重大举措。《珠江三角洲地区改革发展规划纲要（2008～2020 年)》将澳门发展定位为"世界旅游休闲中心"；国家"十二五""十三五"规划纲要中都明确提出"支持澳门建设世界旅游休闲中心"；《粤港澳大湾区发展规划纲要》（以下简称《规划纲要》）将澳门列为大湾区四个中心城市之一，为澳门建设世界旅游休闲中心提出了新的方向与目标。在内地与澳门区域合作层面上，《粤澳合作框架协议》体现了广东与澳门合作建设世界旅游休闲中心的基本思路，《横琴建设国际休闲旅游岛方案》（以下简称《方案》）提出了与澳门对接旅游休闲产业系列措施。这些政策、措施将澳门世界旅游休闲中心的建设纳入国家和区域合作发展战略中，将对澳门世界旅游休闲中心建设产生极其重要的推动作用。

一　回归以来澳门旅游休闲产业发展的
主要成就与基本特征

（一）回归以来澳门旅游休闲产业发展的主要成就

1.旅游休闲市场规模不断扩大

自 1999 年回归以来，澳门经济社会各项事业取得了长足发展，尤其是旅游休闲产业获得了巨大进步。在旅游入境人数方面，1999 年澳门入境旅客人数仅为 744.39 万人次，2003 年实施"自由行"政策以后 2004 年入境旅客人数为 1667.23 万人次，比上一年增长 40.25%，比 1999 年增长 124%。2018 年澳门入境旅客人数达到 3580.37 万人次，较上一年增长 9.8%，比 1999 年增长 3.8 倍。除入境旅客人数大幅度增长外，旅游收入也快速增加。1999 年旅客总消费额（不含博彩业）为 102.2 亿元（澳门元，下同），2018 年为 698.67 亿元，比 2017 年增长 13.64%，比 1999 年增长 5.8 倍（见图 1）。

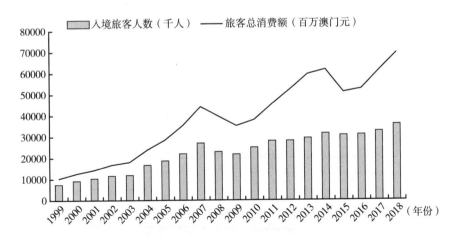

图 1　1999～2018 年澳门入境旅客人数和旅客总消费额

资料来源：澳门统计暨普查局。

2002 年赌权开放后，博彩业作为澳门经济的支柱产业迅速发展，2004 年博彩业毛收入为 435.11 亿元，2018 年为 3038.79 亿元，比 2017 年增长 13.98%，比 2004 年增长近 6 倍。1999 年博彩业税收为 47.67 亿元，2004 年博彩业税收为 193 亿元，比 1999 年增长 3 倍多，2018 年为 1135.12 亿元，比 2017 年增长 13.69%，比 2004 年增长 4.9 倍（见图 2）。

2. 旅游休闲产业的地位不断提升

自回归以来，澳门旅游休闲产业不断发展，在澳门经济社会发展中占据越来越重要的地位。博彩业作为旅游休闲产业的支柱产业，也在澳门产业结构中占据举足轻重的地位。2004 年博彩业毛收入占 GDP 比重为 52.87%，2011 年达到最高点，为 91.6%，此后逐渐回落，2018 年博彩业毛收入占 GDP 比重为 75.16%。1999 年博彩业税收占财政收入比重约为 48.35%，2004 年急剧上升至 80.87%，到 2014 年达到最高点，为 96.83%，此后逐渐回落，2018 年博彩业税收占财政收入比重仍然高达 86.52%（见图 2）。

同时，旅游休闲产业在促进就业、稳定民生方面发挥了重要作用。1999

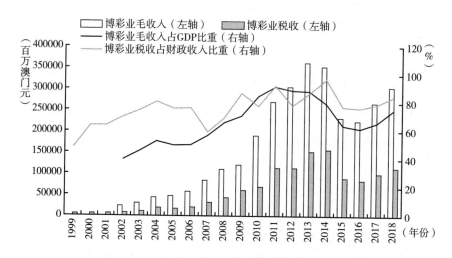

图 2　1999~2018 年澳门博彩业毛收入、博彩业税收、博彩业毛收入占 GDP 比重和博彩业税收占财政收入比重

资料来源：澳门统计暨普查局。

年旅游休闲产业吸纳就业人口 6.39 万人，占总就业人口的比重为 32.59%；
2018 年吸纳就业人口 18.39 万人，比 2017 年增加 0.31 万人，比 1999 年增长近 1.9 倍，占总就业人口的比重为 47.72%（见图 3）。

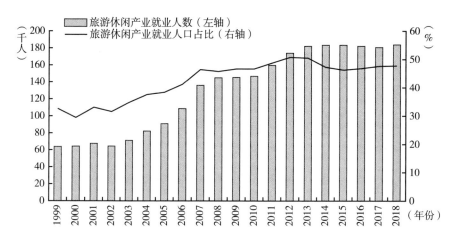

图 3　1999~2018 年澳门旅游休闲产业就业人数和占比

资料来源：澳门统计暨普查局。

3. 旅游休闲基础配套设施不断完善

回归以来，澳门的旅游休闲产业迅速发展，与之相适应的酒店、旅行社、娱乐场所等配套设施也不断完善。1999 年，澳门酒店及公寓数为 74 家，其中五星级酒店仅有 8 家；到 2017 年，酒店及公寓数为 111 家，增长 50%，其中五星级酒店 33 家，比 1999 年增长了 3 倍多。

2018 年酒店及公寓数增加 5 家至 116 家，五星级酒店增加 2 家至 35 家。1999 年酒店仅可提供客房数 9469 间，入住率仅为 53.4%，到 2017 年，可提供客房数 37177 间，比 1999 年增长近 3 倍，入住率为 86.9%，比 1999 年增加 33.5 个百分点。2018 年客房数比 2017 年增加 2127 间至 39304 间，入住率提高 4.2 个百分点至 91.1%；1999 年澳门有餐厅 1305 家，到 2017 年有 2309 家，比 1999 年增长约 77%，至 2018 年增加 162 家至 2471 家，比 2017 年增长近 7%，比 1999 年增长约 90%；1999 年澳门有旅行社 108 家，到 2018 年有 227 家，增长超过 100%（见图 4）。

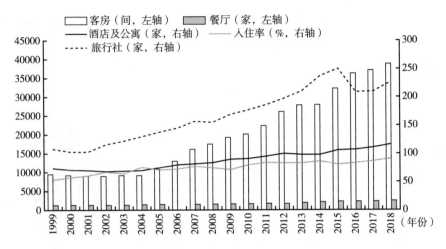

图4　1999～2018年澳门旅游业配套设施

资料来源：澳门统计暨普查局。

2004年澳门的娱乐场所仅有15家，赌台1092张，角子机2254部。2017年，娱乐场所为40家，增长167%；赌台6419张，增长约4.9倍；角子机15622部，增长约5.9倍。与2017年相比，2018年娱乐场所新增1家；赌台6588张，增长2.6%；角子机16059部，增长2.8%（见图5）。

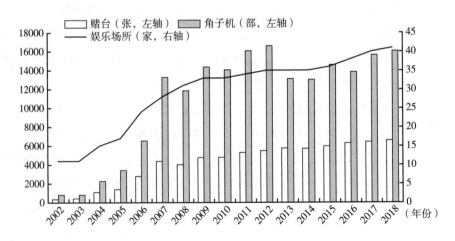

图5　2002～2018年澳门博彩业配套设施

资料来源：澳门统计暨普查局。

交通基础设施方面，澳门拥有比较发达的海陆空交通运输体系。陆路方面，陆路是旅客入境的主要方式，1999 年经陆路入境旅客为 23.35 万人次，2017 年经陆路入境旅客为 1863 万人次，占入境旅客总人次的比重为 57.1%，比 1999 年增长约 79 倍，2018 年经陆路入境旅客占入境旅客总人次的比重超过 60%，达到 2215.2 万人次；海运方面，内港、外港和氹仔客运码头客轮班次由 2015 年的 145385 班次降至 2018 年的 131740 班次，年平均增长率为 -3.23%，港珠澳大桥通车后，海运负增长的趋势可能愈加明显；航运方面，1999 年经空路入境旅客为 67.29 万人次，2018 年，澳门国际机场飞机起降 6.6 万架次，旅客吞吐量为 826 万人次，比 2017 年的 717 万人次增长 15.2%，比 1999 年增长约 11.3 倍。

4. 旅游休闲产业的国际化程度不断提高

澳门实施自由港和低税制政策，入境手续简便，国际游客出入境自由度较高，而且澳门旅游局积极采取措施，拓展国际客源，使得入境国际游客不断增加，澳门旅游休闲产业的国际化程度日益提高。1999 年入境国际游客人数为 58.41 万人次，约占入境游客总人数的 7.85%；2004 年为 80.49 万人次，比 1999 年增长 37.8%；2018 年为 315.42 万人次，较上一年略微下降 1.09%，比 1999 年增长约 4.4 倍，约占入境游客总人数的 8.81%。2017 年外汇储备资产总额为 1623 亿元（约合 201.7 亿美元），2018 年外汇储备资产总额为 1636 亿元（约合 202.8 亿美元），比 2017 年略有上升。

（二）回归以来澳门旅游休闲产业发展的基本特征

回归以来，特区政府为振兴澳门经济，及时而果断地开放博彩业，实现了博彩业从独家垄断到有限竞争、从现代化到国际化的过渡。同时，围绕以博彩业为龙头的旅游休闲产业，特区政府不断加大基础设施建设与产品供给力度，加强国际旅游网络的建设与对外宣传，在旅游休闲的历史基础上，已构建较为完善的现代旅游休闲产业体系。从客源结构、产业体系以及旅游服务等方面来看，回归以来澳门旅游休闲产业总体呈

现以下基本特征。①

1. 旅游休闲产业对内地的依赖性增强

澳门旅游休闲产业对内地依赖性增强，客源地以内地为主，其他地区和国家的入境游客占比偏低。回归后，特别是 2003 年"自由行"政策实施以来，内地旅客占澳门入境旅客总人数的比例不断上升。澳门统计暨普查局资料显示，1999 年内地旅客占入境旅客总人数比例仅为 21.1%，到 2017 年，内地访澳旅客达 2219.6 万人次，占入境旅客总人数的 68.1%；2018 年内地访澳旅客达 2526 万人次，占入境旅客总人数的 70.6%，而香港访澳旅客占比略有下降，为 17.7%。

2. 旅游休闲旅客逗留时间短

一般而言，在国际性的旅游目的地，旅客停留天数应不少于 2.5 天。1999 年访澳旅客平均逗留时间为 1.4 天，过夜旅客平均逗留时间为 1.9 天，32% 的旅客逗留时间少于 24 小时。实行"自由行"政策以后，旅客逗留时间进一步缩短。2004 年，访澳旅客平均逗留时间为 1.1 天，比 1999 年减少 0.3 天；过夜旅客平均逗留时间为 1.5 天，比 1999 年减少 0.4 天。2017 年，访澳旅客平均逗留时间为 1.2 天，比 1999 年减少 0.2 天；过夜旅客平均逗留时间为 2.1 天，比 1999 年增加 0.2 天；不过夜旅客平均逗留时间为 0.3 天，47.1% 的旅客不会选择在澳门过夜。相比之下，2018 年入境旅客同比增加 9.8%，内地旅客增长至 2526 万人次，旅客平均逗留时间依旧维持在 1.2 天，过夜旅客平均逗留 2.2 天，比 2017 年只增加 0.1 天，而不过夜旅客占比增加至 48.8%。

3. 旅游休闲产业严重依赖博彩业

从某种程度上说，澳门旅游休闲产业的发展是以博彩业为中心的，旅游休闲产品围绕博彩业的需求延伸、开发和供给，包括酒店、餐饮、购物等，而其他产品如节事、世界遗产等往往作为相应的补充，直接导致旅游休闲产品供给较为单一。从生产总值及财政收入来看，与 2017 年相比，2018 年澳门本地生产总值为 4403 亿元，同比增长 4.7%，博彩毛收入增加 14%，达

---

① 相关数据来自澳门统计暨普查局官网。

到 3038.79 亿元。2018 年特区政府财政收入约 1312 亿元，其中，博彩业税收为 1135.12 亿元，占财政收入的 86.52%，直接反映出澳门经济（旅游业）依赖博彩业的现象较为严重。值得一提的是，2016~2018 年，娱乐场中场赌台收入分别为 923.07 亿元、1012.64 亿元、1209.52 亿元，分别增长 1.64%、9.70%、19.44%。这一方面反映前几年博彩业结构调整效果明显，另一方面说明博彩业开始出现娱乐化、大众化的趋势。

4. 旅游休闲产业就业人口大幅增加[①]

回归以来，澳门劳动力数量迅速增加，从 1999 年的 19.61 万人增加至 2018 年的 38.54 万人，其中博彩业劳动力占比从 9.84% 提升至 25.01%，酒店业就业人口占比亦有所提升（5.2 个百分点），而批发及零售业和饮食业则有所下降。

从职业结构看，旅游业就业人口的主要职业是服务及销售人员、文员以及非技术工人，如 2018 年下半年旅游业中这三种职业就业人口数量占比分别为 36.31%、29.89% 和 12.89%。分子行业看，批发及零售业、酒店业和饮食业的服务及销售人员占比最高，特别是饮食业，占比高达 71.38%；而博彩业文员（主要是荷官）占比最高，高达 76.13%。从收入水平看，1999 年全部就业人口月工作收入中位数为 4920 元，其中博彩业 6494 元，批发及零售业 4711 元，酒店业及饮食业 4443 元，在 13 个行业中分别排第 6 位、第 8 位和第 10 位。2018 年全部就业人口月工作收入中位数为 16000 元，其中博彩业 20000 元，酒店业和批发及零售业 13000 元，饮食业 10000 元，在 14 个行业中分别排第 5 位、第 9 位和第 13 位。可见，旅游业收入水平总体偏低，各子行业相对收入变化不大，博彩业略有提高而批发及零售业略有降低。

5. 旅游休闲的承载规模有限

澳门陆地面积 32.8 平方公里，1999 年澳门仅有人口 42.96 万人，2018 年总人口为 66.7 万人，比 2017 年增加 14300 人，比 1999 年增长 55.26%，

---

① 旅游休闲产业就业情况分析内容由澳门城市大学娄世艳副教授提供，特此致谢。

平均每年增加 1.19 万人。访澳游客的增长速度远远超过了澳门本地居民人口的增长速度。2018 年澳门人均面积不足 50 平方米，本地居民与外地旅客的比例为 1:53.7，即每位本地居民接待至少 53 名旅客，创历史新高。一般而言，澳门的入境旅客人数已远远超过其旅游休闲资源的承载能力，入境人数所占资源的比例远远超过当地居民人数所占资源的比例。

二　澳门旅游休闲产业存在的问题及相关分析

近年来，特区政府投入多种资源，致力于世界旅游休闲中心的建设。2016 年，澳门特区政府颁布《澳门特别行政区五年发展规划（2016~2020年)》（简称《五年规划》），确立中长期建设"世界旅游休闲中心"的行动方案，提出注重质量发展，支持多元旅游产品开发。2017 年，根据《五年规划》，旅游局公布《澳门旅游业发展总体规划》，强调旅游业助力关联行业协同发展的重要性。2018 年，旅游局进一步加强国际推广，密切与内地旅游机构的合作，继续实施"论区行赏""星级旅游服务认可计划""澳门美食年"等系列激励措施，取得明显效果。但是，经过 20 年的快速发展，澳门旅游休闲产业存在和积累的问题也是明显的。

（1）旅游休闲产品相对单一。在博彩业"一业独大"的环境下，从某种程度上来说，澳门旅游休闲产业实际是为了博彩业的发展而展开其服务体系建设的，如此便带来旅游休闲产业过度依赖博彩业，其自身定位、产品开发与体系构建不足等问题。近年来，虽然这种态势有所改善，但旅游休闲产业基础仍相对薄弱，加上自然景观资源有限，导致旅游休闲产品供给相对单一，非博彩旅游产品开发不足。作为兼具中西文化的特殊地区，澳门相应的文化产品不够丰富，"以海为伴"的优势没有体现出来，滨海旅游产品尚未开发，区域性非物质文化遗产的融入缺乏力度，特色社区旅游产品拓展有限，精品旅游线路的打造力度不大。充分发挥自身优势调整产品结构，丰富供给体系，挖掘休闲元素，仍是未来旅游休闲产业发展的重点与难点。

（2）旅游休闲产业国际吸引力不足，游客结构单一。从游客结构来看，访澳客源过度依赖大中华地区，国际游客占比仅为总量的一成左右；在国际旅客构成中，又以韩国、日本、菲律宾、马来西亚、泰国、印度尼西亚等亚洲国家为主要客源，显示澳门对于欧美等地国际旅客吸引力不足的尴尬。在大中华地区旅客中，以超短途市场的广东与香港游客为主，也反映出澳门对中长途旅客的吸引力有待加强。而在一定程度上，以短途市场为主意味着旅客充分参与旅游休闲活动的时间与机会较少，以致澳门旅游休闲产业的潜能难以有效释放。因此，如何设法提升国际影响力，优化当前旅客结构，真正实现澳门旅游的"世界性"与"休闲性"愿景，是澳门旅游休闲产业面临的主要任务与挑战。

（3）旅游休闲专业人员素质有待提升。澳门旅游业是劳动密集型产业，2018 年由管理人员及经理、专业人员和技术员及辅助专业人员组成的高级人力资本占比较低，总体上才 14.86%，远低于同年全部就业人口 22.78% 的水平。分子行业看，博彩业和饮食业中高级人力资本的占比很低，都不到 10%，批发及零售业和酒店业中高级人力资本的占比相对较高，在 20% 左右。旅游休闲业主要通过吸纳学历程度不高的劳动者（中学程度即可）来从事技术要求不高的前线服务工作，这样一来，一方面，大量依靠外来劳动力，另一方面，就业人口的受教育程度整体偏低。2017 年，博彩业就业人口的学历以高中教育为主，占 35.97%，高等教育的比例为 24.70%；非博彩业有 39.00% 的就业人口具有高等教育学历，专业人士仅占就业人口总数的 4.92%。2018 年，不具有高等教育学历的人口占就业人口总数的 63.57%，其中，只有小学教育程度的人口占人口总数的 11.65%，而未完成小学教育的占 2.26%。[①] 这与澳门旅游休闲产业的发展水平对专业人才的需求不相适应，在一定程度上会影响旅游休闲产业的发展。

（4）由于游客日益增多，城市承载力超负荷，一定程度上影响了居民

---

① 资料来源：澳门统计暨普查局。

的"优质生活","宜居""宜游"的矛盾表面化,甚至出现"征收旅客税以减少访澳旅客数量"的声音。从2019年5月20日起,旅游局为此开展为期1个月的"征收旅客税之可行性"民意调查。该问卷调查内容包括是否赞成澳门征收旅客税、若澳门征收旅客税的税款可作什么用途、现在澳门入境旅客量属多或少,以及应对旅客量增长的方法成效如何等。① 此议既出,社会各界对征收旅客税对澳门旅游休闲业带来怎样的影响、是否可以改善城市拥堵的状况、是否对澳门国际旅游城市形象带来负面影响等多有议论和担忧。② 不管如何,"旅客税"的提出,从一个侧面反映出不断增长的旅客数量给居民生活带来负面影响,澳门作为国际旅游城市的承载力正在经受严峻考验。

澳门旅游休闲产业存在上述问题,原因是多方面的,既有因历史发展导致的资源禀赋限制,也有因空间不足带来的尴尬;既有客观条件限制,也有主观上,尤其是城市治理、产业发展等方面的不足。面向未来,在现有基础上,澳门应"内外兼修",重点做好对外拓展和自我完善两方面的工作。

从国际层面来看,应充分利用"一带一路"倡议带来的机遇,不断提升旅游休闲业的国际影响和规模效益。"一带一路"沿线是世界上典型的多类型国家、多民族、多宗教聚集区域。澳门应把握国家"一带一路"倡议的机遇,充分利用海上丝绸之路重要节点及文化多元开放的优势,加强与"一带一路"沿线国家的合作,扩大旅游市场的国际化规模。具体路径如下:

(1)建立多边旅游合作机制,拓展澳门旅游休闲产业发展的联络与协作空间。随着"一带一路"倡议的推进,东南亚国家基础设施联通、经济发展的速度不断加快,其庞大的、逐渐富裕的人口基数将为澳门旅游业提供广阔的市场。澳门可依托世界旅游组织、中国–东盟自由贸易区、APEC等

---

① 《旅游局开展征收旅客税民意调查》,《澳门日报》2019年5月21日。
② 林昶:《开征旅客税是一把"双刃剑" 宜慎重决策》,《新华澳报》2019年5月22日。

国际组织，在文化和旅游部的支持下，持续提升"世界旅游经济论坛"的影响力，建设中巴、孟中印缅国际旅游合作走廊，建立政策协商、基础设施、交流互动、危机处理等多边旅游合作机制。

（2）发挥澳门旅游业在资金、技术和市场等方面的优势，探索在"一带一路"沿线国家开展旅游投融资合作的路径。回归以来，澳门博彩娱乐及酒店业发展迅速，资金雄厚，尤其在综合度假村投资、管理方面具有国际领先优势，已具备资金、技术和品牌输出的能力。特区政府应支持相关企业探索在"一带一路"沿线国家投资建设综合度假村的可能性，实现"以澳门所长，服务国家所需"，既支持"一带一路"的发展，也为澳门的资金和技术寻找出路，建设澳门旅游业的"国际版图"。

（3）加大对外宣传的力度与提高精准度，拓展国际旅游客源。国际旅游客源偏少是目前澳门旅游业面临的突出问题，与世界旅游休闲中心的发展目标有较大差距。澳门应持续调整旅游客源市场结构，在客源市场"博彩化""内地化"的基础上，走"多元化""国际化"的发展道路。在"一带一路"沿线国家（含葡语国家）设立推广"窗口"，增加澳门旅游的国际能见度，降低旅游签证的门槛，增加入境免签国家或地区数量，延长国际游客逗留时间，推动澳门旅游业的国际化发展。

从政府管治、城市治理层面，澳门应坚持将世界旅游休闲中心建设作为规划和完善澳门善治、战略、民生、发展的重要指引，致力于建设宜居、宜业、宜行、宜游、宜乐的城市。具体工作如下。

（1）关注宜游与宜居的平衡，改善基础设施、服务质量和居住环境，实现旅游休闲业的可持续发展。目前，澳门的交通设施、服务质量仍有较大的提升空间。随着青茂口岸、横琴口岸的落成启用，澳门与大湾区基础设施联通不断提速，在一定程度上会缓解拱北口岸的通关压力，但因交通设施改善带来的旅客数量的持续增加，无疑将更加严峻地考验澳门的接待能力和宜居质量。特区政府应尽快谋划和部署城市规划、陆海协调、质量发展、交通畅顺、客民和谐、人才培养、服务提升等系列工作，建设城市承载力调节和预警体系，全面提升澳门作为世界旅游目的地的服务质量和

国际形象。

（2）挖掘旅游休闲资源，增加非博彩旅游产品供给。近年来，特区政府积极挖掘世界遗产城区、葡韵风情、文化节事、休闲购物、美食之都等旅游内涵，旅游休闲产品供给不断丰富和质量不断提升，但是，在新时代，旅游产品供给、旅游休闲多元发展仍有巨大空间。澳门应以文化遗产为依托，以建筑文化、历史文化、宗教文化为主题，树立特色鲜明、主题突出的旅游城市形象；以2022年赌牌重新竞投为契机，鼓励和要求博彩企业开发具有国际水平的亲子、合家欢等非博彩旅游休闲产品；加强区域合作，积极探索和发展滨海、海洋和海岛旅游。

（3）加强旅游教育合作，释放澳门优质旅游教育的潜力。澳门旅游教育基础深厚，已定位为大湾区的"旅游教育基地"。目前，澳门高校均设有旅游学院或旅游相关课程，在旅游教育方面具有雄厚实力和较高的国际声誉，尤其是澳门旅游学院在多个教研领域达到国际水平。但是，澳门旅游院校普遍存在空间小、招生少等问题，巨大的优质旅游教育资源无法释放。因此，特区政府应鼓励和支持本土高等学校在大湾区乃至葡语国家城市合作或独立办学，创建世界一流的旅游高等学府，壮大澳门旅游教育规模，助力大湾区乃至中国旅游经济的发展。

三　澳门－横琴共建共享世界旅游休闲中心

《规划纲要》明确了香港、澳门、广州、深圳四大中心城市作为区域发展的核心引擎，必须发挥比较优势，做优做强，增强对周边区域发展的辐射带动作用。四大中心城市的发展情况不同，城市发展定位也各不相同，澳门的定位为"建设世界旅游休闲中心、中国与葡语国家商贸合作服务平台，促进经济适度多元发展，打造以中华文化为主流、多元文化共存的交流合作基地"（简称"一个中心，一个平台，一个基地"）。澳门既然被定位为中心城市，应该是基于澳门特殊的政治地位，但相应地应该起到辐射和带动作用。对于粤港澳大湾区视野下澳门旅游休闲产业的发展，我们曾提出解放思想，提高认识，做好准备，改善基础设施，实现与内地及香港的互联互通、充分发挥博彩业的制度优势与关联效应，加强区域合作，拓展旅游休闲的物理空间，凸显文化特色，突出"世界旅游休闲中心"的定位，充分发挥比较优势，争当大湾区旅游休闲产业发展的引领者等对策。① 《规划纲要》对广州、深圳、珠海、香港、澳门等地旅游产业的合作发展多有着墨，四地旅游业发展呈现不断融合的趋势，湾区各城市之间尤其是澳门与珠海之间旅游合作的空间巨大。最近，国家批准的《方案》为澳门旅游休闲产业的可持续发展、经济适度多元发展乃至宜居、宜游城市的建设提供了新的机遇。

目前，澳门世界旅游休闲中心建设、经济适度多元发展面临较大的困难与瓶颈。首先，博彩业"一业独大"导致经济结构失衡。虽然中央政府、特区政府明确提出经济适度多元发展的要求与理念，指出要重点扶持会展业、文化产业、中医药及特色金融产业的发展，但是，由于各种原因，澳门经济适度多元发展步履缓慢。其次，城市承载力严重不足，经济社会发展空间受限。虽然近年来特区政府加强与横琴、翠亨、大广海乃至常州等区域的合作，但是这种合作大多处于探索阶段，与横琴的合作成效有限。再次，旅游休闲产业的辐射和带动力弱。国家将澳门定位为世界旅游休闲中心，从概念的内涵与外延来看，此所谓"中心"，应该包括对周边区域的经济社会具有带动和辐射作用。② 但从目前的情况来看，由于主要产业的特殊性，除了旅游人群主要来自内地之外，澳门的旅游产业对内地特别是珠海地区的辐射和带动作用有限。

众所周知，横琴新区建设的初衷是为澳门经济适度多元发展提供空间与载体。10年来，横琴通过粤澳产业园区的建设及相关优惠措施的推出，对澳门经济适度多元发展起到了一定作用，但是，总体而言，与当年提出的服

---

① 林广志、李涵闻：《粤港澳大湾区视野下的澳门旅游休闲产业》，载林广志、郝雨凡主编《澳门旅游休闲发展报告（2017~2018）》，社会科学文献出版社，2018，第11~13页。
② 林广志：《世界旅游休闲中心视野下的澳门旅游休闲产业》，载郝雨凡、林广志主编《澳门旅游休闲发展报告（2016~2017）》，社会科学文献出版社，2017，第4~5页。

务澳门的"初心"、与澳门社会各界的期望仍然存在较大距离。通过《规划纲要》《方案》可以看到,围绕澳门建设世界旅游休闲中心及经济适度多元发展的目标,中央政府对横琴的定位越来越明确,措施也越来越给力。按照横琴国际休闲旅游岛建设目标,配合澳门世界旅游休闲中心建设,2020年"初见成效",2025年"取得明显进展",2035年"成果丰硕"。相信在中央政府的支持下,在广东省和珠海市、横琴区等有关方面的努力下,横琴国际休闲旅游岛的建设将不断取得新进展,并对推动澳门经济适度多元发展发挥重要作用。

《方案》提出横琴将发展旅游休闲产业,成为澳门经济适度多元发展的新载体,指明了横琴与澳门进行产业对接、协同发展的方向与路径。可以说,这是改革开放以来国家首次提出珠海与澳门进行同类型产业对接,具有重大的历史和现实意义。以下结合《方案》的若干问题进行讨论,并提出相关意见和建议,尤其是提出澳门-横琴共建共享世界旅游休闲中心的思路与路径。

第一,关于指导思想。《方案》的指导思想是配合澳门经济适度多元发展,以此为导引,提出相关要求与措施。但是,《方案》仍然主要从内地、横琴的角度来思考和设计,对"一国两制"下横琴与澳门的关系、两地旅游休闲产业如何协同发展、澳门如何借助横琴融入国家发展等方面考虑不足。如上所述,澳门的困难与瓶颈是空间腾挪不开,经济适度多元发展乏力,世界旅游休闲中心的辐射和带动效应无法释放,而横琴的困境则是虽然毗邻澳门,但是与澳门之间无法实现要素自由流通,无法分享澳门的旅游资源。只有以"共建共享"为前提,将澳门作为国际旅游城市的基础、机制、网络和经验与横琴的空间、环境和海域进行无缝对接,使之成为澳门建设世界旅游休闲中心的腹地与载体,才能解决澳门与横琴发展存在的上述困难。因此,如果不是从"一国两制"行稳致远的政治高度来"规定"横琴的功能与作用,如果仍然将横琴、澳门分开"规划"而不是整体构思,仅仅强调横琴如何"配合",相信未来澳门经济适度多元发展、澳门与横琴旅游休闲产业合作发展的道路仍然十分漫长而艰难。

第二，关于制度创新。《方案》提出，横琴与澳门将在通关便利化、旅游标准化、旅游环境国际化、旅游人才合作等领域先行先试，探索粤港澳区域旅游一体化发展新模式，并在相关基础设施、资质认定、人员往来等方面进行无缝对接。但是，横琴10年的发展经验及教训证明，在"一国两制"制度下，如果没有重大的制度创新，仅仅依靠横琴、澳门进行地方性的、经济上的制度创新，要实现这一目标并非易事。因此，必须围绕"一国两制"新实践的目标，在中央政府主导下进行顶层设计，通过算大账、算长远账、算国家账来考虑横琴、澳门之间的制度安排和有效对接。

具体而言，在"一国两制"框架下，以"共建共享"为原则，将澳门自由港制度延伸至横琴新区。通过一线放开、二线管住，将横琴作为澳门世界旅游休闲中心建设的延展地、新空间，实现人流、物流、资金流、信息流的完全、无障碍流通。通过协同发展旅游休闲产业，吸引澳门中小旅游企业，包括博彩企业开发非博彩旅游业务，带动横琴旅游休闲、会议展览、保健医疗和特色金融产业的发展。

通过这种制度突破，一方面，将澳门建设世界旅游休闲中心的基础、资源、标准、影响扩展到横琴；另一方面，将澳门经济适度多元发展的主力军——中小企业吸引到横琴。只有这样，才能真正促进以中小企业为主体的澳门经济适度多元发展。因为在横琴就可以享受到澳门的旅游产品、旅游供给、旅游服务，对横琴发展国际旅游将是极大的支持，横琴自身的旅游休闲产业也将得到快速发展。

第三，关于产业布局。《方案》提出了横琴发展旅游休闲产业的相关方向，包括医疗旅游、海洋旅游、休闲旅游、邮轮游艇、休闲度假等。目前，横琴旅游休闲产业已有一定的基础，加上海域、山地、湿地等自然资源，假以时日，其发展前景是可以期待的。但是，关于如何在非博彩范畴内把澳门一些独具特色的、在国际上具有知名度的旅游休闲品牌项目引进横琴共同发展，《方案》缺少相应的描述。事实上，除了"搬不动"的、"不能搬"的世界遗产、博彩业之外，在制度创新、横琴-澳门一体化的情境下，澳门非常丰富的旅游资源，包括许多历史悠久、远近闻名的文化、体育节事活动，

如美食节、艺术节、赛车、赛马等都有延伸到横琴的可能性，加上横琴现有的以及将来横琴、澳门合作开发15平方公里填海区乃至串联至周边岛屿新开发的旅游休闲项目，可以形成包括景区景点、商旅地产、海洋旅游、健康养生、免税购物、特色餐饮等符合澳门中小企业经营特点的现代旅游休闲产业体系，由此延展至旅游金融（包括建设中国与葡语国家离岸人民币结算中心）、旅游科技（包括以中医药为主体的健康养生技术创新）等产业，横琴－澳门便可以发展成为以自然、历史、文化、娱乐、科技、金融为主体的业态丰满、精彩纷呈的世界级的旅游休闲目的地。应该说，只要突破制度障碍，统筹规划，横琴－澳门旅游休闲的发展潜力是无限的。

第四，关于设施联通。目前，横琴、澳门之间的设施联通包括通关便利、单牌车准入等都有了很好的基础，随着青茂、横琴口岸建成启用，未来澳门与横琴之间的交通往来将更加便利。《方案》有关澳门居民在横琴生活、工作、医疗福利等方面的安排"看起来很美"，似乎可以促进横琴、澳门两地居民的融合以及产业的发展。但是，如果一线不放开，相关要素无法高效、有序流动，《方案》的此类安排则不易实施，难以实现。因此，在新制度的安排下，进一步加大基础设施对接的力度和加快进度，促进横琴、澳门之间各种要素的有序流动乃属当务之急、首要前提。确实，基础设施的便利化，将为澳门居民到横琴从事旅游休闲之创业、工作乃至生活提供极大的便利，但是如果仅仅设有居住地，而澳门居民因在横琴没有可以从事的相关产业及工作而不愿意或无法居住于横琴，那么，仍然无法解决澳门产业空间及经济适度多元发展的问题。因此，只有把通关便利、产业发展一并考虑，在横琴建设澳门居住区，解决社保、医疗等问题才有实际的价值。

第五，关于成果分享。澳门－横琴共建共享世界旅游休闲中心的前提是必须有相关的思想基础和利益机制。在粤港澳大湾区建设背景下，利益相关方协调一致既是重点，也是难点。但是，如果没有做好利益分享的制度安排，横琴、澳门自然缺乏改革创新的动力。如果一线放开，澳门社会可能有诸如游客流失、房地产价格下降、产业空心化、影响自由港形象等疑虑，横琴方面可能亦有类似的担忧。如果澳门、横琴各打各的"小算盘",这种共建共享、协同发展便无从谈起,横琴服务澳门的"初心"也难以实现。因此,在中央政府的主导下,广东省政府、澳门特区政府、珠海市横琴区等方面当以"一国两制"新实践、澳门长期繁荣稳定为大局,就短期及长远利益问题展开磋商,通过资源整合、产业对接以及诸如 GDP 分享、澳人澳税等,建立共享机制,构建双赢格局,既要推进澳门经济适度多元发展、世界旅游休闲中心建设,又要促进横琴新区经济社会的全面发展。当然,共建共享机制的建立及实施,可以从易到难,分步进行。

结　语

澳门回归祖国 20 年来,"一国两制"在澳门成功实践,澳门经济社会发展取得了举世瞩目的成就,旅游休闲产业也从现代化逐步迈向国际化。但是,也要看到,未来澳门旅游休闲产业发展存在较大的问题与瓶颈。展望未来,在"一带一路"倡议及粤港澳大湾区建设进程中,澳门旅游休闲产业将面临新的发展机遇与挑战。其中,最大的机遇和挑战可能来自在"一国两制"新实践以及粤港澳大湾区建设背景下,澳门经济适度多元如何实现跨越式发展以及如何解决承载力超负荷、物理空间不足的问题。其实,澳门经济结构优化的方向是基于博彩业的适度多元发展,而博彩业、旅游休闲及适度多元发展实际上是一个问题的不同面相,也就是说,当前澳门面临的困难与瓶颈在澳门本土解决是十分困难的,只有"跳出澳门发展澳门",[①] 解决空间不足问题并配以相应的制度安排,经济适度多元、作为中心城市以及世界旅游休闲中心的辐射和带动作用才能得到释放。为此,我们提出了澳门–横琴共建共享世界旅游休闲中心的思路。我们预计,这一重大制度创新或许是未来 10 年"一国两制"新实践的方向和内容,或许是澳门走出困

---

① 《米健:澳门将按照定向合作、错位发展的原则参与粤港澳大湾区建设》,新华网,2019 年 5 月 21 日,http://www.xinhuanet.com/gangao/2019 – 05/21/c_ 1124524964.htm。

境、实现经济结构均衡及可持续发展的真正出路。

习近平总书记在党的十九大报告中指出："要支持特别行政区政府和行政长官依法施政、积极作为……全面推进内地同香港、澳门互利合作，制定完善便利香港、澳门居民在内地发展的政策措施。"澳门－横琴共建共享世界旅游休闲中心肯定会遇到各种困难和挑战，澳门、珠海（横琴）两地政府必须解放思想，积极作为，互利合作，从"一国两制"新实践、澳门融入国家发展及长期繁荣稳定的政治高度、长远战略来思考和对待这个问题。就澳门方面来说，参与共建共享世界旅游休闲中心，不应该是被动的，而应该是"积极作为"，如果总是等待横琴来"配合"，而澳门自己不主动，那么，横琴的"配合"将不能真正解决澳门发展的困难与瓶颈问题，澳门或许会错失未来 10 年的黄金发展机遇。近日，在《横琴国际休闲旅游岛建设方案》澳门宣讲会上，澳门特区政府旅游局局长文绮华表示，横琴、澳门可共同探索国际休闲旅游岛开发的合作新模式，把握《方案》带来的机遇并用好有关利好措施，拓展澳门旅游发展的空间，促进澳门经济适度多元发展，推进横琴、澳门旅游业的融合发展。[①] 上述表态显示，与横琴通过创建新模式合作发展旅游休闲产业，澳门方面已有思想基础和初步计划。当然，这个新模式内涵及措施如何，还有待进一步观察。

---

① 《〈横琴国际休闲旅游岛建设方案〉澳门宣讲会昨在澳举行》，《澳门日报》2019 年 5 月 17 日。

人　物　篇

Personages

G.2

20年20人：回归以来澳门旅游休闲产业价值人物

"澳门旅游休闲产业研究"课题组*

编者按：

时间是一位伟大的书写者。

2019 年，澳门回归祖国 20 周年。20 年来，澳门经济持续快速增长，各项事业全面进步，居民生活不断改善，社会保持和谐稳定，"一国两制"实践取得了举世瞩目的成就。

回归以来澳门经济社会的飞速发展，得益于中央政府的大力支持和特区政府的科学施政，得益于无数劳动者的积极奉献。为庆祝澳门回归 20 周年，评价和总结澳门旅游休闲产业发展的成就与经验，2018 年 12 月~2019 年 5月，澳门科技大学社会和文化研究所"澳门旅游休闲产业研究"课题组举

---

* 澳门科技大学社会和文化研究所"澳门旅游休闲产业研究"课题组负责人：林广志；成员：刘毅、袁持平、赵伟兵、陈思敏、陈平、陈康宁；执笔人：陈思敏。

办"20年20人：回归以来澳门旅游休闲产业价值人物"评选活动，通过行业（社团）推荐、初步遴选、专家评选等程序，从领导力、贡献度、创新性、责任感四个维度，兼顾旅游休闲产业的博彩、酒店、餐饮、零售、交通、教育、人力资源等领域，选出回归以来旅游休闲产业重大价值人物3人、价值人物20人（价值人物按姓氏笔画顺序排列）。入选人物既包括何鸿燊、吕志和、萧登·艾德森等世界级"赌王"，亦包括白手起家、艰苦创业的企业家，积极推动旅游教育的专家学者，以及长期在一线工作的普通劳动者。课题组尝试用精练的文字概述并褒扬他们对澳门旅游休闲产业发展做出的重要贡献。

本次活动由澳门科技大学社会和文化研究所"澳门旅游休闲产业研究"课题组邀请学界、业界及媒体专家组成评审委员会进行投票评选，旨在对回归以来澳门旅游休闲产业发展及其相关人物进行学术观察与评价，不持其他立场。

重大价值人物

何鸿燊

何鸿燊，澳门博彩控股有限公司荣誉主席，第九至第十一届全国政协常委。他于2001年创立澳门博彩股份有限公司，参与澳门赌权开放及博彩业务由独家经营向有限度竞争的转型，2008年带领澳博控股在香港联合交易所上市，旗下新葡京酒店成为新的城市地标，推动了澳门博彩业的国际化发展，被誉为"澳门赌王"。他爱国爱澳，支持"一国两制"，为澳门顺利回归、平稳过渡及繁荣稳定做出了重大贡献。热心慈善公益事业，长期捐资发展澳门城市基础设施与文化教育事业。先后获澳门特区政府颁发"大莲花荣誉勋章"、香港特区政府颁发"大紫荆勋章"等荣誉。

吕志和

吕志和，嘉华国际集团及银河娱乐集团主席，第九届全国政协委员。他于 2002 年参与澳门赌权开放，建设和运营具有亚洲风格的银河娱乐度假城，推动了澳门娱乐休闲产业及大型度假村的发展，被誉为"澳门新赌王"。热心慈善事业，关注人类发展，创立"吕志和奖——世界文明奖"，捐资发展港澳及内地医疗、教育、体育、科技等公益项目。先后获香港特区政府颁发"大紫荆勋章"、国际博彩业大奖"杰出贡献奖"、世界旅游大奖之"终身成就奖"及"杰出社会责任领袖奖"等荣誉。

萧登·艾德森

萧登·艾德森（Sheldon Adelson），拉斯维加斯金沙集团及金沙中国有限公司主席兼行政总裁。他于 2002 年参与澳门赌权开放，引进先进经营理念，推动澳门博彩业的国际化发展。旗下的澳门威尼斯人度假村、金沙城中心及澳门巴黎人等项目助推路氹新城的规划建设，并成为新的城市地标；其所提供的国际化休闲服务及会展设施，为澳门非博彩业务发展树立了标杆。热心慈善公益，积极履行社会责任。先后获"全球旅游业创新及卓越表现荣誉奖"、《福布斯》杂志百周年纪念刊"全球百大最具商业头脑企业领袖之一"等荣誉。

价值人物

Andrew Stow

Andrew Stow，1955～2006，英国籍，安德鲁蛋挞创始人。1989 年在路环半岛开设澳门安德鲁饼店，以销售欧陆式面包、糕点和蛋糕为主。他改良葡式蛋挞，以英式奶黄馅取代葡式做法，形成独家配方，取名为"安德鲁蛋挞"。由于慕名者日众，该蛋挞逐渐成为澳门的标志性食品。目前，安德鲁饼店在澳门开设八家分店，在中国香港、日本和菲律宾亦开设了特许经营店。曾获澳门特区政府颁发"旅游功绩勋章"。

飞曼华

飞曼华，土生葡人，出生于饮食世家。她于 1995 年开设海湾餐厅，是较早经营和推广土生菜的土生葡人。海湾餐厅是澳门最具代表性的土生葡菜

餐厅之一，曾入选"2012年米其林指南港澳地区推荐店家"。在她的参与和推动下，小幅改良、澳葡混合的土生菜从土生葡人家庭扩散到澳门各地，成为"食在澳门"的代表菜系之一，也是澳门"美食之都"的重要组成部分。曾获澳门特区政府颁发"旅游功绩勋章"等荣誉。

王淑欣

王淑欣，皇都酒店执行董事兼副总经理，澳门酒店协会会长，澳门特区政府旅游发展委员会委员，第十二届浙江省政协常委。皇都酒店是澳门最早的五星级酒店之一，虽未设立赌场和夜总会，但在王淑欣等人的领导下，持续取得良好业绩。任澳门酒店协会会长期间，她积极反映业界意见和建议，致力推动澳门旅游服务业健康发展。热心公益，关爱妇女儿童，曾获澳门妇女联合总会"2008年度义工服务嘉许状"等荣誉。

吕耀东

吕耀东，银河娱乐集团董事会副主席，第十一至第十三届全国政协委员，澳门特区政府旅游发展委员会委员。他于2002年参与澳门赌权开放，投资建设的银河综合度假城以"傲视世界 情系亚洲"为宗旨，多次获"国际博彩业大奖"、年度最佳娱乐场运营商等奖项。重视发展非博彩元素，投入巨资发展适合家庭参与的娱乐休闲及非博彩项目。热心社文康体及青少年教育，以多元方式协助社区发展。先后获澳门特区政府颁发"旅游功绩勋章"、亚洲企业商会"年度企业家奖"等荣誉。

刘雅煌

刘雅煌，万国控股集团董事长，澳门旅行社协会会长，第十三届全国政协委员。旗下万国控股集团兼营国内、国际旅游业务，在全球拥有29家专业旅游机构。2013年创办的澳门国际旅游（产业）博览会（2016年起该博览会由澳门特区政府旅游局主办、澳门旅行社协会承办），致力向世界推广澳门旅游资源，促进业界的交流合作，已成为本土机构创办的著名旅游展会。曾获澳门特区政府颁发"旅游功绩勋章"等荣誉。

苏树辉

苏树辉，澳门博彩控股有限公司副主席兼行政总裁，第九至第十二届全国政协委员。他于 2002 年参与澳门赌权开放，统筹澳门博彩股份有限公司的赌牌竞投工作。策划澳博控股于 2008 年在香港联合交易所上市，参与新葡京、十六浦度假村、上葡京综合度假村等多个大型项目的建设。他重视博彩人才培养，创立澳门首家开办旅游娱乐管理学位课程的高等学校——中西创新学院。热心社会公益，致力推动澳门文化、教育和慈善事业的发展。

何超琼

何超琼，美高梅中国控股有限公司联席董事长及执行董事，信德集团有限公司集团主席兼董事总经理，第十一至第十三届北京市政协常委。她于 2002 年参与澳门赌权开放，协助美高梅进入澳门，推动澳门博彩业的国际化发展。旗下"喷射飞航"连接珠三角主要港口，为粤港澳交通业、旅游业发展做出了贡献。她创办"世界旅游经济论坛"，致力促进中国与世界旅游经济的交流合作。先后获法国及意大利政府颁发"荣誉功绩勋章"，2018 年获委任为联合国世界旅游组织旅游大使。

何猷龙

何猷龙，新濠博亚娱乐有限公司及新濠国际发展有限公司主席兼行政总裁，第十二、第十三届全国政协委员。他于 2002 年参与澳门赌权开放，领导新濠娱乐及新濠国际成功转型为综合休闲娱乐企业，并先后在美国、中国香港上市，成为拥有多项《福布斯旅游指南》星级荣誉及米其林星级餐厅的综合度假村营运商。旗下"水舞间"项目已吸引近 600 万名观众观赏，摩珀斯酒店被《时代杂志》评为"2018 年世界最佳景点"之一。曾获澳门特区政府颁发"旅游功绩勋章"等荣誉。

陈志玲

陈志玲，永利澳门有限公司董事会副主席、首席营运总裁兼执行董事。她于 2002 年参与澳门赌权开放，带领永利集团进入澳门，推动澳门博彩业的国际化发展。在她的领导下，永利澳门在港交所上市，旗下酒店获八项《福布斯旅游指南》五星荣誉酒店称号，永利皇宫获颁五星美誉度假村酒店。她是慈善公益品牌"永利关爱"的创始人，积极履行社

会责任。曾荣登"福布斯亚洲商界权势女性榜",被誉为"澳门娱乐度假业女王"。

陈捷

陈捷,汇彩控股有限公司主席兼董事总经理,澳门娱乐设备厂商会会长,第十二届山东省政协委员。他于2013年创办的澳门娱乐展(MGS)(2018年更名为澳门休闲科技展)已成为澳门娱乐业及供应链服务商展示产品和服务的重要平台,是首个在亚洲正式认可博彩中介人作用的展会,亦是观众唯一能接触亚洲主要博彩中介人和贵宾厅的展会。2017年,MGS获国际展览业协会(UFI)认证,已跻身国际高质量展会行列。

林火木

林火木,福建中福澳门职业介绍所有限公司总经理。福建中福劳务公司是内地最早在澳门开展劳务合作试点公司之一,1984年选派首批制衣劳务人员到澳门务工。林火木于1993年6月被公司选派常驻澳门负责一线劳务输出和管理工作。他常年带领职工奔走于政府及用工部门,协助外雇人员解决工作及生活困难,维护正常的用工秩序和外雇人员的权益。回归以来,该公司先后选派65000多人入澳务工,为澳门经济社会发展做出了贡献。

周焯华

周焯华,澳门太阳城集团行政总裁兼董事,第十一、第十二届广东省政协委员。他于2007年创立太阳城集团,致力发展高端旅游,是澳门拥有贵宾厅最多的企业之一,业务遍布多个国家和地区。2013年7月,太阳城集团成为全球首个获得SGS国际服务认证的娱乐博彩机构。同时,积极开展旅游、影视、体育、媒体等多元化业务,取得显著成效。热心社会公益,创建励志青年会,参与社会事务,培养青年成长。

周锦辉

周锦辉,澳门励骏创建有限公司联席主席兼CEO,第十二、第十三届全国政协委员。他于2006年创建励骏公司,拥有多个博彩娱乐场所。

旗下的渔人码头是澳门唯一的大型海滨休闲项目，集博彩、酒店、会展、餐饮及娱乐等设施与服务于一体，成为新的城市地标。他是"澳门旅游零售业服务总商会"的创始人及"澳门旅游业联盟"主席，积极推动澳门中小企业发展。先后获澳门特区政府颁发"旅游功绩勋章"等荣誉。

胡惠芳

胡惠芳，澳门专业导游协会兼澳门国际注册导游协会会长，澳门特区政府旅游发展委员会委员。长期从事导游从业人员的联系、服务及培训工作，维护从业人员的权益。在"非典"期间，与澳门工会联合总会合作举办导游课程，学员完成相关课程即可获生活补贴。通过与政府有关部门协调，将导游从业人员列入社保基金系列，保障了导游的合法权益。2013年，将"世界导游联盟"年会引进澳门，致力提升澳门导游行业的国际化水平。

柯海帆

柯海帆，前澳门中国旅行社股份有限公司董事长，现任澳门航空股份有限公司执行董事，第十二届广东省政协委员。在她的带领下，澳门中旅投资或控股多家企业，是澳门员工最多、规模最大、设施齐全和服务项目较多的旅游企业集团，业务涵盖旅游、会展、证件、客运、零售、洗衣及法律等领域。她致力推动粤港澳旅游合作、服务外国人来华旅游及海峡两岸暨港澳民众交流往来等领域的发展，取得显著成绩。曾获澳门特区政府颁发"旅游功绩勋章"。

黄竹君

黄竹君，澳门旅游学院院长，澳门特区政府旅游发展委员会委员。自2001年起，在她的领导下，旅游学院持续提供优质学位及培训课程，为澳门旅游产业输送了大批优秀人才。该院亦成为全球首家获得联合国世界旅游组织"旅游教育质素认证"的教育机构，获认证的学士学位课程数量名列全球第一；2017年该院成为全球首所通过英国高等教育质素保证机构（QAA）国际质素评鉴（IQR）的高等院校，在提供款待及休闲管理学科的

顶尖高校中位列亚洲前 5 位和全球第 30 位，曾获澳门特区政府颁发"教育功绩勋章"等荣誉。

黄艳玲

黄艳玲，新濠博亚娱乐有限公司赌桌营运副总裁。她从事博彩业长达 35 年，从赌场服务员、荷官成长为企业中层管理者。她参与设计和评估部门工作流程与绩效，引入和优化先进管理技术，积极培养人才，推动本地青年向上流动。她兼任公司"负责任博彩委员会联合主席"，领导和推动负责任博彩之相关活动及培训课程，取得显著成绩，其团队多次荣获澳门特区政府博监局"负责任博彩指导员培训"课程优异奖等奖项。

萧顺轩

萧顺轩，澳门六棉酒家董事长，第十、第十一届江西省政协委员。在他的领导下，六棉酒家秉持粤菜传统，不断创新求变，尤以鲍参翅肚著称，赢得港澳食家、名厨的赞赏，每天吸引大批慕名者前来惠顾，不少港台地区的游客甚至订购鲍翅菜式带回家品尝，是港澳最负盛名的老字号地道粤菜馆之一。曾获 1990 年法国美食大奖、澳门特区政府颁发"旅游功绩勋章"等荣誉。

萧婉仪

萧婉仪，彩虹集团创始人兼总裁，第十一届上海市政协委员。她于 20 世纪 80 年代创建的时装小店"彩虹屋"已发展成为澳门最大的奢侈品零售商之一——彩虹集团，先后获得欧美诸多奢侈品牌代理权及组建合营公司。她创办彩虹学院及澳门国际品牌企业商会，定期举办培训课程，致力提升澳门零售业的服务质量和水平。先后获澳门特区政府颁发"工商功绩勋章"、中国内地和香港/澳门地区安永企业家奖等荣誉。

梁灿光

梁灿光，钜记饼家创办人及董事总经理。1997 年，他在清平直街开设第一家门店，首创现场即制即卖炭烧杏仁饼和蛋卷。得益于澳门回归，钜记迅速发展，目前已开设近 30 家分店，货品 300 多款，其中杏仁饼、蛋卷、猪肉干、牛肉干最受欢迎，是澳门知名手信品牌之一。他致力产品开发和改良，不断改进产品质量、包装设计和管理模式，注重员工培训和持续发展。曾获澳门特区政府颁发"旅游功绩勋章"。

热 点 篇

Hot Topic

G.3
澳门征收旅客税的讨论：
缘由、比较与趋势

林广志　娄世艳　黄继华*

摘　要：　回归以来，澳门博彩业和旅游业持续强劲增长。旅澳游客为
澳门经济社会发展做出了巨大贡献，同时也产生了负外部性
影响。澳门居民既享受了旅游业发展带来的财富增加，也因
此承受了相应的生活压力，近期坊间征收旅客税以减少游客
的呼声渐起。从国际经验来看，征收旅客税的目的在于改善
基础设施，保护环境和旅游资源，获得持续发展旅游业的资
金。但各地旅客税征收效果表现不一，有时甚至适得其反。

* 林广志，历史学博士，澳门科技大学社会和文化研究所所长、教授，研究方向为澳门学、澳
门旅游博彩、企业管理等；娄世艳，经济学博士，澳门城市大学金融学院副教授，研究方向
为劳动经济学、教育经济学；黄继华，澳门科技大学社会和文化研究所国际关系专业博士生，
研究方向为旅游管理、旅游电子商务。

澳门经济结构单一，严重依赖博彩业和旅游业。征收旅客税可能会导致游客数量下降，伤害内地游客感情和损坏澳门的国际形象，赌客比例提升，不利于非博彩业务及经济适度多元发展。其实，空间不足是制约澳门承载力的根本原因，现有空间协调和分流措施难以解决这一困难与瓶颈。长远来看，通过区域合作，尤其是通过与横琴合作，共建共享"世界旅游休闲中心"，实现旅游资源与自然空间的优势互补，平衡"宜居""宜游"的关系，才是实现澳门经济社会可持续发展的根本出路。

关键词：　澳门　旅客税　城市承载力　区域合作

　　澳门是著名的旅游城市，有关澳门城市承载力的讨论一直是学界、业界及社会各界讨论的热点：澳门这个资源缺乏的小城市，究竟能够承载多少游客？一般认为，当游客每年突破 3200 万人次，澳门的旅游承载力基本饱和，但仍有改善空间。2017 年，有研究指出，澳门的最佳旅游接待能力为每日 11 万人次，或每年 4100 万人次。游客的增加，确实促进了澳门经济的快速发展，但停车难、行路难、高物价等问题愈趋严重，影响了居民的日常生活，"宜居""宜游"矛盾日益尖锐。2018 年入境澳门游客达3580.37 万人次，再创历史新高，按年增加 9.8%，再次引起了居民的焦虑。2019 年 3 月 28 日，有立法会议员口头质询旅游问题，游客接待能力成为讨论焦点。有议员追问政府对征收旅客税的看法，社会文化司司长谭俊荣表示，政府态度开放，将透过旅游局的研究，并听取业界及居民意见。① 自 5 月 20 日起，旅游局为此开展为期 1 个月的"征收旅客税之可行性"民意调查，调查内容包括是否赞成澳门征收旅客税、若澳门征收旅客

---

① 《四千万旅客唔爆表》，《澳门日报》2019 年 3 月 29 日。

税的税款可作什么用途、现在澳门入境旅客量属多或少，以及应对旅客量增长的方法成效如何等。①

一 旅客持续增长与城市承载力

回归以来，澳门经济迅速发展，实际地区生产总值从 1999 年的 1056.31 亿元（澳门元，下同）增长至 2018 年的 4248.95 亿元，人均地区生产总值则从 24.71 万元提高至 64.35 万元，② 分别增长了 3.02 倍和 1.6 倍。2017 年，澳门以人均地区生产总值 80892.82 美元高居世界第二位。③ 澳门经济的迅速发展和居民生活水平的提高，有赖于"一国两制"的制度优势、稳定的社会环境、中央和内地各级政府的支持以及特区政府的赌权开放政策等诸多因素，但不得不说在很大程度上还得益于游客数量的快速增长。

澳门统计暨普查局仅提供了 2008 年以来的游客数量数据。即便如此，近十年的数据也已反映出澳门游客数量的增加速度。2008～2018 年入境游客数量从 2293.32 万人次增至 3580.37 万人次，增长了 56.12%，其中内地游客从 1161.32 万人次增至 2526.06 万人次，增长了 117.52%。总体上，内地游客增速更快，其占旅澳游客的比重从 50.64% 提高至 70.55%，即目前有七成旅澳游客为内地游客。而 2008 年之前游客增长情况一定程度上可由住客数量反映出来。1999～2008 年澳门住客数量增长了 1.90 倍，而 2008～2018 年增长了 1.16 倍。可见，回归以来旅澳游客持续迅速增长，内地游客占比持续上升。

2002 年的赌权开放政策增加了博彩供给，而 2003 年中央政府对港澳地区实行部分省市的"自由行"开放政策，则大大增加了博彩需求，两方面因素的结合促进了博彩业的迅猛发展，带动了澳门整体经济的腾飞。2002～

---

① 《旅游局开展征旅客税民意调查》，《澳门日报》2019 年 5 月 21 日。

② 以 2017 年环比物量按支出法计算，2013 年曾分别达到最高值 4816.39 亿澳门元和 80.98 万澳门元。资料来源：澳门统计暨普查局。

③ World Bank, https://data.worldbank.org/indicator/NY.GDP.PCAP.CD? view = chart.

2018 年，博彩业毛收入从 234.96 亿元增加至 3038.79 亿元，增长了 11.93 倍。同期，博彩业税收从 77.66 亿元增至 1135.12 亿元，增长了 13.62 倍；博彩业就业人口数量从 2.35 万人增至 9.64 万人，增长了 3.10 倍；就业人口的月工作收入中位数从 4672 元提高至 16000 元，增长了 2.42 倍。可见，除了带动经济增长，博彩业的发展还增加了财政收入、提高了就业水平和收入水平。图 1 显示，博彩业毛收入、博彩业就业人口、博彩业税收、本地生产总值和人均本地生产总值增长率五个指标中，除博彩业就业人口增长率以外，其他几个指标呈现非常接近的变化趋势，显示出高度相关性，证明博彩业对税收和经济的带动作用非常大。虽然博彩业毛收入增长率与博彩业就业人口增长率相关性没有那么强，但是图 1 显示了二者的正相关关系。该关系不那么明显的原因，可能是就业和产出之间的滞后性以及受政府政策等的影响。

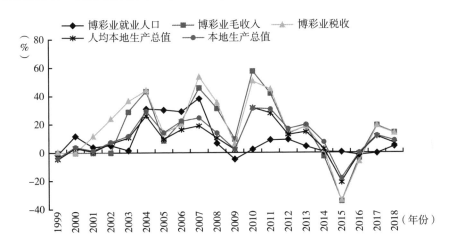

图 1　1999～2018 年澳门博彩业毛收入、博彩业就业人口、博彩业税收、本地生产总值和人均本地生产总值增长率

资料来源：澳门统计暨普查局。

博彩业的迅猛发展离不开大量旅澳游客的贡献。表 1 列出了 1999～2018 年酒店及公寓住客数量和博彩业毛收入数据，可以看出，其间二者都迅速增加，且呈现出高度相关性。对 2002～2018 年的数据进行简单相关性分析，结果显示二者的相关系数高达 0.889890。毋庸置疑，博彩业的发展

主要依赖于游客，尤其是内地游客。同时，2002～2017 年，包含批发及零售业、酒店业及饮食业以及博彩业在内的旅游业获得迅速发展，其生产总值占澳门地区生产总值的比重从 47.57% 提高至 60.70%。[①]

表1　1999～2018 年澳门酒店及公寓住客数量与博彩业毛收入

年份	酒店及公寓住客数量（人次）	博彩业毛收入（百万澳门元）	年份	酒店及公寓住客数量（人次）	博彩业毛收入（百万澳门元）
1999	2253445	—	2009	6714413	120383
2000	2689843	—	2010	7755214	189588
2001	2766853	—	2011	8612127	269058
2002	3154801	23496	2012	9541397	305235
2003	3043505	30315	2013	10670599	361866
2004	3956154	43511	2014	10712999	352714
2005	4121088	47134	2015	10568869	231811
2006	4680854	57521	2016	11999734	224128
2007	5739734	83847	2017	13155173	266607
2008	6537661	109826	2018	14106751	303879

注："—"为无数据。
资料来源：澳门统计暨普查局。

　　旅澳游客在为澳门的社会经济发展做出巨大贡献的同时，也产生了一些副作用。游客增加带来的负外部性影响主要表现为物价高企、交通拥堵和对总体承载力的挑战。数据显示，2002～2018 年，澳门总体物价上涨了82.4%，而旅游物价则上涨了 120.4%。可见，旅游物价上涨拉动了总体物价水平的上升。旅澳游客超过七成来自内地，游客"一源独大"的特点使一些负外部性影响特别突出，如导致内地节假日期间旅澳游客"爆棚"。2019 年内地"五一小长假"期间，仅 5 月 1 日和 2 日各口岸就分别录得61.9 万人次和 65.5 万人次出入境，导致拱北口岸人山人海，新马路及大三巴不得不实施人流管制。有研究指出，澳门博彩旅游业的发展已经超越了其土地综合承载力，澳门只有相当于香港 2.74% 的土地，却承载着相当于香

_____

[①] 　基于"以当年生产者价格按生产法计算"的数据进行的计算。

港 9 倍多的压力，并且地均旅客数和汽车密度两项指标数值较高。[①] 可见，旅客增长确实对澳门的承载力带来了巨大挑战。

二　旅客税：国外的经验及其启示

从世界范围来看，诸多旅游目的地投入巨额资金进行基础设施建设，提升接待能力和水平，修缮景点，开发新旅游项目，以吸引更多游客，期望旅游业带动当地经济发展。但实际的结果既在意料之中，也在意料之外，既拉动了旅游经济的发展，也出现如游客停留时间短、消费金额低等问题。更有甚者，旅游目的地"看起来"被游客占领，但旅游业的实际收益并未达到政府预期。这是全球众多旅游胜地陆续开始征收旅客税的根本原因之一，即以征收旅客税增加旅游收入，作为旅游业长期发展的融资渠道。国家（地区）或城市将旅客税用于保护自然环境、改善基础设施和居住环境，也算是本地居民从旅游发展中得到的一种收益。

（一）国外旅客税的征收形式与具体政策

从征收的对象和内容来看，旅游税包括向旅游产业征收的税和向游客征收的税。世界旅游组织列出了 40 多种与旅游相关的税，其中包括向从事与旅游相关业务的企业征收的 15 种旅游税、向旅游消费者征收的 30 种旅游税。[②] 本文提到的"旅客税"（也称"游客税""旅行税"，英文表述为"tourist tax"、"travel tax"或"visitor levy"）就是向游客征收的税种。常见的旅客税有：①与出入境有关的税，如"离境税""出境税"；②与住宿有关的税，如"住宿税""床位税"；③与城市建设或旅游发展有关的税，如"城市税""逗留税""暂住税""旅游发展税"等；④与航空有关的税，如"空乘税""机场建设费"等；⑤与保护对象有关的税，如"文化税""生

---

① 袁持平、介莹：《博彩业发展与澳门承载力适应性研究》，《港澳研究》2014 年第 4 期。
② 张志刚：《开征旅游税的经济效应测评——基于 CGE 模型的实证分析》，硕士学位论文，青岛大学，2017。

态税";⑥与消费有关的税,如"最低消费税""购物税"等。

自20世纪80年代,陆续有国家(地区)和城市开始向游客征收旅客税。① 时至今日,这一做法已经成为众多旅游目的地的选择。当然,这些"税(费)"会有合理的比例或者额度,在征收对象和时段上也有区分。表2选取了一些有代表性的国家(地区)或城市的旅客税政策。②

表2 部分旅游目的地旅客税相关政策

旅游目的地	时间	具体政策	征收原因与目的
新西兰	2019年7月1日	国际游客每人25~35新西兰元;由电子旅游管理局从签证费中收取①	原因:游客增长给自然环境和基础设施带来压力 用途:保护自然环境、加强旅游基础设施建设 效果:每年将增加约8000万新西兰元收入
巴黎	1994年	(1)交通税:每人每天2欧元;(2)居住税:每人每晚最多10欧元②	原因:想增加旅游收入 用途:加强基础设施建设,改善交通与配套设施
巴利阿里群岛③	2005年	观光税(官方称为"生态税"):外国游客每人每天1~4欧元,金额视淡旺季而定	原因:居民抱怨外国观光客太多造成环境破坏 用途:修缮名胜古迹和保护旅游环境 效果:短时间内游客数量下降11.7万人次④
威尼斯	2015年	(1)住宿税:过夜游客每晚5欧元;(2)进城税:每人每天3欧元。并从2019年5月起征收一日游游客入景区参观的"着陆税",每人2.5~10欧元,学生可免	原因:游客过多 效果:2016年游客人数增长5%,威尼斯景区开始实施封闭式管理

① Mak, J., "Taxation of travel and tourism," in Dwyer L. & Forsth P. ed., *International Handbook on Tourism Economics*, Cheltenham: Edward Elgar Publishing Ltd., 2006.
② 笔者收集到的征收旅客税的目的地有:新西兰、英国、法国、意大利、西班牙、澳大利亚、德国、荷兰、希腊、葡萄牙、瑞典、美国、日本、韩国、泰国、立陶宛、马耳他、菲律宾、土库曼斯坦、阿联酋、马来西亚、马尔代夫、缅甸、不丹、博兹瓦纳、俄罗斯等。

续表

旅游目的地	时间	具体政策	征收原因与目的
日本	2019年1月7日	出境税：所有人（包括日本人）都要加收1000日元出境税，原则上由航空或船舶公司代收。部分旅游城市（东京、京都、大阪）收取住宿税，根据住宿金额而定⑤	用途：建设轻松舒适的环境，提供更方便快捷的资讯服务，宣传旅游观光；开发旅游资源 效果：每年将增加287亿日元收入
不丹	长期	最低消费：每天最低为200～250美元，⑥具体取决于淡旺季，游客在旅行社预定行程时支付	效果：成为比较昂贵的旅游目的地，但有效控制了游客数量，保护了自然与文化遗产

注：①澳大利亚居民、太平洋岛国论坛国家居民、持特殊目的签证者、过境旅客和2岁以下儿童等免征。

②各种居住类型都需要征收，包括酒店、户外野营、公寓等。

③Balearic Islands，西班牙最著名旅游目的地之一。

④西班牙学者以该岛的英国、德国、法国和荷兰游客为测评对象，评估当地政府对入境游客每人每天征收1欧元的旅客税时，当地旅游需求的变化。结果发现：短期内，征收此种旅客税导致四国游客减少了11.7万人次。见邢剑华《旅游税规范研究初探》，《桂林旅游高等专科学校学报》2007年第2期。

⑤不满2万日元（约合人民币1241元）时征收200日元（约合人民币12元），2万～5万日元（1241～3104元人民币）时征收500日元（约合人民币31元），5万日元以上征收1000日元（约合人民币62元）。

⑥费用包括：税金（每人每晚65美元）、当地A级酒店、一日三餐、包车、门票和英文导游。

征收旅客税的旅游目的地往往吸引力强，旅游业发达，旅客过多，其中有不少是世界知名旅游胜地，在全球有着广泛的影响力和声誉。有些地区对自然环境依赖性较强，因为旅游业的发展带来了明显的负面影响，如巴厘岛的环境污染。部分地区当地政府财力有限，需靠旅客税增加收入。

（二）征收旅客税的影响

征收旅客税会在多方面影响到旅游目的地的发展，主要体现在对游客的影响、旅游产品结构、旅游从业者态度、税款使用效果等几个方面。

首先，旅客税会增加游客的旅行成本，对旅客税敏感的游客会改变出游计划。在表2中，西班牙巴利阿里群岛征收旅客税后，游客数量短时期内呈

现出下降情况，部分缓解了当地的环境压力；而威尼斯在实施旅客税后，游客数量不降反增。事实上，对于国际游客而言，旅客税相对整个旅游花销所占比例很小。征收旅客税对国际游客的影响不大。长期来看，旅游目的地的吸引力和旅游业发展状况对游客的出行决策具有决定作用。

其次，旅客税会引起当地旅游从业者对旅游业发展的担忧。从业者担心征收旅客税会带来游客数量下滑、经营成本增加和当地声誉的下降。以较早实施旅游税的法国为例，[1] 法国曾在2014年讨论提高旅游税额度，法国业界人士对此做法表示质疑和反对，担心旅游税的增加会大量减少酒店的实际盈利，削弱法国在全球游客眼中的吸引力，也将直接对法国旅游业造成打击。

再次，旅客税会对某些价格敏感的旅游项目起到抑制作用，进而调节旅游目的地的旅游产品结构和旅游收入。以阿姆斯特丹为例，在"向每位游客征收8欧元"的政策出台一个月后，4家游轮公司宣布不在该城市的港口停靠。旅客税吓退了对价格极度敏感的游轮公司。这一结果"似乎"对当地有利，因为旅客税抵制了"低价值"游客。[2] 对某些所谓"劣质"游客屏蔽可以使当地获得更有效的旅游收入。

最后，旅客税能促进旅游业发展。如前文所述，征收旅客税的目的主要是加强基础设施建设，为游客和本地人提供便利，保护环境和文化遗产等。对于财力不足的地区而言，旅客税是一笔可观、可靠的资金来源。[3] 同时，旅客税带来的公共利益也缓和了本地人与游客之间的矛盾。

值得注意的是，在征收旅客税的国家（地区）或城市，旅游业几乎都是支柱产业，其中有一些是高度依赖旅游业的，如马耳他、泰国、希腊等。[4] 这

---

① 沈臻懿：《法国旅游税法案的酝酿与争议》，《检察风云》2014年第17期。

② 因为住宿和餐饮等主要消费均在游轮上完成，乘坐游轮旅行的游客上岸后在当地的消费非常有限。

③ 将旅客税用于旅游目的地宣传的做法招致了一些争议，被认为是不合理的。见裴超《游"税"新说，探讨旅游税对会奖带来的影响》，《中国会展（中国会议）》2019年第8期。

④ 其中马耳他旅游业占GDP比例为15.1%，泰国所占比例是9.3%，希腊是7.6%（参见《2017旅游业竞争力报告：旅游业贡献占全球10% GDP》，《空运商务》2017年第11期），而澳门占比则超过50%。

些国家（地区）应该是最担心游客数量波动的，但其自身具备的一些特征使得它们敢于征收和提高旅客税。①通常是高知名度的国际旅游地。这些地方（特别是旅游城市）拥有独特的旅游资源、声誉和地位，替代性弱，拥有巨大的影响力，游客趋之若鹜。这些地区（城市）旅游业成熟，属于全球消费较高的旅游地。到访游客的支付能力较强，小额旅客税不会影响其旅游决策。甚至有地区计划通过提高旅客税的方式，刻意将自己打造成为昂贵的旅游地，比如冰岛①以此来抑制外来游客数量增长过快，外来游客增速的下降符合冰岛政府的意愿。实际上，虽然普遍存在过度旅游的情形，这些地区（城市）依然还是坚持对外开放的态度，征收旅客税的主要目的是促进旅游业发展，而非简单地抑制游客需求和数量；② ②游客国际化程度高，客源结构更加合理。除了临近的国家（地区）外，其客源国分布更加均衡，呈现出明显的国际化。即便因征收旅客税影响客源，其后果也更加可控；③有其他产业作为支撑。不少地区（城市）还拥有其他支柱产业，旅游业不是唯一选择。比如巴黎，它是法国最大的工商业城市，拥有汽车、电器、化工、医药、食品、皮革、服装、家具、精密工具、印刷、电影、金融等众多产业，经济更加多元。因此，从整体上来看，此类国际旅游目的地抵御游客波动和外部干扰的能力较强，回旋余地较大，选择更多样。

三 澳门征收旅客税的影响与效果

澳门早期曾立法针对游客征收旅游税。澳门征收旅游税起源于 1944 年 10 月 7 日第 859 号立法条例所指的特别税。1980 年 11 月 22 日，澳葡政府立法通过第 15/80/M 号法令，设立专门的旅游税以代替 1944 年以来的特别税。1996 年，澳葡政府立法通过了第 19/96/M 号法令，核准旅游税规章，并废止了第 15/80/M 号法令。课征对象为酒店场所及同类场所（酒店、公

---

① 《冰岛将限制游客数量？2018，我们冰岛走起！》，https://www.sohu.com/a/220511350_482660，2019 年 6 月 10 日。
② 简万宁：《澳门征旅客税须三思》，《澳门日报》2019 年 6 月 12 日。

寓式酒店、旅游综合体、餐厅、舞厅、酒吧）、健身室、桑拿浴室、按摩院及卡拉 OK 厅。近年来，随着经济形势的好转及旅游业的发展，特区政府在年度预算案中，对旅游税进行了豁免。2019 年财政年度预算案规定：一、于二零一九年度，根据四月一日第 16/96/M 号法令第六条规定属第一组分类同类场所的自然人或法人所提供的服务，获豁免八月十九日第 19/96/M 号法律核准的《旅游税规章》所规定的旅游税。二、基于适用四月一日第 16/96/M 号法令第七条第一款的规定，该法令第五条所指的第一、第二及第三组酒店场所的上款所指的第一组同类场所的专有业务，亦获豁免旅游税。由于政府的豁免，居民和旅客对澳门旅游税没有太大感知。

此次旅游局开展针对旅客征税的民意调查，信息不仅覆盖了澳门各大媒体，也被内地各大网站纷纷报道，引起了各界广泛讨论。旅游局表示，提出开展澳门征收旅客税的可行性研究是基于三个原因：2019 年春节期间旅客量增加，有其他国家推出类似措施以及社会上有声音建议研究。5 月 22 日，有资深报人指出，开征旅客税是双刃剑，宜慎重决策；① 6 月以来，《澳门日报》发表多篇文章，探讨是否应该征收旅客税的问题，作者均不赞成当前开征旅客税。② 那么，结合澳门的产业特征以及比较相关国家和地区情况，澳门是否应该征收旅客税？如果征收旅客税，该如何征收？征收旅客税是否能解决当前问题？征收旅客税又会导致哪些影响？

澳门是典型的旅游城市，旅游业是其支柱产业，澳门的定位为"世界旅游休闲中心"。因此无论现在还是将来，一定数量的旅客是澳门繁荣稳定的基本保障。因此，在澳门的承载能力之内，澳门应尽力吸引游客到来。据 2017 年《澳门旅游接待能力》研究结果，澳门最佳接待能力为每日 11 万人。③ 但现实中来澳游客的时间分布并不均匀，2018 年的游客高峰出现在

---

① 林昶：《开征旅客税是一把双刃剑宜慎重决策》，《新华澳报》2019 年 5 月 22 日。
② 《学者：不如改善客源结构》，《澳门日报》2019 年 6 月 5 日；春耕：《（一家之言）旅业持续发展，平衡需求》《澳门日报》2019 年 6 月 5 日；简万宁：《澳门征旅客税须三思》，《澳门日报》2019 年 6 月 12 日。
③ 转引自《澳门旅客承载力爆表未？旅游局：仲有好多景点人流可控制》，https://aamacau.com，2019 年 4 月 7 日。

12 月，有 357 万人，而低谷则出现在 9 月，为 256 万人，两者之差高达 100 多万人，即澳门每天接待的游客数量在 2018 年 9 月为 8.53 万人，而 12 月则为 11.52 万人，前者比后者平均每天少 3 万人，前者低于而后者高于最佳接待能力。有时游客甚至集中在短短几天之内涌入澳门。2019 年五一小长假，4 天假期中访澳游客达 63.7 万人次，平均每天高达 15.93 万人。由于游客人数波动较大，如若加征旅客税，肯定不能一年四季都征税，当游客数量较少时，特区政府、商家与居民希望有更多游客到来以增加旅游业收入。因此，最优的征税方式是按时间段征收，在入境游客高峰期，特别是内地的元旦、新年、五一、十一等假期期间征收，以平衡旅澳游客数量，防止出现类似五一期间的过度拥堵现象。即便是为了改善旅客结构，增加旅客在澳门的滞留时间，也只能征收部分游客的旅客税，如在酒店住宿应予以免税，征税政策也只能在部分时间段实施。因此，分时段征收旅客税也可以是一个政策基础。同时，征收旅客税，相当于提高了旅游的价格，其征收额度须通过进一步研究价格弹性才能确定。

澳门征收旅客税的主要目的不在于增加政府收入，而在于平衡旅澳游客数量，该目标能够实现吗？答案是比较困难。旅游行业的特点是周期性和波动性强，整体经济波动中已自带平衡游客数量的机制，尽管如此，每年仍有不少假期景区景点游客爆满的报道。实际上，即便政府不对游客征税，游客节假日来澳旅游，包括去其他目的地旅游，也需要支付更高的成本。例如，机票更贵、酒店价格升高、饭店额外收取服务费、交通堵塞以及景点人满为患等。对此难道游客不知道吗？游客自然是知道的。对于价格比较敏感、能够改变旅游时间的游客而言，他们已经调到其他时间出游了，例如，节假日期间老年人旅游团明显偏少。那些趁国家节假日旅游的游客，更多是平日工作而没有时间的、消费力较强的中青年游客。即便对这些游客征税，他们也几乎不可能调整至其他时间来旅游。所以，对这一部分旅客征税，可能造成的结果就是，要么他们依然于高峰期到澳门旅游，要么直接放弃澳门选择其他目的地。

除了难以解决旅客人数波动大的问题，征收旅客税还会带来什么影响？

第一，征收旅客税可能会伤害内地游客的感情，损害澳门的国际形象。澳门游客七成来自内地，征收旅客税主要针对内地游客，这可能会伤害内地游客感情，不利于澳门与内地的交流与合作；澳门的定位为"世界旅游休闲中心"，澳门必须树立良好的形象以达到该目标。征收旅客税可能会给国际游客留下对游客不友好的印象，这对国际游客数量较少的澳门而言尤其不利。第二，征收旅客税会妨碍澳门经济增长。如前文所言，澳门博彩业、旅游业乃至整体经济的发展，就业、居民收入以及政府财政收入的增加都在很大程度上依赖于游客的重要贡献，征收旅客税，可能导致游客数量减少，将直接影响到上述各方的发展，对当前好不容易形成的良好趋势和积极预期都会产生负面影响，甚至会影响澳门的长期发展。第三，征收旅客税，还有可能进一步导致旅澳游客中赌客占比提高，而普通游客或者说非赌客占比降低，不利于澳门发展非博彩业务及经济适度多元发展。征税更容易导致哪类游客放弃到澳门旅游呢？答案是普通游客。从经济学上讲，奢侈品以及有较多替代品的产品和服务，其需求的价格弹性较大，价格升高时，需求就会大幅度降低。旅游作为奢侈品，其需求的价格弹性本身就较大，同时，对于普通游客而言，除了澳门还有很多其他旅游景点可供选择；比较而言，到澳门旅游对于赌客而言更倾向于是必需品，需求的价格弹性较低。因此，如若征税，可能会导致较大比例的普通游客数量减少，旅澳游客中赌客的占比提高。

结　语

与大部分征收旅客税的外国城市不同的是，澳门的经济结构单一，严重依赖旅游博彩业。可以说，游客的数量和质量是澳门的生命线。一方面，澳门需要大量旅游支撑其经济增长与公共服务，整体带动政府及居民的财富增长与社会发展；另一方面，过多游客的到来确实给居民生活带来影响，"宜居""宜游"矛盾尖锐，难以平衡。有人认为，既然巨量的游客给澳门人带来了财富，澳门人就应该忍受并为此付出代价。但是澳门人的忍受应该是多大的限度呢？如果居民因为城市拥挤而失去了幸福感，那么，政府发展经济的目的又是什么呢？在澳门这个以游客为财富主要来源的城市，讨论征收旅客税，实际上显示出城市的无奈与居民的焦虑。

在咨询期间，社会各界纷纷对征收旅客税问题发表意见，提出解决旅客拥挤问题的思路与途径，或说改善旅客结构，或说分流旅客至不同的出入口岸，或说不同时段征税，等等。笔者不排除这些意见可能会对解决旅客拥堵问题起到一定的作用。但是，如上所述，澳门空间狭小，除了世界遗产城区及博彩业，旅游产品供给相对单一而独特（中国唯一赌博开放地区），因40年改革开放而富裕起来的中国内地未来仍然是澳门的主要旅客来源地，希望通过几百元的税费降低其来澳旅游的欲望，可能性较低。因此，可以预见的是，即便是征收旅客税，也不大可能较大幅度降低来澳游客的人次，旅游承载力超负荷的问题仍将是澳门未来面临的巨大考验。那么，澳门"宜居""宜游"和谐发展的出路何在？笔者认为，青茂口岸、横琴口岸启用后可适当分流游客，减轻关闸口岸及其邻近地区的交通压力，但是，空间不足是造成澳门城市承载力超负载的根本原因，在现有空间无论怎样协调、分流都不足以从根本上解决拥堵问题的时候，唯一的、更有效的出路是通过区域合作方式，尤其是通过与横琴合作，实现旅游资源与自然空间的优势互补，共建共享世界旅游休闲中心，只有这样，才能从根本上解决澳门旅游承载力不足的问题，促进旅游休闲产业持续发展。

评价篇

Comments

G.4
澳门博彩企业社会责任研究：
以社区参与为中心

"澳门博彩企业社会责任研究"课题组*

摘　要：　社区是博彩企业重要的利益相关者，社区参与已成为澳门博
彩企业社会责任的重要特征和表现形式。澳门博彩业与社区
关系密切，带来的社会成本巨大，成为博彩企业践行社会责
任的根本动力，也决定了"社区参与"成为博彩企业社会责
任的基本内涵。澳门博彩企业重视发展社区关系，全面识别
利益相关者，加强社区投资与服务，实现社区发展，使社会
问题得到持续性改善，但也存在社区贡献的规模有待提升、
资源投放相对集中、社区对博彩企业存在依赖风险等问题。

* 澳门科技大学社会和文化研究所"澳门博彩企业社会责任研究"课题组负责人：林广志；成
员：刘毅、陈思敏、陈平、于会春、陈康宁；执笔人：陈平。

优化社区参与的结构、探索企业主导的社区参与模式、提升社区参与的战略性和标准化，是保证博彩企业与澳门社区平衡发展、和谐共存的有效路径。

关键词： 澳门 博彩 企业社会责任 社区参与

"企业社会责任"（Corporate Social Responsibility，CSR）已引起不同学科和行业领域相关人士的积极参与和探讨，研究产生丰富的理论和标准体系。企业社会责任不局限于企业治理的范畴，而是包含企业与社区的关系。企业和社区持续对话，社区对企业的信任逐渐增加，企业投入资源参与社区发展。特别是对社区产生巨大影响的特殊企业，如博彩企业，更是积极从事公益慈善活动，承担相关利益者的社会责任，以弥补为社区带来的巨大成本。企业在获得社区支持的基础上，使社区发展能力得到提高和社会问题得到持续性改善，共同实现永续发展，这已成为共识。虽然社区作为利益相关者被高度重视，社区责任议题和实践不断丰富，但相关研究尚显不足：一是关于博彩社区化的定义仍不够全面，二是对博彩企业与社区关系的认识不够深入，三是博彩企业社区参与的现状、结构和效益未能得到客观评估。

澳门已成为世界上博彩产业规模最大的城市，博彩业发展进入国际化阶段，其管理经验处于世界领先水平。对澳门博彩企业社会责任特别是社区参与的观察、研究和评价，将进一步丰富企业社会责任的研究，为全球博彩业贡献澳门标准，提升国际话语权，有助于增强澳门博彩业的区域竞争力，为推进"世界旅游休闲中心"建设贡献力量。

一 博彩企业社会责任研究现状

博彩企业上市年报或《可持续发展报告》《企业社会责任报告》所披露的社会责任治理，分别从识别利益相关者、甄选企业社会责任议题、履责方

式和成效、对标标准等范畴展开。结合具体实践，本研究从以下四个方面对博彩企业社会责任研究进行全面梳理。

一是对博彩企业的利益相关者的识别。Choong-Ki Lee、Hak-Jun Song、Hye-Mi Lee、Seoki Lee 和 Bo Jason Bernhard 通过对韩国赌场员工的调查，检验企业社会责任对赌场员工组织信任、工作满意度和客户导向的影响。[①] CK Lee 和 JS Kim 认为受博彩企业社会责任影响最大的利益相关者是当地居民，通过对 459 名居民的现场调查发现，博彩企业社会责任对居民生活质量、感知效益以及对赌场发展的支持产生影响。[②] Hyewon Youn、Kiwon Lee 和 Seoki Lee 研究员工对博彩企业社会责任的感知及组织承诺对其工作满意度调节的影响，发现赌场对环境的调节可以改善员工对赌场的看法，有助于增强员工对组织的承诺。[③] 曾忠禄认为澳门博彩产业涉及的利益相关者包括：投资者、设备供货商、竞争对手、咨询公司、博彩中介等，其中，最重要四个是投资者、顾客、澳门社区及客源地政府。[④]

二是对博彩企业社会责任议题的甄选。Peter Jones、David Hillier、Daphne Comfort 基于《博彩企业社会责任报告》，探讨了英国博彩企业侧重的市场、工作场所、环境和社区等社会责任问题。[⑤] 捷克学者 Libĕna Tetřevová 通过回顾企业社会责任的文献，分析和评估了博彩企业如何参与和

① Choong-Ki Lee, Hak-Jun Song, Hye-Mi Lee, Seoki Lee, Bo Jason Bernhard, "The impact of CSR on casino employees' organizational trust, job satisfaction, and customer orientation: An empirical examination of responsible gambling strategies," *International Journal of Hospitality Management*, 33 (2013): 406–415.

② Choong-Ki Lee, Jungsun (Sunny) Kim, Jinok Susanna Kim, "Impact of a gaming company's CSR on residents' perceived benefits, quality of life, and support," *Tourism Management*, 64 (2018): 281–290.

③ Hyewon Youn, Kiwon Lee, Seoki Lee, "Effects of corporate social responsibility on employees in the casino industry," *Tourism Management*, 68 (2018): 328–335.

④ 曾忠禄:《澳门博彩业的利益相关者：分析与建议》,《亚太经济》2008 年第 6 期，第 114~117 页。

⑤ Peter Jones, David Hillier, Daphne Comfort, "Corporate social responsibility in the UK gambling industry," *Corporate Governance: The International Journal of Business in Society*, 2 (2009): 189–201.

实现在捷克经济、社会、道德、环境和慈善领域的责任。① Tiffany Cheng Han Leung 和 Rob Gray 通过分析 5 个国家大型博彩企业社会和环境报告，探讨企业社会责任及社会和环境的相关度，发现关于负责任博彩的信息披露较少。② Jungsun Kim、HakJun Song、Choong-Ki Lee 和 Jin Young Lee 通过调查企业社会责任对赌场客户的看法、企业形象及客户行为的影响得出结论：道德责任对企业形象的影响最大，其次是经济和慈善责任，且只有慈善责任才会产生重大而直接的影响。③ Fanny Vong 通过对澳门教师和学生的调查确定了参与保护环境、美化城市、营造和谐环境、公平对待当地员工、促进负责任赌博五个社会责任因素。④ Yim King Penny Wan 通过访谈 17 位主要社区领导人发现，博彩企业需要解决青少年价值观的变化、高学生辍学率提高、问题赌博和犯罪、家庭关系的变化、公共需求与赌场土地需求矛盾、交通拥堵以及空气和噪音污染之间的关系日益紧张等问题。⑤ 王小乐和汤晓萌认为，澳门博彩企业应在经济、法律和公益慈善方面承担相应的责任。⑥ 澳门大学博彩研究所提出，社会关注的议题有为外地雇员安排交通接驳服务、营运车辆状况、为外地雇员提供住宿场所、对中小企的扶持政策、本地采购的措施、拟添加的非博彩元素；消费者问题有消费者投诉和争议处理、消费者数据保

---

① Liběna Tetřevová, "Corporate social responsibility in the czech gambling industry," *Economics and Management*, 16 (2011)：612 - 620.

② Tiffany Cheng Han Leung, Rob Gray, "Social responsibility disclosure in the international gambling industry：A research note," *Meditari Accountancy Research*, 24 (2016)：73 - 90.

③ Jungsun Kim, HakJun Song, Choong-Ki Lee, Jin Young Lee, "The impact of four CSR dimensions on a gaming company's image and customers' revisit intentions," *International Journal of Hospitality Management*, 61 (2017)：73 - 81.

④ Fanny Vong, "Perception of Macao teachers and students regarding gaming operators' social responsibility," *UNLV Gaming Research & Review Journal*, 14 (2010)：1 - 13.

⑤ Yim King Penny Wan, "The social, economic and environmental impacts of casino gaming in Macao：The community leader perspective," *Journal of Sustainable Tourism*, 2012 (20)：737 - 755.

⑥ 王小乐、汤晓萌：《澳门博彩企业现状及社会责任研究》，《科技创业月刊》2012 年第 9 期，第 48 ~ 50 页。

护与隐私、保护消费者健康与安全以及社区参与和发展。① Luo，J. M. 等人探讨了澳门博彩业的企业社会责任过程，将"领导力、愿景和价值观""劳动力活动"和"社区活动"确定为最受欢迎的企业社会责任实践领域，将"供应链活动"、"市场活动"和"利益相关者参与"确定为澳门博彩企业需要改进的企业社会责任实践。②

三是对博彩企业履责方式的探讨。Hancock，L.、Schellinck，T. 和Schrans，T. 指出在加拿大引发关于国家角色、关注和监管义务以及企业社会责任、主体责任和消费者保护等热议。③ Garry Smith 和 Dan Rubenstein 认为很少有政府能够做到 William Eadington 实施的四级负责任博彩管理，面向消费者安全和公共利益的赌博制度是政府和赌博业履行社会责任的标准。④ 王玉华和赵平认为，澳门博彩企业承担的社会责任范围广、领域宽、环节多，利益关系极其复杂，需要政府、企业和社会共同协作以实现之。⑤ 林志刚认为博彩企业更应回馈社会、关注弱势群体、积极参与到社会公益慈善事业之中，履行其社会公益责任，同时创新性地全面实施战略企业社会责任，将企业愿景使命、文化制度、品牌形象等与社会公益慈善相结合。⑥ 严鸿基则从博彩的伦理出发，讨论博彩企业在运营时面对的伦理困境和开赌政府在维护博彩客和问题赌徒的权益时应担当的额外责任，建议政府在坐享巨额博

---

① 澳门大学博彩研究所：《澳门幸运博彩经营权开放中期检讨：经济、社会、民生影响及承批公司营运状况》，2016，第175～218 页。

② Luo，J. M，Lam，C. F.，Li，X.，Shen，H.，"Corporate social responsibility in Macau gambling industry," *Journal of Quality Assurance in Hospitality and Tourism*，17（2016）：237 - 256.

③ Hancock，L.，Schellinck，T.，Schrans，T.，"Gambling and corporate social responsibility（CSR）：Re-defining industry and state roles on duty of care，host responsibility and risk management," *Policy and Society*，27（2008）：55 - 68.

④ Garry Smith，Dan Rubenstein，"Socially responsible and accountable gambling in the public interest," *Journal of Gambling Issues*，25（2011）：54 - 67.

⑤ 王玉华、赵平：《澳门博彩企业的社会责任研究》，《全国流通经济》2011 年第5 期，第3～6 页。

⑥ 林志刚：《当博彩遇上公益：澳门博彩业社会公益责任创新之思》，http：//blog. sina. com. cn/s/blog_ 521e930901017wnh. html？luicode = 10000011&lfid = 1076031377735433。

彩税收之时应把财富回馈给社会，并救助那些因开赌而受损的弱势群体。[①] 冯家超提出负责任博彩的五大原则，包括伤害最小、知情决定、平衡发展、共同承担、最佳实践[②]，后又发展为共同承担责任、平衡发展、知情决定、伤害最小、最佳实践，其策略有普及型教育、博彩服务规管及相关政策和方案以及向博彩者及其配偶和家人提供建议、支持和资源[③]。刘紫微认为澳门应以大陆地区经验为参考，从企业自身、社会公众以及政府部门三个方面共同协助企业履行社会责任，构建起企业履行社会责任的完善体系。[④] Chen Han Leung 和 Stanley Snell 探讨了澳门博彩企业为何以及如何参与企业社会责任，发现博彩企业基于经济和非经济贡献的合法性，淡化问题赌博以及环境破坏两个不利外部领域，认为博彩企业应将注意力转移到道德合法性问题上来。[⑤]

四是对博彩企业社会责任标准的建设。澳门大学博彩研究所考虑本地社会对博彩企业的诉求，通过参考 ISO26000 和 GRI 指引，发现大部分博彩企业已就消费者问题及社会参与和发展订立政策并付诸实践，提出须建立一套适用于澳门经济社会环境、符合本地社会期望的评价标准，并参考借鉴国际标准，制定企业社会责任的资料收集及披露方式。[⑥] 澳门理工学院举办"澳门综合旅游休闲企业与社会责任论坛"，从"开展职业教育·提升本地人才""扶助本地中小企共同发展""支持内地建设·开展国情教育""协力环保·持续发展""慈善工作·惠泽社区""促进休闲娱乐·成就经济多元""推行负责任博彩"等领域展开讨论。[⑦] Luo，J. M. 等学者基于负责任博彩，

---

① 严鸿基：《博彩的伦理探究》，博士学位论文，中国社会科学院，2014。
② 冯家超：《负责任博彩工作报告书 2009～2013》，负责任博彩推广委员会，2014，第15页。
③ 冯家超、伍美宝：《负责任博彩：澳门模式及经验》，《港澳研究》2015年第4期，第57～65＋95～96页。
④ 刘紫微：《履行企业社会责任：大陆地区的经验以及对澳门的启示》，《现代物业（中旬刊）》2014年第6期，第68～71页。
⑤ Chen Han Leung, Stanley Snell, "Attraction or distraction? Corporate social responsibility in Macau's gambling industry," *Journal of Business Ethics*, 146（2017）：637–658.
⑥ 澳门大学博彩研究所：《澳门幸运博彩经营权开放中期检讨：经济、社会、民生影响及承批公司营运状况》，2016，第173页。
⑦ 澳门理工学院博彩教学暨研究中心官网"澳门综合旅游休闲企业与社会责任论坛"专页，http://gtrc.ipm.edu.mo/index.php/zh/academic－cn/forum－cn。

从利益相关者的角度，在经济、社会和环境三个方面制定企业社会责任活动的衡量标准。[①] 澳门科技大学社会和文化研究所成立"澳门博彩企业社会责任研究"课题组，观察和评价博彩企业社会责任，发布《2011~2017 澳门博彩企业慈善责任发展报告》，从慈善捐赠额、慈善捐赠额占收益比例和慈善捐赠额增幅三个维度编制"2011~2017 澳门博彩企业慈善捐赠排行榜"。在此基础上，课题组基于 ISO26000，从企业社会责任的一般议题出发，结合澳门和博彩行业特定社会责任议题，对标准展开讨论，研制了《澳门博彩企业社会责任指标体系》。[②]

博彩企业履行社会责任已成为学界共识，研究基础源自企业社会责任的理论成果，对利益相关者识别相对全面，责任议题全面覆盖经济、社会、环境、慈善等领域，对"负责任博彩"的重点研究反映出鲜明的行业特征，如何规划、管理和实践相关责任，学界亦有一定的讨论。整体而言，澳门较与其他地区的特殊性仍需挖掘，相关研究也应更符合澳门实际。虽然基于标准体系对博彩企业社会责任的研究相对薄弱，但学界已就建构博彩企业社会责任的标准展开探讨。

具体来看，社区成为博彩企业重要的利益相关者这一观点得到广泛关注，围绕社区的责任议题成为博彩企业社会责任的重点议题已形成普遍共识，更负责任地回馈社区、实施博彩企业社会责任战略引起高度重视，以社区贡献为核心的博彩企业社会责任标准及体系开始被探讨和实践，社区参与已成为澳门博彩企业社会责任的重要特征和表现形式。

① Luo, J. M., Lam, C. F., Chau, K. Y., Shen, H. W., Wang, X., "Measuring corporate social responsibility in gambling industry: Multi-Items stakeholder based scales," *MDPI*, *Open Access Journal*, 9 (2017): 1 – 18; Jian Ming Luo, "A measurement scale of corporate social responsibility in gambling industry," *Journal of Quality Assurance in Hospitality & Tourism*, 19 (2018): 460 – 475.

② 澳门科技大学社会和文化研究所"澳门博彩企业社会责任研究"课题组：《2011~2017 澳门博彩企业慈善责任发展报告》，2018；澳门科技大学社会和文化研究所"澳门博彩企业社会责任研究"课题组：《澳门博彩企业社会责任指标体系》，2019。

二　澳门博彩社区化的成本及其影响

博彩企业社会责任较一般企业更加引起重视，其原因在于博彩企业进入社区后所产生的社会成本和引起的社会问题更加严重而复杂，尤其是在博彩社区化程度更高的澳门。

（一）博彩社区化的内涵及澳门的博彩社区化

早在多年之前，澳门就有了"赌博社区化"的概念，但长期没有定义，柳智毅在参考相关研究及澳门具体实际后提出，博彩社区化，即博彩场所入侵澳门居民住宅社区的情况日益普遍。① 林双凤认为，"社区赌博化"是指澳门居民所生活的社区被浓厚的娱乐场所氛围包围，从视觉感官上、心理上、日常的生活中，形成全新的三维立体博彩空间，社区的邻里周边乃至家庭亲人等都处在赌博环境或者是与赌博相关产业的包围之中。② 以上研究更多地从空间联系和社区认知度等角度对博彩社区化展开分析，然而由于澳门地域小、人口少、资源有限，博彩业对经济社会影响巨大，社区居民对博彩参与度高，博彩企业开始重视社会问题并积极投放资源予以解决，因此博彩社区化应当有更深层次的内涵。本研究认为，"博彩社区化"是指博彩业与社区在空间存在紧密联系，资源相互依赖，对博彩认知客观一致，社会进步行动无差别，且利益上形成共同体，平衡发展、和谐共存。

由于澳门土地面积有限，除路氹城金光大道，其他娱乐场均靠近社区，因此博彩社区化程度较高。2002~2018 年，澳门土地总面积增加 6.1 平方公里，增长 23%，而幸运博彩娱乐场由 11 家增加到 41 家，增长 2.7 倍。在分布上，澳门半岛开设有 23 家娱乐场，但其土地面积 16 年间只增加了 0.8

---

① 柳智毅：《澳门博彩业发展与青年成长——博彩业社区化对青少年成长的影响》，澳门街坊会联合总会青年事务委员会，2010，第 16 页。

② 林双凤：《澳门博彩业发展的社会问题分析》，《广东社会科学》2012 年第 2 期，第 213~220 页。

平方公里，且社区和居民的集中度高，澳门半岛的博彩社区化程度更高，带来巨大的社会成本和问题（详见图 1）。

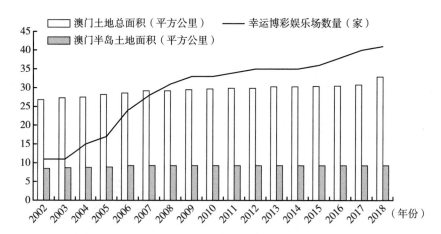

图 1 2002～2018 年澳门面积与幸运博彩娱乐场数量

资料来源：整理自澳门统计暨普查局、澳门博彩监察局官网。

（二）博彩业的社会成本

博彩业的快速发展明显增加了社会成本和个人成本。[①] 邹小山研究发现，大多数国家博彩业的发展产生较严重的网上博彩、洗钱和偷税漏税、对社区安全的负面影响等问题。[②] Aasved, J.、Schaefer, M. 和 Merila, K. 等人探讨了明尼苏达州赌场给当地社区在民众财务损失、治安恶化和病态赌徒数量增加等方面带来的冲击。[③] Long 通过比较美国南达科他州和科罗拉多州居民对赌场发展的感受，认为赌场发展容易引发交通堵塞和犯罪率提升等。[④]

[①] Collins, D., Lapsley, H., "The social costs and benefits of gambling: An introduction to the economic issues," *Journal of Gambling Studies*, 2（2003）: 123–148.

[②] 邹小山:《国际博彩业发展的新趋势及其监管》,《国际经贸探索》2004 年第 3 期, 第 43～46 页。

[③] Aasved, J., Schaefer, M., & Merila, K., "Legalized gambling and it's impacts in a central minnesota vacation community: A case study," *Journal of Gambling Studies*, 2（1995）: 137–163.

[④] Long, "Early impacts of limited stakes casino gambling on rural community life," *Tourism Management*, 5（1996）: 341–353.

Cathy，H. C. Hsu 通过案例研究、数据和调查，分析赌场的负面和积极的社会影响，包括犯罪，生活质量，社区服务如提供娱乐和文化活动，社区吸引力如声誉、外观、清洁度和交通便利、当地居民的态度和病态赌徒等。[①] Eadington 全面地将博彩业社会成本概括为问题赌徒、对当地经济的冲击、公共设施不胜负荷、与赌博相关的犯罪、环境和居民生活质量受到影响、社会价值观扭曲六类。[②] 统计全国问题赌博委员会和北美赌博成瘾帮助基金会公布的数据可以得出，每年参与赌博的美国人多达 80%，大约 2.6% 近 1000 万美国人符合问题赌徒的标准，其中 14 岁至 21 岁赌博成瘾的年轻人多达 75 万人，6% 的大学生存在长期赌博问题。与赌博（犯罪、成瘾和破产）相关的年度成本年均为 170 亿美元，且问题赌博的公共资金投入约 7300 万美元。另外，50% 左右的问题赌徒有犯罪行为，问题赌博已为美国的经济和居民增加了社会成本。

（三）博彩社区化对澳门的影响

随着博彩业的扩张，澳门居民更容易接触到赌博，博彩社区化产生的社会问题更加严重。吕开颜和刘丁己通过对青少年意见调查发现，赌权开放后对澳门带来负面的经济冲击、文化冲击和生态环境冲击。[③] 冯邦彦和何晓静研究指出，博彩业产生的挤占效应大大削弱了澳门中小企业对劳动力的吸引力。[④] 程惕洁从社会学角度分析博彩业的负面后果有社会财富的净消耗、助长侥幸心理、易生社会悲剧。[⑤] 林双凤认为博彩业带来澳门的就业结构严重

---

① Cathy，H. C. Hsu，*Legalized Casino Gaming in the United States：The Economic and Social Impact*，New York：Hawthorn Hospitality Press，1999.

② Eadington William，R.，" Measuring cost from permitted gaming：Concepts and categories of evaluating gambling's consequences," *Journal of Gambling Studies*，2（2003）.

③ 吕开颜、刘丁己：《赌权开放后对澳门的影响——青少年意见调查》，http：//www.myra.org.mo/wp-content/uploads/2009/03/2007-10-16.pdf.

④ 冯邦彦、何晓静：《澳门经济：回归十年的回顾与展望》，《广东工业大学学报》（社会科学版）2009 年第 7 期，第 6~11 页。

⑤ 程惕洁：《博彩社会学概论》，社会科学文献出版社，2009，第 71~75 页。

失衡、外劳输入引发的社会冲突、青少年的教育冲击、社区赌博化、病态赌徒以及生态环境等问题。① 王心、陈晓宇和严强认为博彩业发展存在助长侥幸和投机心理、出现问题赌徒、使教育发展滞后、病态博彩问题突出、降低青少年就业竞争力等负面影响。② 澳门大学博彩研究所系统地指出,博彩业的负面影响包括问题赌博为社会带来负担、博彩相关犯罪活动趋向频繁、经济及就业过度依赖博彩业、传统价值观的改变或重塑、外来人口影响等。③如图 2 所示,赌权开放以来,与赌博相关的犯罪逐渐增加,2014 年后不法赌博、高利贷和洗黑钱的犯罪立案数较往年大幅攀升,2018 年不法赌博、高利贷犯罪立案 817 宗,为 2002 年以来最多,洗黑钱犯罪在 2017 年立案数有所下降。但澳门金融情报办公室关于反清洗黑钱和反恐怖主义融资可疑交易报告的统计数据显示,相关可疑交易报告数量逐年增加,2018 年 3716 份报告达到历史最高。

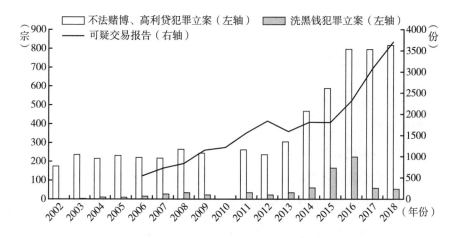

图 2 2002～2018 年澳门博彩相关刑事犯罪立案和可疑交易报告数量

注:2010 年刑事犯罪立案无数据。
资料来源:整理自澳门检察院、澳门金融情报办公室官网。

---

① 林双凤:《澳门博彩业发展的社会问题分析》,《广东社会科学》2012 年第 2 期,第 213～220 页。
② 王心、陈晓宇、严强:《澳门博彩业的演变、问题与创新》,《阅江学刊》2017 年第 4 期,第 86～94 + 147 页。
③ 澳门大学博彩研究所:《澳门幸运博彩经营权开放中期检讨:经济、社会、民生影响及承批公司营运状况》,2016,第 70～81 页。

赌权开放以来，博彩业极大地促进了整体经济发展和提升了本地居民的生活水平和社会福利。但不可否认的是，其中所带来的一些问题或矛盾至今仍未得到妥善解决。由于在相当长一段时间内，澳门经济仍然会以博彩业为基础，博彩业对社区造成的影响始终是澳门社会关注的焦点，也是博彩企业践行社会责任的根本动力，这也决定了"社区参与"成为博彩企业社会责任的基本内涵。

三 澳门博彩企业与社区的关系

企业与社区的关系包括识别利益相关方、支持社区并与之建立关系，企业社区参与正是与其经营所在社区的利益相关者建立有效伙伴关系的最佳途径。[1] 美国博彩协会认为博彩企业最主要的三个利益相关者是顾客、员工和社区，其中对社区的社会责任包括加强经济、振兴社区和提高生活质量，具体是努力成为社区的好邻居和参与公民，通过为当地经济带来繁荣，提供新的、独特的娱乐产品，尊重每个社区的特殊之处，为社区做出积极贡献。[2] 澳门博彩企业同样重视发展社区关系，全面识别利益相关者，加强社区投资与服务，实现社区发展能力和社会问题得到持续性改善。

（一）利益相关者识别

澳门博彩企业在甄选适合本企业社会责任议题之前，要充分识别利益相关者并推动其参与企业社会责任治理。目前，由澳门博彩企业直接识别的利益相关者包括股东和投资者、顾客、雇员、社区、供应商、社团及特区政府等。[3] 博彩企业通过社区参与，持续满足利益相关者在遵守法律、经济增长、负责任博彩、环保及可持续发展、经济适度多元、本

---

① N. Lakin & V. Scheubel, *Corporate Community Involvement: The Definitive Guide to Maximizing Your Business' Societal Engagement*, Greenleaf Publishing, 2010.

② 参见美国博彩协会官方网站。

③ 整理自 2011～2018 年博彩企业上市年报或《可持续发展报告》《企业社会责任报告》。

地员工向上流动、中小企采购、社会公益等诸多领域的期望，扩大企业对社区的影响力，提升社区对企业的认同。如图 3 所示，公共收入、本地生产总值、人均生产总值和私人消费支出与博彩业发展保持一致，社会整体失业率不断下降。2018 年，国际货币基金组织统计澳门人均 GDP 世界排名第 4，仅低于卢森堡、瑞士和挪威，澳门社会福利水平稳居世界前列。

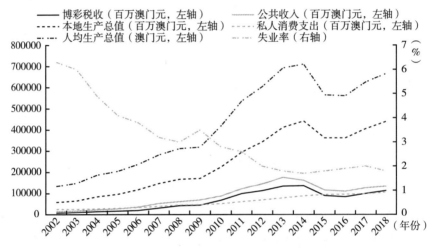

图 3　2002～2018 年澳门经济社会关键指标发展趋势

资料来源：澳门统计暨普查局官网。

（二）社区投资

社会资本能够通过推动协调和合作行动来提高社会效率，社区参与是提升社区社会资本的一种有效方式，企业与任何社区建立的联系，起点都应该始终是社区事业，积极回馈社区已成为澳门博彩企业的共识，回馈社区就需要博彩企业为社区投入资源，提升社会资本，与社区建立关系并获得信任，其方式主要表现为慈善捐赠和义工服务。自从 2011 年美高梅在香港联交所上市后，六家持牌博彩企业的慈善捐赠从该年度起每年均有上市年报客观数据表现，2018 年博彩企业慈善捐赠 2.3 亿港元，同比增长 3.32%，8 个年度博彩企业慈善捐赠共计 17.88 亿港元，平均每年 2.2 亿港元（详见图 4）。

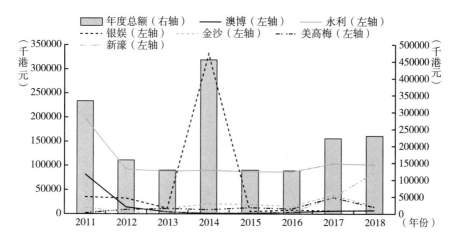

图4　2011～2018年澳门博彩企业年度慈善捐赠额

资料来源：整理自2011～2018澳门博彩企业上市年报。

（三）社区服务

企业对社会的服务有利于增加社区利益。澳门博彩企业普遍认识到自己是社区的一分子，积极参与社区发展，帮助弱势社群和有需要的人士。博彩企业均成立由员工组成的义工队，筹办和参与社区活动，服务慈善团体，为社区提供服务。2018年，六家博彩企业全职员工有114635名，据不完全统计，其中义工超过1.5万人，占博彩企业全职员工总数的13%，服务时长约200000小时。2009年，各博彩企业义工队相继成立，筹办或参与活动，每家义工队年均筹办或参与社区活动约百个。实际上，在义工队成立之前，博彩企业就鼓励员工为社会有需要的人士付出时间、能力、技术及资源，提供志愿服务。2017年，"天鸽"风灾后，博彩企业义工队第一时间进入社区帮助社区恢复重建。

现阶段，澳门博彩企业社区参与使当地社区整体受益，促进了社区体育文化艺术的多元发展，推动了环保事业可持续发展，在此过程中，儿童及青少年、长者、伤健人士等社区有需要的人均从中受益。同时，社区参与体现了澳门博彩企业社会责任履责特色，从很大程度上可以帮助社会各界对博彩

企业社会责任的结构和效益进行客观观察、认识和评价。但是，相对于博彩企业的经济实力和社会影响，其社区参与仍有不足之处。

首先，社区贡献的规模仍有提升空间。美国博彩协会和美国商会基金会企业公民中心的调查显示，2017 年，15 家博彩企业（该 15 家博彩企业有168 家赌场、235000 名美国员工和 330 亿美元的总收入）慈善捐赠 3.67 亿美元，占其总收入的 1.1%，员工志愿服务 422000 小时，平均每家博彩企业慈善捐赠 2447 万美元（约 1.9 亿港元），平均每名员工志愿服务 28133 小时。[①] 而同年，澳门博彩企业慈善捐赠 2.23 亿港元，占总收入 2573 亿港元（约 330 亿美元）的 0.09%，平均每家博彩企业捐赠 3717 万港元，平均每名员工志愿服务约 27000 小时。[②] 可见，作为博彩产业规模最大的城市，澳门博彩企业社区贡献规模还有提升空间。

其次，社区资源投放相对集中。澳门博彩企业社区参与的受益对象明显集中于弱势群体，但一部分制度性和社会性弱势群体的现状在一定程度上仅依靠博彩企业社区参与在短时间内是无法得以改善的。对机构团体的捐赠明显多于直接捐赠，容易降低企业履责能力和水平，由于社区参与路径依赖社团容易造成单一和重复，降低效度。与内地社区关系发展不足，相比于内地游客为澳门经济增长、旅游博彩业发展做出的贡献以及回流的社会成本而言，博彩企业的内地社区参与程度有待加强。

再次，社区对博彩企业存在依赖风险。社区参与的影响并非一定是积极的，基于博彩企业对资源的虹吸效应及其创造的巨大价值，社区容易对博彩企业产生依赖，提出超出博彩企业能力或职能范畴的期望和要求，导致博彩企业由商业企业变成社会企业。另外，不是所有社区期望都能成为博彩企业社区参与的动机，若过度依赖社区全部价值诉求，或未能平衡利益相关者的所有偏好，则会影响博彩企业的决策和判断，进而影响社区参与的路径和成效。

---

① 参见美国博彩协会官方网站。
② 整理自 2017 年博彩企业上市年报或《可持续发展报告》《企业社会责任报告》。

四 澳门博彩企业社区参与的发展趋势与若干建议

澳门博彩企业的发展离不开社区，而社区的进步也离不开博彩企业的贡献和参与，博彩企业社区参与的方式和成效对企业和社区关系的发展具有决定性作用，也是企业可持续发展的重要保障。同时，博彩企业作为澳门经济的龙头企业掌握和控制着巨大的经济资源，社会对博彩企业社会责任赋予更高期望，有的超出一般企业的标准，甚至达到国际标准。因此就博彩企业未来社区参与提出以下建议。

一是优化社区参与的结构。首先，通过科学深入的社会调查，优化社区参与的结构，聚焦急需资助的困难群体以及有助于博彩产业自身和经济社会均衡发展的长远目标，助推澳门经济社会可持续发展。其次，通过合适的机制，配合国家战略，助力"精准扶贫"，深入澳门帮扶的贵州从江县广泛开展社区参与，将澳门慈善公益模式带入当地，推动国家和谐社会建设。

二是探索企业主导的社区参与模式。目前，成立并持续运作、形成一定影响力的博彩企业基金会不多，但这不失为一种企业直接主导社区参与的有效模式。首先，基金会很大程度上代表企业，但又与企业社会责任部门不同，它的运行制度完善，职责简单明确，专业性强，能够降低博彩企业大额捐赠的落地风险，同时对捐赠资金起到规划和监管的作用，企业基金会与企业社会责任部门相互配合、各行其责，具有较强的灵活性。其次，企业基金会的公益属性决定了其相比于企业本身更容易与社区保持紧密关系，更容易自主开展社区投资和服务项目，特别是重大投资项目。再次，企业基金会在一定程度上可以有效防止企业和社区因任何单方面的资源依赖而陷入被动，一次投资可以缓解多频次、多方向捐赠造成的内外部利益相关者的矛盾，提高决策效率，善用资源，善尽责任，获得声誉。

三是提升社区参与的战略性和标准化。博彩企业社区参与应当基于企业的价值观和社会责任，立足当下、着眼未来，聚焦解决澳门社会未来至关重要的问题，成为特区政府和社区公益团体相关职能的补充。博彩企业的社区参与应进行系统化的战略思考，使其社会责任可持续发展，能够激发和撬动整个社会的资源，实现企业和社区资源的共融。博彩企业应主动开展社区参与，提高创新性，丰富方式，同时依托其国际化的优势，引进和学习国际先进经验，并引导澳门公益事业的进步，积极公开信息和经验，与社区共享共发展。博彩企业在开展负责任的、有理性的社区参与的过程中，应不断与社区、利益相关者和第三方学术研究机构展开对话，达成共识、形成认同，建构社区参与的澳门标准与行业标准，确保让有限的资源发挥最大的社会效益。

G.5
澳门酒店美誉指数的建设与测试

"澳门酒店美誉指数研究"课题组*

摘　要：　酒店排名已成为业内促进酒店改善服务质量和发展的重要方式之
　　　　　一。澳门酒店业是特区经济发展的中坚力量。面对数量庞大、需
　　　　　求多元的游客，优化酒店结构，提升酒店接待、服务水平是澳门
　　　　　建设"世界旅游休闲中心"的必经之路。为促进澳门酒店业结
　　　　　构优化和服务水平提升，可从客房运营绩效、客房数量、客房收
　　　　　益、酒店入住率和网络口碑五个指标构建美誉指数模型，并利用
　　　　　美誉指数模型对 10 家五星级酒店进行探索性测试。通过测量分
　　　　　析发现：酒店的竞争实力主要受客房数量、客房收益两个因素影
　　　　　响，同时客房运营绩效、酒店入住率和网络口碑也带来一定影
　　　　　响。结合指数模型测试结果，未来应加强智能化酒店的发展，培
　　　　　养复合型的酒店人才，提升澳门酒店业的竞争力。

关键词：　澳门　酒店　美誉指数　网络口碑

　　为助力澳门经济发展，中央政府于 2002 年实施"自由行"政策，大量
游客的到来对澳门酒店业的发展起到了巨大的推动作用。2008～2016 年，
澳门酒店数量出现了明显变化。以五星级酒店为例，根据澳门旅游局统计，
澳门五星级酒店数量从 2008 年的 19 家增加到 2016 年的 33 家，五星级酒店

＊　澳门科技大学社会和文化研究所"澳门酒店美誉指数研究"课题组负责人：林广志；成员：
　　宋宇、陈颂泓、陈思敏、陈平、黄继华；执笔人：陈颂泓、宋宇。

客房数量则由 9762 间增加至 21794 间。这说明五星级酒店数量、客房数量均显著上升，五星级酒店的规模得以提升。统计显示，2008～2017 年，五星级酒店入住人数从 296.68 万人次增长至 706.49 万人次。面对数量庞大的多元游客，优化酒店业的结构，提升酒店业的接待、服务水平是澳门打造"世界旅游休闲中心"的基础，而高星级酒店是世界旅游休闲中心发展的重要保障之一。为深入分析、探讨澳门酒店业的发展，本文引入酒店领域的多个测评指标及经济学测量指标——效率来开展研究。

在酒店业绩效评估方面，效率已成为酒店业绩效评估的重要指标之一，对酒店业管理方式的优化、经营策略的制定起到一定的参考作用。在对澳门酒店业进行系统、全面的评价方面，本文将利用 Python 软件和 DEA 测量模型来获取相关的指标数据，最后结合澳门客房运营绩效、客房数量、客房收益、酒店入住率和网络口碑这五个指标的数据，来构建澳门酒店美誉指数模型。通过构建澳门酒店美誉指数模型，可以评估相关酒店的整体运作情况，对酒店进行排名，为酒店管理层提供参考。也可以在此基础上建立社会美誉网络查询平台，为市民和游客提供更全面的服务信息。

一　世界酒店评价的发展

对酒店管理者而言，如何在信息化影响下提升酒店自身的竞争力非常重要。酒店网络口碑、酒店排名较大程度上影响到酒店的竞争力。关于酒店业评价方面，旅游运营电商网站和酒店业杂志等媒体通过酒店相关指标来进行酒店评价、排名；在学界方面，也有不少学者对有关酒店的指标进行研究。

第一，旅游运营电商网站对酒店进行综合评价与排名。在当今网络化的影响之下，酒店网络口碑提供了简化的住宿体验信息，量化了对酒店住宿的相关评论，并为酒店整体服务进行了评分。根据这些信息用户可以缩短预订酒店的时间，同时酒店管理者也可以根据这些信息知道酒店的不足和优势，并且根据顾客评分对酒店进行排名。

以全球发展最迅速的网络订房品牌之一 Agoda. com 网站为例。在

Agoda.com 网站上，顾客体验住宿和服务之后对酒店各方面进行综合打分，分别对酒店环境和清洁度、位置、性价比、酒店设施和服务态度这些要素进行点评。如 2015 年研究调查拥有无障碍设施酒店比例最高排名，统计发现，Agoda.com 网上超过 600000 家酒店中，美国有 77% 的酒店或旅馆设有无障碍设施，阿联酋、爱尔兰及葡萄牙则以 55% 的比例并列第二，中国香港则身居亚洲前列位置，有 37% 的酒店设有无障碍设施，高于邻近的中国台湾（15%）、日本（13%）及韩国（11%）。

Booking.com 网上预订系统则根据顾客体验后的评论，综合酒店的整洁度、舒适程度、设施、员工素质、性价比、免费 Wi-Fi 和住宿地点这些要素进行打分，不同于在 Agoda.com 网上对所有酒店打分，2018 年 Booking.com 依据 397089 条酒店评语对香港最佳的 30 家酒店进行排名，其中"唯港荟"酒店名列第 1 位。携程（www.ctrip.com）作为目前中国最大的酒店在线预订网站，合作酒店超过 32000 家，遍布全球 138 个国家和地区的 5900 余个城市，独立市场份额占到 30%。该在线回馈系统主要由两部分构成：第一部分是根据网站指定的一些评价维度，由消费者根据自己的消费体验给出评分；第二部分是消费者描述消费体验的文本评论。

第二，业界媒体对酒店的评价、排名情况。国际权威杂志 *HOTELS* 公布了 2017 年度"全球酒店集团 325 强"（*HOTELS* 325）排名，最新排名中，万豪、希尔顿、洲际蝉联前三甲，中国酒店锦江、首旅如家和华住继续保持行业前十。*HOTELS* 杂志通过对全球酒店经营状况、业务拓展等情况的深度分析，以客房规模、酒店数为标准，发布年度全球酒店集团排行榜，主要是对酒店管理公司而不是酒店投资公司进行排名，拥有酒店物业而不经营酒店的不动产投资公司排除在外。*European Hotels & Chains Report 2017* 为欧洲知名的酒店业排名报告，该报告以客房规模、酒店数量为标准，对欧洲酒店做较为深度的细分，根据酒店企业规模、地点等因素进行评估，得出排名。《康泰纳仕旅行者》公布了"第 30 届年度读者之选"，其中包括"2017 年度酒店读者之选"（Top Hotels in

China：Readers' Choice Awards 2017）。"康泰纳仕读者之选"基于 30 万名以上读者综合地理位置、设计、客房、服务质量、酒店活动、餐饮设施等诸多因素对酒店进行评估得出排名。权威旅行杂志 *Travel + Leisure* 公布了 2017 年世界旅行奖"亚洲十佳城市酒店"排行榜，*T + L* 从酒店设施、位置、服务、餐饮与总体价值等多个方面进行评选，太古酒店集团旗下的成都博舍以 97.37 分摘得桂冠，同属居舍系列的北京瑜舍位于第 10。中国饭店协会为国内酒店评价的权威机构，根据酒店集团的酒店数量、客房数量两个指标，发布了 2017 年国内 50 强酒店企业榜单。《福布斯旅游指南》作为全球最大的评价榜单之一，已经公布了 2017 年全球五星评定名单，中国有 30 家酒店被评为五星荣誉，这些酒店分别为北京 2 家、上海 5 家、广州 3 家、杭州 1 家、香港 8 家、澳门 10 家和台湾 1 家。《福布斯旅游指南》通过专业测评员以匿名走访的方式对酒店装饰品、环境卫生、客房服务、餐饮水平、水疗服务和对投诉处理等进行评价，评定酒店的星级，以此奠定全球服务行业卓越服务的最高标准，并为消费者提供最权威的旅游指南。

第三，在学术研究领域，众多学者对酒店的有关指标行了广泛讨论和分析，如酒店入住率、酒店绩效和网络口碑等（见表1）。

（1）在酒店入住率方面，Abdullah 等、张毅等、张子木分别对马来西亚、中国澳门及美国的酒店入住率对酒店业发展的影响进行了研究分析，分别采用回归模型、问卷调查具体方法来进行研究。

（2）在酒店绩效方面，效率已成为酒店业评价的重要标准之一，同时也是重要的酒店绩效指数的代表，已有众多学者利用数据包络分析方法（DEA）进行酒店绩效的研究。

（3）在网络口碑方面，受到网络口碑信息的可靠性、在线点评互动，以及互动时效性的共同作用，感知有用性直接影响到消费者的购买决策，信息可靠性、相关性搜索在某种程度上作用于消费者的购买决策。在网络口碑方面，已有众多学者进行了相关研究。

表1 学者研究文献

指标	学者	年份	研究方向	研究结果
酒店入住率	A. A. Abdullah 等[①]	2012	马来西亚酒店入住率改善的内部成功因素	结果认为酒店入住率的改善取决于如何更好地满足客户对酒店的期望
	张毅等[②]	2009	酒店入住率指数相关实证分析	总结中解释了酒店入住率指数的回归模型公司未包含入境旅客人数、平均房价和可供应床位三个重要因素的原因
	张木子[③]	2016	预测美国 Charleston 地区与其他两个区域的酒店入住率	三个地区的入住率内部发展规律与经济发展状况基本一致
酒店绩效	R. Morey 等[④]	1995	采用 DEA 模型预测 54 个酒店总经理的管理效率	结果发现平均运营绩效指数为 89%
	N. Johns 等[⑤]	1997	利用 DEA 模型测量连锁集团下的 15 家酒店运营效率	结果指出效率和盈利没有显著提高
	R. Anderson 等[⑥]	2000	利用 DEA 测算 1994 年 48 家酒店整体效率	研究认为生产要素配置效率低是导致酒店效率低的根源
	M. Pulina 等[⑦]	2010	研究意大利旅游业效率和规模的关系	研究认为酒店固定资产是星级酒店进行旅游服务的必备条件
	Y. H. Huang 等[⑧]	2012	利用动态效率评估中国酒店业效率情况	研究认为星级酒店总数、从业人员数、客房数、固定资产是重要的绩效考核指标
	卢洪友等[⑨]	2010	研究 1991~2008 年澳门酒店业的效率	在不增加投入的情况下产出率仍有 51.3%
	谢春山等[⑩]	2012	针对旅游星级酒店的效率问题进行理论和实证研究	中国五星级酒店的规模效率明显高于纯技术效率，对综合效率贡献较大
网络口碑	M. Trusov 等[⑪]	2009	研究对比网络口碑与传统市场口碑的效果	研究发现网络口碑比一般传统口碑广告更能引起消费者的购买欲望，传递效果要比传统广告高 2~3 倍
	O. A. Cass 等[⑫]	2012	研究网上零售商的认知网络服务创新	研究结果指出网上提供服务和线上品牌影响的重要性，特别是对于网上零售商
	钟静等[⑬]	2011	基于顾客网络评价的南京五星级酒店质量研究	结果发现顾客的网络评价对于改进高星级酒店服务质量有重要意义

续表

指标	学者	年份	研究方向	研究结果
网络口碑	熊伟等[14]	2012	运用内容分析法对中外国际高星级连锁酒店的服务质量进行评价对比	研究发现国外酒店服务质量总体评价略高于国内酒店服务水平，且国外推荐网络回复质量和实际利用效果优于国内水平
	黄丹宇等[15]	2015	网络口碑对中国澳门旅游形象感知的影响研究	研究发现互联网已成为一种旅游目的地重要营销手段

①A. A. Abdullah, M. H. Hamdan, "Internal success factor of hotel occupancy rate," *International Journal of Business and Social Science*, 3 (2012).

②张毅、刘中学：《澳门酒店入住率影响因素的实证分析》，《澳门研究》2009 年第 53 期，第 63～69 页。

③张木子：《基于 EEMD - ARIMA 的酒店入住率预测研究》，硕士学位论文，陕西师范大学，2016。

④R. Morey and D. Dittman, "Evaluating a hotel GMps performance: A case study in benchmarking," *Cornel Hotel & Restaurant Administration Quarterly*, 36 (1995): 30 - 35.

⑤N. Johns, B. Howcroft and L. Drake, "The use of data envelopment analysis tomonitor hotel productivity," *Progress in Tourism and Hospitality Research*, 3 (1997): 119 - 127.

⑥R. Anderson, R. Fok & J. Scott, "Hotel industry efficiency: An advanced linear programming examination," *American Business Review*, 18 (2000): 40 - 48.

⑦M. Pulina, C. Detotto & A. Paba, "An investigation into the relationship between size and efficiency of the Italian hospitality sector: A window DEA approach," *European Journal of Operational Research*, 204 (2010): 613 - 620.

⑧Y. H. Huang, H. I. Mesak & M. K. Hsu, et al., "Dynamic efficiency assessment of the Chinese hotel industry," *Journal of Business Research*, 65 (2012): 59 - 67.

⑨卢洪友、连信森：《澳门酒店业经营绩效评估》，《旅游学刊》2012 年第 25 期，第 54～59 页。

⑩谢春山、王恩旭、朱易兰：《基于超效率 DEA 模型的中国五星级酒店效率评价研究》，《旅游科学》2012 年第 26 期，第 60～71 页。

⑪M. Trusov, R. E. Bucklin & K. Pauwels, "Effects of word-of-mouth versus traditional marketing: Findings from an internet social networking site," *Journal of Marketing*, 23 (2009): 90 - 102.

⑫O. A. Cass & J. Carlson, "An e-retailing assessment of perceived website-service innovativeness: Implications for website quality evaluations, trust, loyalty and word of mouth," *Australasian Marketing Journal*, 2 (2012): 28 - 36.

⑬钟静、万绪才：《基于顾客网络评价的高星级酒店服务质量研究——以南京市五星级酒店为例》，《南京财经大学学报》2011 年第 2 期，第 82～86 页。

⑭熊伟、高阳、吴必虎：《中外国际高星级连锁酒店服务质量对比研究——基于网络评价的内容分析》，《经济地理》2012 年第 32 期，第 160～165 页。

⑮黄丹宇、刘静艳、刘铮：《网络口碑对旅游目的地形象感知的影响研究——以中国澳门为例》，《中大管理研究》2015 年第 10 期，第 75～93 页。

二 澳门酒店美誉探讨和指数的分析与构建

国内外媒体和学者在酒店排名研究方面已有较多的成果，但仍存在一些问题。由于网络、知名杂志对酒店的评价以单一指标为主，因此评价排名的最终结果存在不足。部分网站或杂志对酒店的评价，主要从顾客角度出发构建评价指标，评价方式对管理层考虑的角度相对较少。结合酒店入住率、酒店经营绩效和网络口碑的评价较为少见。而澳门作为世界最独特的以博彩业为主导的微型经济体，是世界罕见的高星级酒店高度集中的地区，有极大的研究价值和潜力，当前对澳门酒店大多以单一或部分指标的方式来进行评价，因此缺乏一定的全面性。

基于上述研究的不足，本文尝试从社会综合评价视角探讨澳门酒店美誉指数，即从以下角度对澳门五星级酒店排名并进行研究分析：（1）分别从客房运营绩效、客房数量、客房收益、酒店入住率和网络口碑五个变量来构建美誉指数模型，并在这五个变量下获取相关数据；（2）分别对五个变量的数据进行标准化、赋权处理，将指数按由大到小的顺序对 10 家五星级酒店进行排名，最终得出澳门五星级酒店的美誉指数排名。

（一）美誉指数构建

美誉指数构建思路如图 1 所示，通对回顾已对相关行业展开探讨的学者的研究战果，发现和总结研究中存在的问题，根据这些研究不足选取本研究所需的变量和数据，并最终构建自身的研究模型得出研究结果。

（二）美誉指数构建方法

美誉指数构建研究中将使用以下数学模型和方法：DEA 模型、Python 软件、数据标准化方法和变异系数设置权重法。

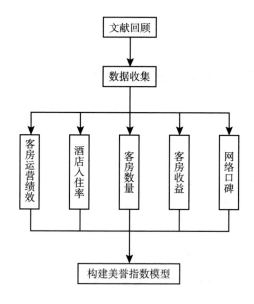

图1　美誉指数构建思路

1. DEA 模型

Cooper[①] 等人于 1978 年创建了 DEA 模型。DEA 模型是非参数型、以估计生产前沿面为主的一种有效测量方法，它采用数学规划的模型来评价多投入、多产出决策单元（DMU）之间的相对有效性，假设对 n 个研究对象的效率进行测度与评价，相同时期的每一个研究对象被称作一个决策单元（DMU），每个 DMU 在运营过程中均有 m 种投入 X，r 种产出 Y。x_{ij} 表示第 j 个 DMU 的第 i 种投入总量（$i=1$，2，……，m），y_{lj} 表示第 j 个 DMU 第 l 种产出总量（$l=1$，2，……，r）。于是，第 j 个 DMU 的投入可表示为 $X_j=(x_{1j}, x_{2j}, ……, x_{mj})\ T$，产出可表示为 $Y_j=(y_{1j}, y_{2j}, ……, y_{rj})\ T$，用 (X_j, Y_j) 表示决策单元 DMUj 的整个经济活动。令 V 为投入向量 X 的权系数向量，U 为产出向量 Y 的权系数向量。以第 j_0 个 DMU 的效率为目标函数，记为 $D(X_{j0}, Y_{j0})$，以所有决策单元的效率指数为约束条件，得到最优化 CCR 模型：

---

① W. W. Cooper et al. , " Handbook on data envelopment analysis," in *International Series in Operations Research & Management Science*, Springer, 2014.

$$D(X_{j0}, Y_{j0}) = \max \frac{U^T Y_{j0}}{V^T X_{j0}}$$

$$\text{s. t. } \frac{U^T Y_p}{V^T X_p} \leq 1$$

$$U \geq 0, V \geq 0, j = 1, 2, \ldots, n \tag{1}$$

通过 Charnes-Cooper 变换，上述分式规划可以转换为等价的线性规划模型（2）：

$$\text{Min}\theta$$

$$\text{s. t. } \sum_{j-1}^{n} \lambda_j X_j + s^- = \theta X_p$$

$$\sum_{j-1}^{n} \lambda_j Y_p - s^+ = Y_p$$

$$\lambda, s^-, s^+ \geq 0, j = 1, 2, \ldots, n \tag{2}$$

本研究的 DEA 测量模型主要用于测量澳门酒店绩效指数，并将酒店绩效的效率指数与酒店入住率、酒店环保指数、酒店房价指数和酒店网络口碑指数相结合，最终用来构建澳门酒店美誉指数模型。

2. 爬虫软件 Python

Python 是一种广泛使用的高级编程语言，属于通用型编程语言，由吉多·范罗苏姆创造，第一版发布于 1991 年。可以视之为一种改良（加入一些其他编程语言的优点，如面向对象）的 LISP。作为一种解释型语言，Python 的设计哲学强调代码的可读性和简洁的语法。相比于 C++ 或 Java，Python 能够让开发者用更少的代码表达想法，不管是小型还是大型程序。本研究将利用 DEA 模型测量酒店绩效指数效率，并利用 Python 来获取剩余的指针相关数据，结合利用两种模型和方法来构建指数模型。

3. 数据的标准化及设置权重

极值标准化也称为离差标准化，是对原始数据的线性变换，使结果值映射到 [0，1] 之间。转换函数如下：

$$x^* = \frac{x\text{-Min}}{\text{Max-Min}}$$

其中 Max 为样本数据的最大值，Min 为样本数据的最小值。

变异系数法是直接利用各项指标所包含的信息，通过计算得到指标的权重。这是一种客观赋权的方法。此方法的基本做法是在评价指标体系中，取值差异越大的指标，也就是越难以实现的指标，这样的指标更难反映被评价单位的差距。由于评价指标体系中的各项指标的量纲不同，不宜直接比较其差别程度。为了消除各项评价指标量纲不同的影响，需要用各项指标的变异系数来衡量各项指标取值的差异程度。各项指标的变异系数公式如下：

$$V_i = \frac{\sigma_i}{\bar{x}_i}$$

V_i 是第 i 项变量的变异系数，σ_i 是第 i 项指标的标准偏差，$\bar{x}_i$ 是第 i 项指标的平均值，各项权重求法如下：

$$W_i = \frac{v_i}{\sum_{i=1}^{n} v}$$

三 澳门酒店美誉指数的测试

根据学者的分析和探讨，本文结合客房运营绩效、客房数量、客房收益、酒店入住率和网络口碑这五个变量进行全面性的评价。高星级酒店是澳门建设世界旅游休闲中心的重要基础之一，因此本研究以五星级酒店为重点测量对象。根据澳门旅游局及澳门酒店协会的评定标准，2017 年共有 30 多家五星级酒店，考虑到酒店数据的可获得性问题，本文选取了 2017 年 10 家具有代表性的五星级酒店作为测量对象，它们是新濠锋酒店、新葡京酒店、澳门美高梅酒店、星际酒店、澳门十六浦索菲特酒店、永利酒店、永利皇宫、金沙酒店、澳门威尼斯人酒店和澳门百老汇酒店。

客房数量、酒店入住率、客房收益的数据主要选自各酒店的统计年报；客房运营绩效则运用 Python – DEA 模型测量而得；网络口碑的数据选自携程网的酒店评价数据，分别从酒店的位置、设施、服务和卫生这个四方面获得总分。从表 2 可以发现：酒店入住率和网络口碑的标准偏差值较小，说明这两个方面数据的稳定性较好。而客房运营绩效、客房数量和客房收益三方面的数据由于部分酒店的数据存在一定差异，因此可能存在一定的波动性。

表 2 数据的描述性统计

	客房运营绩效	客房数量（间）	客房收益（百万元澳门币）	酒店入住率（%）	网络口碑（满分为 5 分）
平均值	0.66	905	300.85	0.96	4.76
客房运营绩效	0.34	810	399.37	0.03	0.08

美誉指数测试分四个步骤进行。

第一，利用 Python – DEA 求得客房运营绩效（见表 3），该项指标结合了客房数量、酒店入住率和客房收益三部分来测算，客房数量为投入指标，酒店入住率和客房收益为产出指标。从表 3 可以发现：10 家酒店客房运营绩效平均值为 0.66，由于各酒店在客房收益上的管理效率存在一定的差异，因此总体运营绩效不高。其中客房运营绩效较高的为金沙酒店、新濠锋酒店和澳门百老汇酒店三家酒店。

表 3 客房运营绩效汇总

序号	酒店名称	客房运营绩效	序号	酒店名称	客房运营绩效
1	新濠锋酒店	1.09	7	永利皇宫	0.31
2	新葡京酒店	0.88	8	金沙酒店	1.11
3	澳门美高梅酒店	0.15	9	澳门威尼斯人酒店酒店	0.81
4	星际酒店	0.53	10	澳门百老汇酒店	0.91
5	澳门十六浦索菲特酒店	0.57		平均值	0.66
6	永利酒店	0.22		客房运营绩效	0.34

第二，利用单项变量评分法将各项指标进行标准化处理，在每个指标的量纲不统一情况下无法进行数学上的加减，因此首先利用单项指标将各个指标进行标准化处理，如表 4 所示。

第三，对标准化后的各指标进行客观、准确的运算，本研究采用变异系

数法进行客观的配重（表4），以此来提升计算的客观性和准确性。权重分配如下：客房运营绩效的权重为0.14，客房数量的权重为0.25，客房收益的权重为0.38，酒店入住率的权重为0.12，网络口碑的权重为0.11。表4说明客房收益权重最大，其次是客房数量和客房运营绩效，酒店入住率和网络口碑的权重最低。

表4　标准化指标统计

	客房运营绩效	客房数量	客房收益	酒店入住率	网络口碑
均值	0.53	0.26	0.16	0.58	0.53
标准偏差	0.35	0.31	0.28	0.34	0.27
方差	0.66	1.18	1.79	0.58	0.5
权重	0.14	0.25	0.38	0.12	0.11

第四，通过加权平均法将各变量进行计算得出10家五星级酒店的美誉指数，如表5所示。10家酒店的美誉指数排序分别为：澳门威尼斯人酒店、永利皇宫、新濠锋酒店、金沙酒店、新葡京酒店、星际酒店、永利酒店、澳门美高梅酒店、澳门百老汇酒店、澳门十六浦索菲特酒店。

表5　10家五星级酒店美誉度评价结果

排名	酒店名称	总分	排名	酒店名称	总分
1	澳门威尼斯人酒店	79.69	6	星际酒店	26.60
2	永利皇宫	41.97	7	永利酒店	25.96
3	新濠锋酒店	31.35	8	澳门美高梅酒店	25.83
4	金沙酒店	30.16	9	澳门百老汇酒店	25.82
5	新葡京酒店	27.88	10	澳门十六浦索菲特酒店	13.52

笔者认为，酒店的各个指标对酒店的总体评分的贡献由大到小排序为客房收益、客房数量、客房运营绩效、酒店入住率和网络口碑。从总体分析来看，酒店的客房收益和客房数量的影响力较大，说明酒店运营的好坏主要取决于客房收益的高低，拥有一定数量的客房为收益带来基础条件。其后是客

房运营绩效，它反映出管理者在客房数量、酒店入住率和客房收益三者之间进行了权衡，三者权衡得越好则客房的总体运营绩效就越好。

酒店入住率高，说明前来体验服务的旅客较多，间接反映出酒店的知名度较高。网络口碑是综合卫生、设施、服务、位置四个因素进行评价的，顾客在网络上的正面评价对入住率等各方面会带来一定影响，即酒店在这些方面做得越好，网络上的总体评分就越高，对酒店入住率等方面也会带来越正面的影响。

四　讨论与分析

通过测量分析发现，酒店的竞争力主要受客房收益、客房数量两大部分影响，同时客房运营绩效、酒店入住率和网络口碑对酒店的评价也带来一定影响，但是相对前两个方面影响较小。

第一，高星级酒店入住率不断上升。从澳门特区酒店业长期发展的情况来看，澳门力争打造世界旅游休闲中心，因此着重发展高星级酒店，使五星级酒店在行业的占有率、客房数量等方面均占领先地位。自 2015 年开始澳门由于经济调整，博彩业作为澳门旅游业的重要地位受到冲击，市场在加速转型，由专注贵宾厅市场走向中场大众化市场，为保证入住率的稳定，酒店房价下跌。高端酒店为提升酒店入住率，推出一些优惠政策来吸引家庭等类型游客，如暑假期间降低酒店总统套房的价格。

第二，高星级酒店客房运营绩效不足。从酒店自身发展的角度而言，酒店的客房运营绩效对酒店业务结构优化、提升服务质量具有重要的参考意义。在吸引游客入住的目的影响下，酒店在住宿方面做出了调整，如增加客房数量，利用一些优惠价格或其他方式来吸引游客，从而保证了酒店的入住率。由于吸引游客入住的措施存在两面性，因此客房价格有所下降，最后客房的收益相应下降。例如，暑假期间部分酒店为保证客房入住率，采取优惠价格等方式吸引游客入住，因此酒店的客房运营绩效平均值较低。在客房数量较多而无法产生较高的客房收益情况下，管理者有必要对酒店的业务结构

进行适当的调整。

第三，网络口碑评价对酒店入住率具有一定的影响力。目前澳门酒店的消费人群以内地游客为主，相当多内地游客重视网络口碑对酒店的评价，酒店管理者及时和有效地处理顾客对酒店的反馈信息，对树立好酒店的口碑和信誉将有很大的帮助。

自澳门赌权开放以来，澳门酒店业迅速发展，由传统的博彩加酒店住宿的模式转变为博彩加休闲度假的模式，通过多年的发展和积累，澳门酒店业达到了世界较为先进的水平，在全球的行业中有一定的声誉。根据酒店行业中存在的一些问题，澳门酒店业未来可从以下几个方面来提升竞争力。

第一，以酒店智慧化作为发展方向。近年来，发展智慧化城市理念得到世界广泛认可和应用，2016 年澳门政府已试点长 1000 米的全 Wi-Fi 覆盖街道，对顾客延长留澳时间进行消费具有一定的推动作用；2017 年 8 月，澳门特区政府与中国阿里巴巴集团签署了《构建智慧城市战略合作框架协议》，这意味着未来各领域将逐步加强物联网、大数据等技术的应用和推广。酒店业作为澳门重要的经济支柱之一，在未来的竞争和发展中也将逐步加强智慧化技术的升级和应用，如电子支付技术的应用，可以方便旅客在酒店消费，提升旅客在酒店支付的满意度，从而留住更多的"回头客"。利用信息技术来智能化管理酒店能源是未来发展趋势之一，如客房自动调节灯光、自动控制水温和空调温度等。

第二，培养复合型酒店人才。随着酒店业向智慧化趋势发展，复合型酒店人才将是增强酒店竞争力的重要因素之一。未来逐步加强智慧化酒店的发展，在一定程度上将提升对酒店人才在技能和管理方面的要求，传统的酒店专业员工将可能逐渐失去竞争力，因此未来酒店需对内部员工进行技能再培训以适应智慧化酒店的过渡。

第三，酒店行业可加强与澳门本地大学的合作，在酒店、管理和信息科技领域多方面开展交流活动，一方面可以为不同领域的学生提供实践机会，另一方面可以打破传统的"闭门造车"的人才培养模式。澳门特区在未来发展智慧城市方面，将带动多种智慧行业、产业的兴起，而酒店业作为澳门旅游经济的重要产业之一，酒店智慧化的发展将是不可避免的，这将推动澳门劳动力市场对熟悉电子科学、计算机、测控、信息与通信工程等领域的复合型专业人才的需求，同时也将带动对电子商务平台服务、高端外包服务、产品软件服务、市场营销和专业管理等相关服务领域的人才的大量需求。

专题篇

Monograph

G.6

澳门旅游休闲产业：现状、特征与趋势

赵伟兵*

摘　要：　2018 年澳门的旅游休闲产品供给稳步增长，休闲型旅客规模
　　　　　也有所扩大。产业的发展在现阶段表现出如下几个特征：访
　　　　　澳旅客结构仍然欠佳；城市整体休闲氛围不足，区域差异大；
　　　　　旅游休闲产业的创收水平有待提升；以政府和博企为主导，
　　　　　中小微企的参与度偏低；访澳旅客规模有加速增长趋势。未
　　　　　来应继续推进《澳门旅游业发展总体规划》之项目，培育市
　　　　　场主导机制，正视过度旅游的潜在风险，研究确定与"一个
　　　　　中心"建设目标相适应的旅客接待量，并积极参与共建粤港
　　　　　澳大湾区世界级旅游目的地。

* 赵伟兵，管理学博士，澳门旅游学院副教授，研究方向为旅游规划和开发、旅游中小企业、
　目的地营销与管理等。

关键词： 澳门　休闲　承载力　粤港澳大湾区

历经 10 年探索，澳门"世界旅游休闲中心"（以下简称"一个中心"）的战略定位已逐步取得社会的广泛共识，正迈入全面建设阶段。在《澳门特别行政区五年发展规划（2016～2020 年）》和《澳门旅游业发展总体规划》的指引下，博彩规模由扩张转为严格管控，而以休闲体验为核心的旅游产品和服务得到优先发展，成为"一个中心"建设成功的关键。2019 年 2 月，国家正式公布《粤港澳大湾区发展规划纲要》，提出要构筑休闲湾区，共建粤港澳大湾区世界级旅游目的地，将进一步助推澳门旅游休闲产业的发展。

一　澳门旅游休闲产业的发展现状

（一）需求现状

根据"一个中心"的愿景，休闲型旅客应是未来访澳旅客的主体；通过年度对比、分析这一群体的比例变化能够较好地反映"一个中心"建设的成效。由于澳门没有专门针对休闲型旅客的统计数据，其规模只可通过与其有关联之统计指标予以估测。基于之前有关研究及数据的可获取性，拟选取来澳度假旅客比重、留宿旅客比重、留宿旅客逗留时间、参团旅客比重、粤港旅客比重五项统计指标[①]。其中，来澳度假旅客比重、留宿旅客比重以及留宿旅客逗留时间这三项指标与休闲型旅客规模呈正相关，而参团旅客比重和粤港旅客比重与之呈负相关。

表 1 汇总了 2014～2018 年各项指标的统计数据，访澳旅客总体规模也一并列入作为参考。结果显示，来澳度假旅客比重除 2015 年外在其余年份

---

① 赵伟兵：《澳门旅游休闲产业：现状、特征与趋势》，载林广志、郝雨凡主编《澳门旅游休闲发展报告（2017～2018）》，社会科学文献出版社，2018。

均超过50%；2018年仅次于2014年，为近五年第二高。从留宿旅客来看，其占比已连续三年高于一日游旅客。2018年相比2017年虽有所回落，但仍是近五年来第二高。此外，2018年留宿旅客的逗留时间上升至2.2天，为历史新高。参团旅客占比在2016年有较大幅度的下降，之后趋于稳定，约为总体旅客规模的1/4。在粤港旅客方面，两地合计占比趋向萎缩，2018年为历史最低水平。

表1　2014～2018年休闲型旅客变化趋势参考指标

年份 \ 指标	度假旅客（%）	留宿旅客		参团旅客（%）	粤港旅客（%）			访澳旅客（万人次）
		占比（%）	逗留时间（天）		广东	香港	合计	
2014	58.4	46.2	1.9	35.3	28.6	20.4	49.0	3153
2015	44.3	46.6	2.1	32.1	29.4	21.3	50.7	3071
2016	50.2	50.7	2.1	24.4	29.1	20.7	49.8	3095
2017	52.8	52.9	2.1	26.5	28.3	18.9	47.2	3261
2018	54.5	51.7	2.2	25.4	29.4	17.7	47.1	3580

资料来源：澳门统计暨普查局。

（二）供给现状

1. 美食

"美食之都"的美誉为澳门发展美食旅游创造了良好的市场条件。根据澳门统计暨普查局的数据，截至2017年，澳门的饮食业场所有2309家，包括2237家饮食店铺及72个街市熟食档；在职员工32749名。在饮食店铺中，数量最多的类别是"茶餐厅及粥面店"与"中式酒楼饭店"，分别占比37.6%和27.8%。"亚洲菜式餐厅（含日韩餐厅）"占10.9%，"西式餐厅"为9.3%，其余类别（包括"咖啡店"、"快餐店"与"酒吧及酒廊"）合计仅占14.4%。

如表2所示，2018年4个季度访澳旅客的餐饮消费在个人总消费中的平均占比为19.3%。从旅客的餐饮满意度来看，认为"满意"的旅客平均占比78.1%。此外，根据澳门科技大学公布的"2018澳门消费者满意指数"，居民对餐饮消费的满意度为70.7（满分为100），相比2017年高位小幅回落0.2个百分点。

表2 2018年各季度旅客的餐饮消费及餐饮体验评价

单位：%

季度	消费占比	旅客评价			
		满意	一般	须改善	没有意见
第一季度	22.0	75.8	19.5	1.9	2.8
第二季度	18.7	77.7	18.0	1.5	2.8
第三季度	18.2	79.0	18.0	1.3	1.7
第四季度	18.2	79.7	17.3	1.3	1.7

资料来源：澳门统计暨普查局。

表3罗列了2016～2019年澳门米其林餐厅。相比于2018年，2019年榜单的最大亮点是原属二星级的誉珑轩被提升为三星级餐厅，而开业不久、位于摩珀斯酒店内的杜卡斯餐厅也荣列二星级餐厅，进一步增强了澳门在高端餐饮领域的优势。一星级和车胎人美食两个类别的餐厅则保持不变。值得关注的是，2019年榜单推出了一个新类别——米其林餐盘，替代了之前的街头小食店类别。澳门在2018年榜单中只有11家街头小食店入选，而2019年入选榜单米其林餐盘的多达42家餐厅。

表3 2016～2019年澳门境内的米其林餐厅

类别	数量（家）				餐厅名称
	2019年	2018年	2017年	2016年	
三星级	3	2	2	2	8餐厅、天巢法国餐厅、誉珑轩
二星级	5	5	5	4	风味居、京花轩、泓、御膳房、杜卡斯餐厅
一星级	11	11	12	10	帝皇楼、丽轩、8 1/2 Otto e Mezzo、玥龙轩、金坂、皇雀、大厨、桃花源小厨、永利轩、帝影楼、紫逸轩
车胎人美食	9	9	12	11	Castiço、陈胜记、祥记、濠江志记美食、鼎泰丰（新濠天地）、旅游学院教学餐厅、老记（筷子基）、六记粥面、陶陶居

资料来源：《米其林指南香港澳门2016～2019》。

2. 购物

购物是最普遍的休闲活动之一。截至 2017 年，澳门的零售店铺有 7017 家，在职员工 42313 人。如表 4 所示，2018 年 4 个季度访澳旅客的购物消费在个人总消费中的平均占比为 47.1%，是旅客最大的支出项目。从旅客的购物满意度来看，认为"满意"的旅客平均占比 81.0%，处于比较理想的水平。另外，根据澳门科技大学"2018 澳门消费者满意指数"，居民对购物消费的满意度为 72.9（满分为 100），相比于 2017 年下降了 1.4 个百分点。

表 4　2018 年各季度旅客的购物消费及购物体验评价

单位：%

季度	消费占比	旅客评价			
		满意	一般	须改善	没有意见
第一季度	47.3	79.4	16.1	1.6	2.9
第二季度	46.3	80.0	15.8	1.3	2.9
第三季度	50.3	82.2	14.6	1.2	2.0
第四季度	44.3	82.2	14.7	0.9	2.2

资料来源：澳门统计暨普查局。

3. 节事

近几年澳门着力打造"盛事之都"，不仅投入大量资源充实传统节事活动的内容和提升品质，而且不断引入新项目，渐渐形成了数量众多、类型丰富、全年覆盖的格局，有力地支撑了旅游休闲产业的发展。值得特别提及的是，为了发挥澳门在中国与葡语国家之间的桥梁作用，促进中国与葡语国家之间常态化的文化交流，特区政府文化局于 2018 年 7 月主办了第一届中葡文化艺术节。此次活动以"相约澳门"为主题，包括五大项内容，即中国与葡语国家电影展、"汉文文书——东波塔档案中的澳门故事"展览及讲座、中国与葡语国家文艺晚会、中国与葡语国家文化论坛以及中国与葡语国家艺术年展。活动取得了预期效果，并已确定于 2019 年续办，有望成为又一项恒常举行的年度盛事。

4. 文化求知

《粤港澳大湾区发展规划纲要》支持澳门打造以中华文化为主流、多元文化共存的交流合作基地，对历史文化的挖掘、保护和开发也成为"一个中心"建设的重要内容。在《文化遗产保护法》的指引下，澳门的文化遗产保育工作稳步推进，尤其是在非物质文化遗产领域。例如，特区政府文化局在2017年拟定了澳门《非物质文化遗产清单》。在此基础上，该局在2018年建议将15个清单项目中的12个列入澳门《非物质文化遗产名录》，包括：粤剧、凉茶配制、木雕——神像雕刻、南音说唱、道教科仪音乐、鱼行醉龙节、妈祖信俗、哪吒信俗、土生葡人美食烹饪技艺、土生土语话剧、苦难善耶稣圣像出游以及花地玛圣母圣像出游。2018年5月16日，国家文化和旅游部公布了第五批国家级非物质文化遗产代表性项目传承人名单，澳门的4名申报者均入选，使国家级非物质文化遗产传承人增至7人。同年6月9~10日，澳门举办了"澳门非物质文化遗产推广嘉年华"，通过工作坊、讲座、展览、摊位游戏、表演等多种形式，吸引了不少市民和游客参与。

此外，特区政府文化局于2017年12月15日启动了对位于路环荔枝碗马路的荔枝碗船厂片区的评定程序。次年12月5日，行政会完成讨论《评定荔枝碗船厂片区为场所并设定其缓冲区》行政法规草案，为进一步保育与活化提供了政策依据。另一处值得关注的地点是位于氹仔的益隆炮竹厂。该地块已被特区政府腾空和收回，因具有一定的历史文化价值，亦有望进入不动产文物评定程序。厂区面积较大，且毗邻极具文化特色的官也街和龙环葡韵，旅游开发潜力巨大。

5. 其他休闲

在海上休闲方面，除了早前已开通的澳门与中山之间的游艇自由行线路，澳门在2018年又开通了海上游线路，由粤通船务和信德中旅运营，共有3条巡游航线，每日6班。其中，氹仔客运码头至路环码头的航线历时约45分钟，由内港码头出发的两条航线历时约2小时。相比于游艇自由行，海上游无疑目标群体更大，也更有利于业界的参与以及产业联动。在运动休闲方面，特区政府对莲花单车径进行了优化，将会向南延长600多米，未来

亦会考虑将氹仔海滨休憩区单车径与之相连，形成长达 6 公里的游憩带。特区政府在环山径的利用上也展露了一些新思路，如通过兴建斜行升降机将大潭山与龙环葡韵连成一线，极大地扩大了休闲范围和丰富了内容。在政策指引下，近年各家博企对非博彩元素的投入力度有所加大，娱乐表演事业总体趋于扩张。例如，新濠影汇新近相继推出了电竞馆、传奇英雄乐园、狂电派等项目。美狮美高梅于 2019 年 3 月 2～31 日引入了首个驻场表演节目——由顶尖街舞组合面具舞团（Jabbawockeez）带来的舞蹈剧目《真·舞者》。然而，娱乐表演节目遭撤换或调整情况时有发生，比如仅运营一年多的中国秀《西游记》已停演，早年太阳剧团亦因上座率不高而撤离澳门，需要引起业界警惕。

二 澳门旅游休闲产业的主要特征

受益于"一个中心"的定位，旅游休闲产业在澳门得到了优先发展，所取得的进步值得充分肯定。但与此同时，在建设过程中，也出现了一些与"一个中心"目标不太一致的新情况和新问题。

其一，访澳旅客结构有所改善，但仍需持续优化。相比过往，近年澳门在多项有关休闲型旅客的指标上展露出不错的发展趋势，休闲消费市场有所扩大。但就横向比较而言，澳门与众多其他知名国际旅游目的地仍旧存在较大差距。2018 年中国内地、香港及台湾贡献了高达 91.3% 的访澳旅客量，其中仅中国内地旅客占比就超过七成，非亚洲地区的旅客占比不足 2%，这样的客源结构显然与"一个中心"的世界级定位相去甚远。尽管国际市场的比例下降与中国内地市场的高速增长密不可分，但即便从绝对访问规模来看，国际旅客数量多年来变化也不大，说明澳门在开拓国际客源方面并不顺利。尤其是超短途的粤港市场，其比重仍接近总体的五成。粤港旅客大多选择一日游，且较少以度假目的来澳，对休闲产品或服务的需求明显弱于中长途旅客。今后澳门仍需要在客源市场多元化、提升度假型旅客比例以及延长旅客逗留时间方面深耕细作。

其二，城市整体休闲氛围不足，区域差异较大。澳门地域狭小，土地资源稀缺，人口和建筑密度均位居世界前列。历史上澳门一直缺乏城市规划，城市建设大多遵循因地制宜原则因而缺乏整体规划前瞻性，导致众多老旧街区布局杂乱，市容欠佳，加之道路狭窄，可以说处处人满为患，交通拥堵司空见惯；公共服务设施的供给也因受场地制约而常常只能见缝插针，越来越难以应付数量急剧增加的人口及游客，这样的游览环境显然很难令游客获得优质的休闲体验。而在较新的填海区及离岛区，规划则更为合理，居民区与旅游区的界限相对比较清晰，休闲空间和设施也更加充裕，对休闲型游客的吸引力更大。另一个反差是，澳门的休闲资源以室内为主，且集中于装修豪华、活动丰富的娱乐场或度假村内，但成片且适合大众游客游览的户外休闲区域则非常少。

其三，旅游休闲产品或服务供给稳步扩大，创收水平有待进一步提升。澳门大力发展旅游休闲产业的目的十分明确，即支持经济适度多元发展、减少对博彩业的依赖。为此，《澳门特别行政区五年发展规划（2016～2020年)》提出，到2020年幸运博彩企业非博彩业务收益占博彩总收益的比重应提高至9%或以上。特区政府亦规定，新的博彩综合项目中非博彩元素须达至9成。《澳门旅游业发展总体规划》也致力于为澳门打造以休闲旅游为核心的产品体系。这些政策直接刺激了社会各界对旅游休闲产业的关注和投入，有关产品或服务的供给渐呈井喷之势，在类型及内容上不断多样化，收入也随之水涨船高。然而，在旅客消费中，尽管博彩消费比重有所下降，但仍占七成以上。换言之，仅就创收能力而言，非博彩消费项目在短期内将很难超越或替代博彩活动。旅游休闲产业需要持续提升盈利水平，以便更好地发挥其抵御博彩业波动风险、优化澳门经济结构的作用。

其四，以政府和博企为主导，中小微企业的参与度偏低。"一个中心"作为顶层设计从酝酿、出台直至初步实施，特区政府一直发挥着核心引领作用。借助充裕的财力，特区政府在基建、活动策划与组织、研究资助、宣传推广等各个方面可谓不遗余力。而博彩企业对"一个中心"建设的积极响应则是内外因共同作用的结果。一方面，迫于行业竞争压力，各家博企有必

要通过依附于娱乐场的休闲设施和服务来争取赌客光顾；另一方面，特区政府已以不同方式向博企表达了发展非博彩元素的要求或期望，因而博彩企业有义务或责任予以配合。尤其是鉴于赌牌即将届满续约，在发展非博彩元素方面的表现及承诺几乎确定会成为竞牌的关键条件之一，因而博企不敢怠慢。相比之下，中小微企的参与度则不高。主要的障碍包括：一是组织分散，难以形成合力；二是普遍对"一个中心"的重要性认识不够，偏重追求短期利益；三是自身经营面临诸多实际困难，如铺租贵、请人难、博企同类业务的挤压等，没有余力；四是习惯于政府扶持，坐享其成的思想较为普遍，缺乏主动性。尽管如此，中小微企数量众多，地域分布广，覆盖业务多样，是旅游休闲产品或服务的重要供给者。不少还是老字号商铺，已成为澳门文化的一部分。因此，没有它们的广泛参与而仅凭政府及数家博企的力量建成"一个中心"是不现实的。

其五，访澳旅客规模有加速增长趋势，"过度旅游"问题日益凸显。2018 年澳门接待了逾 3580 万人次的旅客，再创历史新高。旅客平均逗留时间为 1.2 天，相当于日均有 11.8 万人次旅客逗留澳门。此外，保守估计澳门还有 10 万名左右的外地雇员从事与旅游业直接相关的工作。这两类群体可视为因旅游发展而产生的"增量人口"，合计已接近本地居民的一半。从 2015~2018 年的数据来看，访澳旅客规模按年同比变动率分别为 - 2.6%、0.8%、5.4% 以及 9.8%，2019 年第一季度的同比增幅更是高达 21.2%，加速增长的趋势非常明显。同期外地雇员数量也有一成多的增长。由于公共设施和服务大多是基于本地人口而配置的，供给会在较长时期内保持稳定，因此本地居民同上述两类群体存在必然的竞争关系。在后者规模持续扩大的情况下，本地居民的生活空间还会不断受到挤压①。根据澳门旅游学院于 2017 年进行的估算，澳门的最佳旅游接待能力为每日 11 万人次，或每年 4010 万人次以下。《澳门旅游业发展总体规划》预计，至 2025 年访澳旅客将缓慢升至

---

① 赵伟兵：《澳门城市承载力与世界旅游休闲中心建设》，载吴志良、郝雨凡主编《澳门经济社会发展报告（2013~2014）》，社会科学文献出版社，2014。

3800 万至 4000 万人次。然而，现在的情况已十分接近上限，且速度之快远超预期。从近期媒体所反映的舆情来看，澳门已迈入非常微妙的民意节点，需要审慎预防及处理因旅游需求过旺而产生的各种负面影响，否则势必会动摇市民支持发展旅游业的决心，削弱澳门的好客形象，进而威胁到整个旅游业的可持续发展。

三 澳门旅游休闲产业的发展趋势

2018 年是实施《澳门旅游业发展总体规划》的元年，特区政府工作的重心在于提高规划的社会认可度并初步布置行动方案。经过一年的探索性实践，诸多规划项目在 2019 年会陆续得以完成或进入全面建设阶段，同时也会有一批新项目纳入计划之内，从而不断扩充和完善澳门的旅游休闲产品或服务体系。根据《2019 年财政年度施政报告》，特区政府在 2019 年度将有条不紊地贯彻实施或启动多项《澳门旅游业发展总体规划》中所建议的中短期工作计划，具体包括推动博彩企业开拓更多非博彩业务，深化"创意城市美食之都"建设，继续举办各种文化、体育、旅游类节庆盛事活动，支持推出更多滨海旅游和海上运动，拓展滨海亲水空间和休闲区，加大力度培育文化创意产业，完成大赛车主题博物馆的改造，启用冼星海纪念馆，并筹划建设经济型酒店、特色主题公园、综合购物中心等设施或景点。在信息服务方面，会着眼于智慧旅游，拟推出"旅游信息交换平台"、"旅客洞察应用"及"智能客流应用"三个项目。

总体而言，从 2019 年的工作部署来看，特区政府践行了科学施政的理念，规划文本能够实实在在地发挥指导作用。然而，在执行策略上，特区政府仍延续了"大包大揽"的风格，很多项目都是亲自操刀，而盈利并非首要考虑因素。在财政充裕的情况下，这当然并无不妥。但负面效应也是显而易见的，即会加重业界对政府的依赖性，无法激发市场的创新动能。因此，从长远考虑，特区政府应逐步从台前走向幕后，回归本来的政府角色，让市场去主导。另外，值得特别关注的是，特区政府即将于 2019 年底换届。新一届特区政府

上台后能否在施政理念及做法上与现届政府保持一致尚是未知数。一般而论，政策延续有利于平稳过渡，彰显政府的权威性及信誉，稳定业界与投资者的信心。现行的旅游规划是跨度15年的发展蓝图，是专家研究和公众咨询的共同产物，已达成较广泛的社会共识，进行修订需要有充足的理据。

除了既定规划项目的落实，一些重大政策的出台或调整也为澳门的旅游休闲产业乃至"一个中心"的建设带来了新思维。在《澳门特别行政区五年发展规划（2016～2020年）》和《澳门旅游业发展总体规划》制定之际，粤港澳大湾区的概念尚未成形；尽管区域合作在两份规划文本中均有提及，但囿于制度差异，澳门同内地以及香港的合作受到很多制约，所开展的合作几乎都是在政府层面，内容多涉及基建、通关、联合营销等，业界间实质性的合作很少。耐人寻味的是，在以往涉及旅游合作的官方文件中，措辞一般是倡议有关各方配合澳门建设"一个中心"。而新近公布的《粤港澳大湾区发展规划纲要》则首次明确提出要建设粤港澳大湾区世界级旅游目的地。这一表述上的变化不应简单地解读为"矮化"了澳门的地位，而是充分体现出粤港澳大湾区建设对深度融合的内在要求。换言之，在建设大湾区的时代背景下，升级版的区域合作将推动"一个中心"由"单核"向"共建"思维转化。虽然澳门是唯一一个以旅游定位的大湾区城市，但事实上多数其他大湾区城市亦将旅游业视为战略新兴产业甚至是支柱产业，与澳门存在潜在的竞争。例如，与澳门一桥之隔的横琴较早就已将旅游列为优先发展产业之一，正积极谋求建设成为国际休闲旅游岛。香港亦有意成为国际城市旅游枢纽及"一程多站"示范核心区。孤立地看，澳门可谓"强敌环伺"。但上升到大湾区层面，共建则有助于推动其他大湾区城市主动拓展与澳门的旅游合作，充分发挥大湾区在旅游资源互补方面的优势；这不仅会令澳门更快成为"一个中心"，而且建成后的"一个中心"辐射范围更广、所提供的旅游体验更优质。

相比供给，需求受外界因素的影响更大，因而较难预测。2018年，中国内地和香港分别为澳门贡献了70.6%和17.7%的访客量，是最重要的两个客源市场。两者合计占比接近九成，故其需求变化将基本决定总体走势。访澳中国内地旅客近两年增加较快，2017年和2018年的同比增幅分别为8.5%和

13.8%。这种高增长的态势与内地经济同期的表现并不一致，所以增长并非主要出于经济原因。进一步研究发现，内地户籍和出入境管理服务近几年变化很大，异地办证的申请门槛不断降低，手续越来越便利快捷。此外，往来港澳通行证几乎已全部实现电子化，旅游类的团签和个人签已无本质上的区别，均可自助通关。这些便民措施的实施释放了大量之前因证件原因而无法成行的那部分需求。自2019年4月1日起，各种出入境证件实行全国通办，即内地居民可在全国任一出入境管理窗口申请办理证件，申办手续与户籍地一致。因此，2019年访澳内地旅客人次相信会继续保持增长，增幅甚至可能会比2018年更大。关于香港市场，2015年以来其所占份额是逐年下降的。但受惠于港珠澳大桥的开通运营，跌势有望在2019年得到逆转。2019年首4个月的统计数字显示，香港市场同比增长23.6%；近三分之一的香港旅客通过大桥入境澳门，在所有入境口岸中排名首位。显而易见，大桥刺激了更多香港居民的访澳需求。其余客源市场由于总计占比不足12%，其需求变化对总访问量的影响不会太大。综上，由于中国内地和香港市场需求强劲，预计访澳旅客规模在2019年会再创历史新高。如果按照首4个月的表现估算，全年增量很可能突破700万人次，可以说已大大超出所有基于历史数据的预测。在基数已然庞大的情况下，如此跳涨很可能引发失控风险。

关于澳门是否已达承载极限、进入过度旅游阶段，以及是否需要调控或干预，坊间尚存在争议，有待科学的调查研究加以评判。但可预见的后果是，如果旅游休闲产品或服务的供给长期落后于需求增长，主客之间的竞争矛盾必然会更加突出，成为一个潜在的不安定因素，值得特别警惕。从其他地方的发展经验来看，虽然经济繁荣能够在初期掩盖掉许多社会矛盾，但负面情绪的积累是无形的，会有爆发的临界点。具体对于澳门而言，合适的旅客接待量应该与"一个中心"的定位相适应，以实现"五宜"（宜居、宜业、宜行、宜游、宜乐）的目标。

G.7
赌权开放以来澳门博彩业的
结构、行为和绩效

刘成昆[*]

摘　要： 1847 年澳门合法开赌，至 2002 年赌权开放，再至其后的发展，这期间博彩市场结构从完全竞争到完全垄断再到寡头垄断，而赌权开放以来博彩市场结构转型更为明显，由此博彩公司的行为出现诸多变化，进而影响到绩效。作为澳门的主导产业和支柱产业，博彩业的市场结构对产业自身发展以及澳门整体经济发展都是至关重要的。本文运用现代产业组织理论中的 SCP 范式，对赌权开放以来澳门博彩业的市场结构、企业行为和市场绩效进行分析，发现澳门博彩业市场结构处于竞争与垄断的分界点，博彩企业更多在非价格行为上着力，作为寡头垄断市场结构的博彩业经济绩效要优于完全垄断市场。进一步，博彩业发展与经济适度多元发展之间，在产业结构变迁中出现此消彼长的趋势。未来博彩业的市场结构优化，将助推澳门经济适度多元发展。

关键词： 赌权开放　博彩业　市场结构　市场行为　市场绩效

　　澳门《基本法》第 118 条规定："澳门特别行政区根据本地整体利益自

＊ 刘成昆，经济学博士，澳门科技大学可持续发展研究所所长，商学院会计和财务金融学系主任、教授，研究方向为产业经济、区域经济。

行制定旅游娱乐业政策。"作为中国当前唯一可合法进行博彩经营的地区，澳门的博彩业已发展逾300年，而合法化经营博彩的历史也有170余年。回溯既往，澳门博彩业的市场结构历经发展无序的完全竞争、一家独大的完全垄断和"六雄争霸"的寡头垄断三个阶段（如表1所示）。博彩业在澳门产业结构中所占比重几近一半，其市场结构的调整不仅关乎自我发展，更与澳门经济适度多元可持续发展息息相关。

表1 澳门博彩业的演进

重要时点	发展背景与历史沿革	市场监管情况	市场结构
1553年	葡萄牙人取得在澳门的居住权，原始萌芽期的澳门博彩业出现，由赌档庄家自行开设的各类赌档、赌坊及中下阶层人群组成	市场进入门槛极低，无任何监管措施	博彩赌场规模小且分散，近似于完全竞争市场
1847年	1842年香港割让给英国后逐渐开始取代澳门贸易港地位，澳葡政府为维持澳门税源及经济发展，开始推动博彩业合法化	政府通过发出牌照从赌档盈利中抽税	
1930年	由霍芝庭、卢九家族成员以及范洁明等共同设立的豪兴公司投得全部博彩专利权，并对澳门博彩业进行了创新改进	澳葡政府以"暗标竞投、价高者得"的原则，采取公开招标方式，批出赌场经营专营权	完全垄断
1937年	以傅德榕和高可宁为大股东的泰兴公司投得博彩专营权	澳葡政府将所有博彩业专营权集中，统一承投	
1961年	第119任总督马济时界定了赌博与博彩的定义，批准开辟澳门为"恒久性的博彩区"，确定澳门以博彩及旅游为主要经济发展项目，将其打造成低税制地区。1961年12月31日，在同一规范的竞标格局下，由叶汉、叶得利、何鸿燊及霍英东等人成立的澳门旅游娱乐公司（以下简称"澳博"）竞得澳门赌业管理权	此后40年，澳门的博彩业一直由澳博独家垄断经营	
1999年12月21日	澳门特别行政区成立翌日，首任行政长官何厚铧着手改革澳门博彩业	2001年8月，澳门立法会通过开放博彩业第16/2001号法令——《娱乐场幸运博彩经营法律制度》	

重要时点	发展背景与历史沿革	市场监管情况	市场结构
2002年 2月8日	澳门政府批出三张博彩牌照给澳博、美国永利度假村（澳门）股份有限公司、由香港嘉华集团与美国威尼斯人集团合资的银河娱乐场（澳门）股份有限公司	从博彩专营制度到澳门博彩经营权开放（赌权开放）	寡头垄断
2006年初	博彩牌照分为主牌与副牌，但主副牌双方独立经营不受影响。至此澳门博彩业的牌照"一分为三、再分为六"		

资料来源：根据澳门博彩监察协调局"澳门博彩业历史"整理。

20世纪30年代，美国哈佛大学的经济学教授梅森（E. S. Mason）与贝恩（J. S. Bain）提出了现代产业组织理论的SCP范式（Structure—Conduct—Performance，市场结构—市场行为—市场绩效），该范式认为，市场结构通过决定产业内的竞争或垄断状态，影响到企业在整个行业内的市场行为及战略选择，最终对市场绩效产生深层次的影响。后来，芝加哥学派、新制度经济学派等都对该范式做了进一步拓展。该范式既探究产业内部的企业环节，又以系统性的逻辑架构全面考察产业，能较好地解析一个产业的演进历程。鉴于SCP范式在现代产业组织理论中的首要位置，本文将以此作为分析框架，审视澳门博彩业的发展状况。在回顾澳门博彩业历史的基础上，通过分析市场份额、计算市场集中度对博彩业的市场结构做一次全面分析，并阐述其对市场行为和市场绩效的影响。

一 澳门博彩业的市场结构

（一）市场份额

2002年澳门赌权开放伊始，澳门博彩业的市场结构呈现"一家独大"的局面，澳博旗下拥有11家赌场。2006年9月永利开业，澳门博彩业澳博、永利、银河"三分天下"的局面形成，当年赌场增至 24 家。2007 年 12 月美高梅开始运作，澳门博彩业进入"六强争雄"的格局，彼时有赌场 28 家。从一家到三家，历经四年，而从三家到六家，期间仅有 15 个月，同业竞争迅速激烈起来。

截至 2019 年第一季度，澳门共有幸运博彩娱乐场 41 家。其中 25 家开设于澳门半岛，余下 16 家则设在氹仔。在娱乐场总数目中，澳博占 22 家、银河占 6 家、威尼斯人占 5 家、新濠博亚占 4 家、永利占 2 家及美高梅占 2 家，如表 2 所示。

表 2 澳门博彩企业和赌场数目的变化

单位：家

博彩企业	开业时间	赌场数目			
		2002 年	2006 年	2017 年	2019 年第一季度
澳 博	2002 年 4 月	11	17	18	22
威尼斯人	2004 年 5 月	—	1	2	5
银 河	2004 年 7 月	—	5	5	6
新濠博亚	2006 年 5 月	—	—	1	4
永 利	2006 年 9 月	—	1	1	2
美高梅	2007 年 12 月	—	—	1	2
合 计		11	24	28	41

资料来源：根据澳门博彩监察协调局和澳门统计暨普查局资料整理。

一个产业中企业数量越少，单个企业所占比重越大，产业的垄断程度越高；反之，产业中的企业数量越多，单个企业所占比重越小，产业的竞争程度越高。在澳门开放赌权之前，澳博（前身是澳娱）是数十年来唯一的持牌者，因此澳博的市场占有率最高，几近完全垄断；赌权开放之后，澳博的市场占有率逐步呈现下跌趋势，市场份额不断被同行侵蚀，自 2010 年起连跌九年，由 2010 年的 31.07% 跌至 2018 年的 14.88%。其后入场的威尼斯人和银河的市场份额逐渐增加，2015 年威尼斯人的市场份额（22.98%）超过澳博（21.59%）成为占比最大的博彩企业，2016 年银河的市场份额（22.75%）亦超过澳博（18.97%）。2018 年六家博彩企业的市场份额排序

依次是威尼斯人 > 银河 > 永利 > 澳博 > 新濠博亚 > 美高梅，博彩业的竞争日趋激烈，如表3所示。

表3 2002~2018年澳门六家博彩企业的市场占有率

单位：%

年份	澳博	威尼斯人	银河	新濠博亚	永利	美高梅
2002	94.40	—	—	—	—	—
2003	94.58	—	—	—	—	—
2004	80.91	7.15	7.09	—	—	—
2005	73.00	16.35	8.46	—	—	—
2006	61.23	19.52	13.11	0.27	3.71	—
2007	39.49	17.69	14.14	4.51	15.70	0.18
2008	26.25	23.72	10.24	14.19	16.56	8.01
2009	29.15	23.19	11.53	12.27	14.54	8.59
2010	31.07	19.17	10.89	14.51	14.88	8.86
2011	28.91	15.57	15.96	14.70	13.96	10.50
2012	26.62	18.95	19.00	13.49	11.78	9.89
2013	24.75	21.53	18.60	13.95	10.93	9.87
2014	23.15	22.70	20.72	13.12	10.24	9.64
2015	21.59	22.98	21.50	14.38	9.71	9.32
2016	18.97	22.75	22.75	15.44	11.54	8.11
2017	15.95	22.24	22.40	15.68	16.26	7.03
2018	14.88	23.07	22.82	14.72	16.12	7.74

资料来源：根据澳门博彩监察协调局和澳门统计暨普查局资料计算。

（二）市场集中度

作为市场结构的基本决定因素，市场集中度是指某一特定的产业中少数大型的企业占市场份额的比重，可分为卖方集中度和买方集中度，其中卖方集中度的使用较为广泛，常用于测量市场竞争程度或垄断程度的高低，即在某一特定产业中，若卖方市场集中度较低，则说明该产业内的企业较多，但没有一家企业能够在市场中取得绝对的市场支配地位，市场竞争较为激烈，由此决定的市场结构具有竞争特征；反之，则说明为数较少的企业可通过其占有的较高市场份额来左右市场价格，降低市场竞争程度，提升市场垄断程度，此类市场则倾向于垄断型市场结构。

市场集中度常用的测试方法包括行业集中率（Concentration Ratio，CRn）指数、赫希曼－赫芬达尔指数（Herfindahl-Hirschman Index，HHI）两种方法，二者通过直接计算处于行业前列大企业的市场份额，以测定特定产业中少数企业对市场的控制程度。由此澳门博彩业的行业集中率是指博彩产业中位列前 N 家最大博彩企业占整个市场的份额之和，计算公式为：

$$CR_n = \sum_{i=1}^{n} S_i$$

其中，$S_i = X_i/X$，X_i 是居于市场第 i 位的博彩企业的博彩收益；X 为整个博彩业的收益，n 为博彩企业数量（通常取 4）。美国产业经济学家贝恩（Bain）将 CR_4 划分如下。寡占 I 型：$CR_4 \geqslant 85$；寡占 II 型：$75 \leqslant CR_4 < 85$；寡占 III 型：$50 \leqslant CR_4 < 75$；寡占 IV 型：$35 \leqslant CR_4 < 50$；寡占 V 型：$30 \leqslant CR_4 < 35$；竞争型：$CR_4 < 30$。

经测算，六家持牌博彩企业自 2007 年全部上市以来，其 CR_4 基本呈现出下降的趋势，说明垄断程度在减小。其中，2007 年澳门博彩业处于寡占 I 型的市场结构，之后属于寡占 II 型，如表 4 所示。

表4　2007~2018 年澳门博彩业行业集中率

年份	2007	2008	2009	2010	2011	2012	2013	2014	2015	2016	2017	2018
CR_4	87.02	80.72	79.15	79.64	75.14	78.06	78.83	79.69	80.44	79.9	76.85	76.89

资料来源：根据澳门博彩监察协调局和澳门统计暨普查局资料计算。

行业集中率可作为衡量博彩业市场集中度的一种指标，但其无法详细呈现整个市场中现有博彩企业的数量和规模不均等的程度，因此笔者将运用 HHI 指数进一步分析博彩业的集中度。对于澳门博彩业而言，HHI 指数是指在澳门的博彩市场中，每家博彩企业的博彩收益占整个博彩收益的市场份额的平方后再相加的总和，计算公式如下：

$$HHI = \sum_{i=1}^{n} (X_i/X)^2 = \sum_{i=1}^{n} S_i^2$$

其中，n 为博彩企业数量，X 为博彩业总收益，指标 X_i 是博彩市场上 i 博彩企业的博彩收益，$S_i = X_i/X$，为第 i 个博彩企业的市场占有率。

参照美国司法部（Department of Justice）《横向合并指南》利用 HHI 作为评估某一产业集中度的指标，HHI < 1000 时，市场是较有竞争性的，是不集中的市场；1000 < HHI < 1800 时，市场是集中度较适中的市场；而 HHI > 1800 时，则是高度集中的市场。

经测算，澳门博彩业的 HHI 在赌权开放之年高达 8911，属于完全垄断，2006 年"三分天下"时降至 4316，2007 年开始"六强争雄"时更降至 2339。此后 HHI 指数呈现出缓慢下降的趋势，至 2018 年澳门博彩业 HHI 指数为 1811，介乎垄断与竞争之间，如表 5 所示。

表 5　2002～2018 年澳门博彩业 HHI 指数

年份	2002	2003	2004	2005	2006	2007	2008	2009	2010	2011	2012	2013	2014	2015	2016	2017	2018
HHI 指数	8911	8945	6648	5668	4316	2339	1896	1956	1962	1854	1847	1834	1850	1844	1832	1810	1811

资料来源：根据澳门博彩监察协调局和澳门统计暨普查局资料计算。

二　澳门博彩业的市场行为

在一个产业或市场中，在位的企业需充分考虑市场供求因素以及与其他企业的关系，采取各种应对策略，被称为市场行为，市场行为可分为价格行为和非价格行为（如广告、并购）。

（一）价格行为

市场经济中的任何产业部门均以盈利为目标，而盈利的主要手段是通过销售产品或提供服务以赚取价格与成本之间的差额，即首先通过价格行为获得盈利。相比于其他产业，博彩业的价格概念更加复杂，与一般产品的定价不同，博彩价格并非明码标价。狭义上看，赌客劣势（赌客输钱额/下注额）权作博彩价格；广义上讲，除赌客劣势之外，博彩价格还包括限红、游戏速度和小费等要素①。因此在博彩市场中，价格机制只能部分地发挥作用。

根据博彩参与者（赌客）的偏好可将博彩参与者分为四种类型：风水主导型、奇迹追求型、消磨时光型和赌台搏杀型。② 其中，前两类主要依据风水或运气进入赌场，并不关注博彩的输赢概率，对价格亦不敏感；后两类则会考虑价格因素，即考虑休闲时间的花费或博彩游戏的赔率。基于需求方既有价格敏感型也有价格不敏感型，传统的价格机制在博彩市场上只能发挥部分作用。因此，在价格行为上博彩企业难以采用传统产业中的限制性定价或掠夺性定价策略。

（二）非价格行为

按照经济学的"理性经济人"假设，所有行为主体都追求自身利益最大化。与其他产业相比，博彩业的投资收益率低、风险高，博彩参与者选择进入一个期望值为负（输大于赢）的市场，异于期望值为正的投资行为，实际上是一种满足特殊心理需求的消费行为，反映了博彩业的休闲娱乐特性。从产业性质上讲，博彩业是向消费者提供博彩服务产品的服务业。因此，各博彩企业通过博彩服务的差异性、特色、经营氛围、服务质量等吸引赌客和游客。随着博彩业市场结构的垄断性逐步减小，博彩企业在提供更多非博彩元素、加大社会慈善工作力度方面都呈现出竞争态势。

三 澳门博彩业的市场绩效

自 2002 年澳门博彩业赌权开放之后，连续 10 年（2003～2013 年）澳

---

① 王五一：《博彩定价体系与博彩价格理论》，《澳门理工学报》2009 年第 2 期。

② 张作文：《澳门博彩业市场结构变迁与绩效变化》，《大珠三角论坛》2008 年第 1 期。

门博彩业收益同比增速呈现出以 3～4 年为一个周期的波动变化，但整体上实现了较快的增长。2014～2016 年，澳门博彩业连续三年经历调整期。自 2014 年 6 月开始，受到中国内地持续反腐、银联卡限制额度、禁烟令等影响，澳门博彩业毛收入出现下滑；2016 年 8 月触底，之后博彩业毛收入持续上升，2017～2018 年表现稳健，其中 2018 年澳门博彩业毛收入 3038.79 亿澳门元，较 2017 年的 2666.07 亿澳门元增长 14%，属于史上第四高年份，如表 6 所示。

表 6　2002～2018 年六家博彩企业博彩业毛收入

单位：百万澳门元

年份	新濠博亚	银河	澳博	永利	威尼斯人	美高梅	总收入
2002	—	—	22180	—	—	—	23496
2003	—	—	28672	—	—	—	30315
2004	—	3084	35206	—	3112	—	43511
2005	—	3988	34409	—	7706	—	47134
2006	153	7541	35222	2132	11230	—	57521
2007	3783	11857	33111	13160	14832	152	83847
2008	15582	11243	28832	18192	26048	8795	109826
2009	14773	13881	35088	17501	27921	10343	120383
2010	27518	20641	58911	28216	36342	16804	189588
2011	39559	42933	77780	37565	41885	28250	269058
2012	41187	58009	81250	35949	57830	30174	305235
2013	50485	67302	89565	39568	77907	35724	361866
2014	46272	73081	81647	36124	80062	34017	352714
2015	33327	49840	50047	22498	53265	21614	231811
2016	34610	50981	42511	25864	50982	18182	224128
2017	41803	59708	42529	43348	59306	18744	266607
2018	44745	69359	45217	48987	70098	23506	303879

资料来源：根据澳门博彩监察协调局资料整理。

澳门赌权开放后，对本地社会经济产生了直接和间接效应，主要体现在以下几个方面。

一是投资效应，包括外来直接投资的增长及其对本地投资带动的间接效应。根据澳门统计暨普查局的直接投资统计，截至 2017 年底，澳门外来直接投资总额累计为 2274.22 亿澳门元，较 2002 年（258.76 亿澳门元）增长近 8 倍。其中，博彩业吸纳了 43% 的外来直接投资，累计为 976.38 亿澳门元，如表 7 所示。

表 7　2002～2017 年澳门部分行业外来直接投资累计总额

单位：百万澳门元

年份	总计	博彩业	工业	建筑业	酒店业及饮食业	运输、仓储及通信业	保险业	银行及其他金融业
2002	25876	15106	2659	557	1085	1790	594	5218
2003	28481	16602	2793	551	1219	1408	695	5889
2004	31169	18235	2837	619	1377	1278	711	6350
2005	40269	24376	2865	902	2500	1226	918	7383
2006	53134	34791	2899	1477	1875	1141	1332	8917
2007	73326	49087	2800	3452	444	954	1592	11511
2008	84077	58211	3169	2336	388	−58	2107	14667
2009	84052	54343	2878	2917	248	520	2348	16770
2010	109036	70280	3058	3828	265	606	2930	20229
2011	119263	68176	3093	3493	456	850	2675	22828
2012	153320	87208	3019	3356	907	88	3060	27688
2013	189472	115055	3453	4325	216	200	4039	31968
2014	220772	129567	3595	4855	605	84	4450	37845
2015	232447	123314	3918	9173	−199	974	5240	46510
2016	245330	124338	4995	11382	−1239	1773	8699	50930
2017	227422	97638	5233	11864	−3013	1927	11703	56506

资料来源：澳门统计暨普查局。

二是就业效应。博彩业及其关联产业为澳门劳动人口提供了大量的就业机会，截至 2018 年末，澳门就业人口 38.54 万人，较 2002 年增加 18 万人；总体失业率仅 1.8%，较 2017 年下降 0.2 个百分点，已经接近充分就业。按行业来看，澳门就业人口在文娱博彩及其他服务业工作的有 9.64 万人，占总体就业人口的 25%，如表 8 所示。

表8　2002～2018年澳门就业状况

单位：千人，%

年份	失业率	劳动人口	就业人口					
			总计	行业				
				运输、仓储及通信业	金融业	公共行政及社保事务	教育	文娱博彩及其他服务业
2002	6.3	218.6	204.9	13.1	6.3	17.4	10.2	23.5
2003	6	218.5	205.4	14.4	6.3	18.1	9.8	23.9
2004	4.9	230.3	219.1	15	6.2	18.1	10.6	31.3
2005	4.1	247.7	237.5	14.8	6.6	18.8	10.3	40.8
2006	3.8	274.6	264.2	16.8	6.9	20.5	11.3	52.5
2007	3.2	302.8	293	17.1	8.1	23.5	12.3	72.7
2008	3	327	317.1	15.6	7.3	19.4	11.3	77.4
2009	3.5	323.4	311.9	16.2	7.3	19.7	11.8	73.7
2010	2.8	323.9	314.8	18.2	7.3	21.4	11.5	75.4
2011	2.6	336.3	327.6	16	8.1	23	12.3	82
2012	2	350.2	343.2	16	8.2	25.1	13.1	89.5
2013	1.8	367.8	361	15.9	9.3	25.7	14.3	93.4
2014	1.7	394.7	388.1	19.2	10.7	25.5	14.8	94
2015	1.8	403.8	396.5	17.5	10.8	29.4	16.6	94.2
2016	1.9	397.2	389.7	19.3	10.4	28.3	15.9	92.7
2017	2	387.4	379.8	19.1	11.3	28.7	17	92.3
2018	1.8	392.5	385.4	19.2	10.8	29.8	17.5	96.4

资料来源：澳门统计暨普查局。

三是收入效应。博彩业月工作收入中位数高于其他多数产业，2018年，澳门总体就业人口的月工作收入中位数为16000澳门元，而从事文娱博彩及其他服务业的人月工作收入中位数为20000澳门元，远高于制造业、批发及零售业等，与金融业持平，如表9所示。

四是税收效应。从政府角度看，来源于博彩业的税收不断增加。2002年澳门博彩业税收为77.66亿澳门元，2007年增至319.2亿澳门元。2018年博彩税收达到1135.12亿澳门元，比2002年赌权刚开放时增长了13.6倍，如表10所示。

表9   2002~2018年澳门部分行业月工作收入中位数

单位：澳门元

年份	总体	文娱博彩及其他服务业	金融业	制造业	批发及零售业	运输、仓储及通信业	酒店业及饮食业
2002	4672	5965	7923	2758	4430	5851	4054
2003	4801	6466	8588	2834	4355	5802	4074
2004	5167	7080	8159	2983	4550	5958	4272
2005	5773	7837	8691	3101	4888	6455	4468
2006	7000	10000	9000	3400	6000	7000	5000
2007	8000	12000	10000	5000	6000	8000	6000
2008	8000	12000	11000	4000	7000	8500	6000
2009	8500	12000	12000	5000	7000	8500	6500
2010	9000	12000	13000	5700	7500	8500	7000
2011	10000	13000	12000	6500	8000	10000	7500
2012	11300	14500	14000	7500	9000	11000	8300
2013	12000	15300	16000	8500	10000	12300	8800
2014	13300	17000	17000	9000	10000	13000	10000
2015	15000	18000	18000	10300	12000	14000	10000
2016	15000	19000	20000	11300	12000	14000	10000
2017	15000	19000	20000	12000	13000	15300	10000
2018	16000	20000	20000	11500	13000	16000	11000

资料来源：澳门统计暨普查局。

表10   2002~2018年澳门博彩业税收

单位：百万澳门元

年份	2002	2003	2004	2005	2006	2007	2008	2009	2010	2011	2012	2013	2014	2015	2016	2017	2018
税收	7766	10579	15237	17319	20748	31920	43208	45698	68776	99656	113378	134382	136710	89573	84375	99845	113512

资料来源：澳门统计暨普查局。

五是创新效应。以美资为主的国际博彩业跨国公司在对澳门博彩业进行巨额投资的同时，还将现代公司制度、先进企业管理模式和高质素的服务理念引入澳门，通过寡头竞争，推动澳门博彩业在赌场软硬环境、酒店管理、经营方式、成本控制、员工培训、市场推广和品牌效应等方面不断创新。

六是多元化效应。2002年赌权刚开放时，澳门博彩业在整个产业结构中所占比重为37.99%，随着其他博彩企业的进入，博彩业规模不断增加，2013年所占比重达到最高点63.1%，之后在产业结构中所占比重呈现下降趋势（见表11），表明其他产业在相应增加。根据澳门统计暨普查局发布的《澳门经济适度多元发展统计指标体系2017》，澳门在博彩业务多元化、旅客市场多元化、新兴产业多元化、就业结构多元化及对外区域合作等方面都取得了不同程度的进展。

表11　2002~2017年澳门产业结构中博彩业所占比重（以当年生产者价格计算）

单位：%

年份	2002	2003	2004	2005	2006	2007	2008	2009	2010	2011	2012	2013	2014	2015	2016	2017
占比	37.99	42.28	46.23	43.25	40.91	44.5	47.25	50	59.17	63.01	62.94	63.1	58.47	48.01	46.66	49.13

综上所述，澳门的博彩业市场结构已处于垄断与竞争的分界点，竞争日趋激烈。博彩企业通过高质量、多元化的服务，吸引更多游客和赌客。寡头垄断的市场相对于赌权开放初期的完全垄断来说，带来了更多直接和间接效应，为澳门的社会经济创造了更大的福利。未来澳门的博彩业在内部面临着更大竞争，加之临近地区开赌和博彩业的发展，外在的竞争压力亦不容忽视。澳门博彩业需进一步优化结构，加强科技创新，增加非博彩要素，稳步前行，并助推澳门经济适度多元发展。

澳门博彩业：现状、问题和展望[*]

曾忠禄[**]

摘　要： 本文分析了澳门博彩业收入在 2014～2016 年连续 26 个月下滑的主要原因以及 2018 年有两个月低增长的影响因素，指出澳门博彩业面临的主要挑战包括周边国家赌场的竞争、内地经济下滑以及赌场全面禁烟等，并在此基础上对 2019 年澳门博彩业的发展趋势进行预测。2014～2016 年澳门博彩业严重下滑的主要原因是赌场贵宾厅长期过度放贷积累的泡沫破灭。澳门的博彩业处于增长期，对经济的衰退仍有一定的抵抗能力。由于周边赌场的竞争、赌场全面禁烟以及内地对资金外流的严格控制，未来澳门博彩业的增长将保持在较低的水平。

关键词： 澳门　博彩业　赌场　全面禁烟

　　博彩业是澳门最重要的产业。2017 年，澳门的就业人口有 21% 在博彩行业工作。政府的直接税收中，有 91% 来自博彩业。此外，博彩业还带动了澳门的旅游业、零售业、餐饮业、酒店业等其他行业的发展。因此，博彩业的繁荣和发展，直接关系到澳门的经济繁荣和稳定。了解澳门博彩业的发

---

　*　本文是 2017 年度国家自然科学基金与澳门科技基金联合资助合作研究项目"社会、环境、遗传因素对博彩行为的影响——公共政策管理的视角"（项目编号：020/2017/AFJ）部分成果。

**　曾忠禄，经济学博士，澳门理工学院博彩与娱乐管理课程主任、教授，澳门特区政府经济发展委员会委员，中山大学博士生导师，研究方向为战略管理、澳门经济、博彩与旅游研究。

展现状、面临的问题与挑战,判断其未来的发展趋势,并及时采取相应的对策,对中央政府、澳门特区政府和澳门的相关企业都具有十分重要的意义。

一 近年来澳门博彩业发展的影响因素分析

自从2002年澳门开放赌权以来,到2013年,澳门的博彩业毛收入一直快速增长。博彩业毛收入(仅指幸运博彩的毛收入,不包括彩票、赛马等非幸运博彩收入)从2003年的215.5亿澳门元增长到2013年的3607.5亿澳门元(见图1),年均递增29%。在这期间,虽然2003年内地的"非典"疫情造成全球旅游恐慌,2007~2008年爆发的金融海啸造成全球经济衰退,但是澳门的博彩业都没有受到影响。然而,2013年之后,澳门博彩业经历了长达26个月的持续衰退期,2016年的博彩业毛收入仅相当于2013年高峰时的62%。分析澳门博彩业增长或下滑的原因,对于了解澳门博彩业的现状、评估未来的发展趋势具有重要意义。

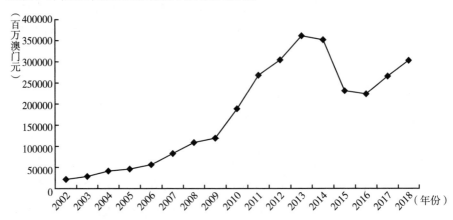

图1 2002~2018年赌权开放以来澳门博彩业毛收入增长趋势

资料来源:澳门博彩监察协调局。

(一)2014~2016年赌收下跌的原因分析

澳门博彩业毛收入连续26个月下降,很多分析认为原因是内地声势浩大的反腐和经济下滑，但这两个原因都缺乏说服力。从反腐的角度看，内地的反腐从 2012 年底就开始了。反腐一开始就应该对内地贪官或与贪官勾结的企业老板有震慑作用，使他们暂停到澳门消费，至少对那些胆小的人如此。然而，澳门的博彩业收入在 2012 年没有下滑，2013 年没有下滑，2014年上半年也没有下滑，而是在反腐工作开展 1 年半之后的 2014 年下半年才开始出现下滑，这是反腐说不能解释的。有人认为内地反腐的影响有滞后效应，但滞后效应的假设不能解释 2016 年下半年内地的反腐力度丝毫没有减弱，而澳门的博彩业开始持续回升的原因。因此，反腐不应是澳门博彩业收入连续下滑的主要原因。

从经济的角度看，内地的 GDP 同比增长率，2014 年是 7.3%，2015 年是 6.9%，2016 年是 6.7%。如果经济下滑是原因，那 2016 年澳门的博彩业应该继续下滑，但实际上 2016 年下半年澳门的博彩业开始回升。2018 年，内地的经济进一步下滑，股票 A 股价值蒸发了 23.6%[1]，但澳门的博彩收入增长了 14%。因此经济影响论也是缺乏可信度的。

澳门博彩业下滑的根本原因，是澳门博彩中介多年过度放贷积累的泡沫破灭。从 2003 年到 2014 年，澳门的贵宾厅是推动博彩业高速增长的主要动力，贵宾厅占博彩业收入的比重一直在 60%~77%。贵宾厅的增长在 2010年和 2011 年达到高峰，2010 年增长 70%，2011 年增长 55%。这种高速增长有一部分不是由客人真实的消费能力形成的，而是贵宾厅过度放贷形成的。过度放贷的结果是使许多没有能力赌博或没有能力大赌的赌客也有钱赌博或大赌，在增加澳门博彩业收入的同时也形成大量的坏账、烂账。有分析员估计，在此期间澳门贵宾厅累积的应收贷款达 1000 亿港元[2]，已相当于当年澳门博彩业收入的近 30%。到 2013 年 6 月问题变得更加严重，以至于有人建立追债网，将众多不能偿还赌债的客人名单公布在网上。贵宾厅经营者卷款跑路的事陆续出现。在 2014 年 4 月黄山跑路之前，已经有两起大的

---

① Citi Bank, "2019 Market Outlook," Jan. 2, 2019.

② Farah Master, "Macau's junket model breaks down as gamblers walk away," *Reuters*, Business News, November 30, 2014.

卷款跑路事件发生，一是永利贵宾厅的温州人卷走十几亿澳门元，一是胜利厅的财务主管卷走 5000 多万澳门元①，其后才是 2014 年 4 月，黄山卷款 80 亿~100 亿澳门元消失。2015 年 9 月，多金财务总监卷款 20 多亿澳门元消失②。2015 年底，凯旋门的财务副总管卷走一亿多澳门元。这一系列事件使大赌客不敢到澳门赌博（怕被放到网上暴露身份），投资者不敢为贵宾厅提供资金（怕赌客卷款跑路），贵宾厅不敢放贷（怕收不回贷款），结果恶性循环，导致澳门的贵宾厅业务进入寒冬期，连续 26 个月负增长。

（二）2018年赌收增长的影响因素分析

2016 年 6 月澳门的博彩业毛收入达到低谷，8 月开始恢复增长。从 2016 年 8 月到 2018 年 12 月，澳门的博彩业毛收入已连续 29 个月正增长（见图 2），澳门博彩业毛收入进入了稳定增长期。但在总趋势是稳定增长的同时，也会有特殊情况导致波动。2018 年，有两个月的增长都非常低，这

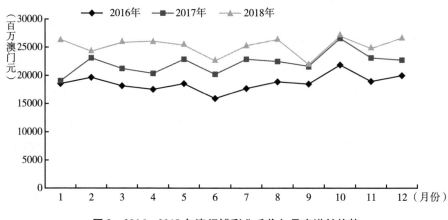

图 2　2016~2018 年澳门博彩业毛收入月度增长趋势

资料来源：澳门博彩监察协调局。

---

① 蔡其仁：《博彩业不好　所有澳门人都不会好》，2016 年 2 月 4 日，http://business.sohu.com/20160204/n436825803.shtml。

② 《多金集团前账房总监涉事，传永利赌厅被亏空 20 亿》，2015 年 9 月 12 日，https://hk.finance.appledaily.com/finance/daily/article/20150912/19292364。

都是特殊情况造成的。

从图 2 我们可以看出，2018 年 9 月和 10 月，博彩业毛收入几乎与 2017 年同期持平。这两个月的低增长，不是澳门博彩业增长的常态，而是特殊事件导致的。9 月的低增长主要是受台风"山竹"的影响。因为"山竹"袭击，赌场停止营业 32 个小时，这相当于赌场 9 月运营时间的 4.4%。而"山竹"的影响不仅限于赌场停止运营的 32 小时。"山竹"还未到，已经开始对游客的行程造成影响。"山竹"是 9 月 15 日袭击澳门和广东地区的，但谷歌的"谷歌趋势"显示，9 月 4 日和 5 日社会对台风的关注就比较多了，9 月 10 日关注度急剧上升，9 月 16 日达到顶峰。这表明，早在台风袭击广东和澳门之前，台风就已引起很大的关注，许多人因此不来澳门了。从澳门统计暨普查局的入境旅客统计数据也可以看出这一点。9 月访澳游客数量增长率仅为 3%，远低于 1 ~ 8 月增长率 8.9%，更低于 1 ~ 11 月的 9.1%[①]。而 10 月的增长率低，可能是贵宾厅业务量减少所致。

二　澳门博彩业面临的挑战

当前澳门博彩业面临许多不确定性因素，包括周边赌场的竞争、内地经济放缓以及澳门全面禁烟。

（一）周边赌场的竞争

最近几年，周边国家的赌场高速发展，对澳门形成日益严重的竞争压力。新加坡两家赌场度假村于 2010 年先后开幕，目前新加坡已成为仅次于澳门和拉斯维加斯的世界第三大赌城，2017 年的赌场博彩业收入为 38.3 亿美元（大约相当于澳门的 10%）。

菲律宾传统上只有非常小的赌场。但从 2009 年开始，菲律宾开始发展大型赌场度假村，并以集群的方式发展。目前菲律宾已在大马尼拉湾建成 4

---

① 资料来源：澳门统计暨普查局。

个大型赌场度假村，经营者包括澳门的新濠天地、马来西亚的云顶、日本的冈田（冈田后来辞职）等。菲律宾的赌场度假村还有进一步扩展的趋势。澳门银河集团已宣布在长滩岛开发价值 5 亿美元的赌场度假村，而内地在香港的上市公司蓝鼎国际则计划在马尼拉建造价值 15 亿美元的赌场度假村。2017 年，菲律宾的博彩业收入为 29 亿美元（大约相当于澳门的 9%），其中约 21 亿美元是 4 个大型赌场度假村贡献的。2018 年，菲律宾的博彩业收入达 36 亿美元（1875 亿菲律宾比索），同比增长 23%①。有咨询公司预计，2020 年菲律宾的博彩业收入可达 70 亿美元。

目前越南正处于赌场大发展的前夜。越南有近 30 家正在运营的博彩设施，包括五星级酒店里的老虎机厅和头顿省的河川赌场度假村。赌场共有赌桌约 400 张、老虎机（包括电子赌桌的机位）约 3000 台（位），博彩收入在 8 亿~12 亿美元（相当于澳门的 2.4%~3.6%）。由于现有的赌场只对外国公民开放，本地居民不得进入，因此目前越南赌场的规模都比较小，唯一一家大型赌场度假村（河川赌场）处于亏损状态。为了吸引大型博彩项目进入越南，越南于 2017 年修改了法律，允许一定条件的居民进入赌场博彩。计划先批准一些大型赌场度假村进行为期 3 年的试点，然后决定是否全面铺开。大型赌场度假村牌照的门槛是 20 亿美元投资金额。目前已有 3 个大型赌场度假村在建，一个在越南北方广宁省的云屯县（Van Don），一个在南部坚江省的富国岛（Phu Quoc），另外一个在中部广南省的会安。会安赌场的大股东是澳门的太阳城，计划投资 40 亿美元，首期于 2019 年开业。另外在中部顺化省经营大型酒店的新加坡悦榕公司也得到增资 20 亿美元建赌场度假村的许可。这意味着越南将会有多家大型赌场度假村同澳门竞争。②

目前韩国有 17 家赌场，其中 16 家只对外国游客开放。2017 年赌场博彩业收入大约为 25 亿美元（大约相当于澳门的 8%），其中 44% 来自只对

---

① Asian Gaming Brief, "Philippines casino GGR up 22.9 pct in 2018," February 20, 2019, https：//agbrief.com/headline/philippines – casino – ggr – up – 22 – 9 – pct – in – 2018/.

② "Revised casino decree to further relax restrictions," *Vietnam Investment Review*, August 31, 2018.

外国人开放的赌场。韩国正仿效澳门，在仁川机场附近建多家大型赌场度假村集群，原计划批准4个赌场度假村，吸引投资50亿美元，2019年建成。目前由韩国天堂集团和日本世嘉萨米合资建造的天堂城已于2017年4月20日开业，该赌场有154张赌桌、281台老虎机。美国的西泽赌场、金神大赌场，菲律宾的Bloomberry以及中国的朗润国际也在仁川建赌场，因此实际批准的赌场度假村已超过4家。到目前为止，仁川的赌场也只允许外国人进入。

2016年12月15日，日本国会通过了赌场法案，为日本正式开设大型赌场度假村铺平了道路，日本将成为亚洲最重要的博彩市场之一。最初的赌场地点可能是东京或横滨、大阪和北海道3个城市，最快可能在2022年开业。到2030年有5~10个城市有大型赌场度假村，投资者将是由日本公司和海外公司组成的财团。目前感兴趣的国际投资者包括美国的金沙、永利、美高梅、西泽、硬石公司，澳门的新濠、澳博、银河，以及澳大利亚的皇冠。美高梅考虑进行100亿美元的投资。金沙的艾德森表示，"进军新加坡是（为进军日本）热身"。澳门何猷龙表示，将不惜一切代价获得日本的赌牌，不管需要多大的投资。这表明日本赌场对投资者具有巨大吸引力。

其他规模没有这么大，但也对澳门产生影响的赌场包括俄罗斯、柬埔寨、老挝、缅甸等国的赌场。另外一个离澳门远一些，但也会影响澳门竞投的国家是澳大利亚。澳大利亚有15个赌场。2017年3月截止的财政年，中国游客在澳大利亚的博彩消费达2800万澳大利亚元，占所有澳大利亚国际游客博彩消费的21%。以上数字仅仅是普通游客的贡献，来自中国大赌客的贡献可能更大。

周边国家赌场的发展，对澳门的博彩业产生了较大影响。一方面，周边赌场越多，越可能摊薄澳门的赌客数量，从而使澳门市场的吸引力相对下降；另一方面，周边国家越是开放赌权，博彩公司的选择就越多，对特区政府讨价还价的能力就越强，越可能对特区政府施加影响，包括要求政府降低赌税。

（二）内地经济放缓

1. 内地经济持续放缓

来自不同地方的数据显示，内地的经济增长呈不断放缓的趋势。根据国家统计局的资料，2017 年内地的 GDP 同比增长 6.9%，2018 年第一季度下降到 6.8%，第二季度为 6.7%，而第三季度则为 6.5%。衡量制造业景气状况的采购经理人指数（PMI）是国际上通行的宏观经济监测指标之一。该指数如果在 50 以上，表明制造业在扩张，50 以下则表明制造业在衰退。国家统计局公布 2018 年 12 月制造业 PMI（主要针对大企业）为 49.4，表明制造业已落入衰退区间。财新传媒公布的 2018 年 12 月财新中国制造业 PMI（主要针对中小企业）为 49.7，也已落入收缩区间。

经济放缓可能会持续较长时间。日经中文网和日经 QUICK 新闻汇总的中国经济学家调查显示，2019 年中国 GDP 增长率的预测平均值为 6.2%，2020 年会进一步下降到 6.1%[1]。如果同美国的贸易战不能找到解决方案，内地的经济增长可能还会进一步下滑。根据 BBVA Research 的预测，中美贸易摩擦将使中国的 GDP 下降 0.2%~0.3%。但是，如果贸易战升级到全面水平，它将对两国的经济产生更大的影响。国际货币基金组织预测，如果美国对所有中国进口商品征收关税，那么 2019 年中国的国内生产总值规模将比其他情况低 1.6%[2]。

经济放缓已反映在内地经济的多个方面。一是固定资产投资大幅下滑。截至 2018 年第四季度，金融中介的投资增长下降了 20%，批发零售增长下降了 15%，水、电、气生产投资增长下降超过 10%[3]。二是人民币贬值。

---

① 《2019 中国经济增长预计降至 6.2%》，2018 年 12 月 27 日，https：//zh. cn. nikkei. com/china/ceconomy/33678 – 2018 – 12 – 27 – 09 – 10 – 13. html。

② Jinyue Dong, Le Xia, "China economic outlook-fourth quarter 2018," BBVA Research, Oct. 25, 2018, https：//www. bbvaresearch. com/wp – content/uploads/2018/10/ChinaOutlook_ 3Q18_ edited_ EDI. pdf.

③ Jinyue Dong, Le Xia , "China economic outlook-fourth quarter 2018," BBVA Research, Oct. 25, 2018, https：//www. bbvaresearch. com/wp – content/uploads/2018/10/ChinaOutlook_ 3Q18_ edited_ EDI. pdf.

2018 年初到 10 月，人民币兑美元的汇率已累计贬值 6.6%，比 3 月的高峰贬值 10.2%。人民币的贬值不仅是兑美元，对 CFETS 一篮子货币也都是下降的。三是股票市场跌至四年来的低点。从 2018 年初到 2018 年 10 月 18 日，上海综合指数已经下跌了 21.4%，比 2015 年的高峰期下降了近 50%（见图 3）。

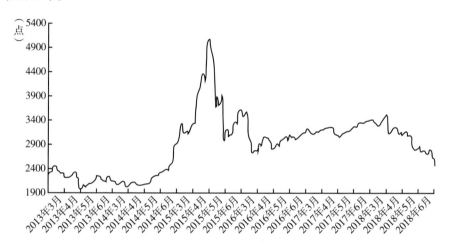

图 3　上证综合指数变化趋势

资料来源：BBVA Research，2018。

2. 经济增长对博彩业的影响

关于经济放缓对博彩业产生的影响，现有的理论和数据没有统一的结论。一种理论认为，经济衰退对博彩业没有影响，博彩业是抗经济衰退的；另外一种理论认为，经济发展好坏直接影响博彩业收入。两种理论都有大量的研究和资料支持。

（1）博彩业抗经济衰退论

支持博彩业抗经济衰退的理论有多种，包括永久收入假说、焦虑刺激增长论和空余时间论。弗里德曼在 1957 年发表的论文中提出了永久收入假说（permanent-income hypothesis）。[1] 根据该理论，家庭在决定当前的消费量时

---

[1]　Friedman，M.，*A Theory of the Consumption Function*，Princeton：Princeton University Press，1957.

不取决于当前收入的短期变化，而会展望未来，根据长期收入预期做决定。由于长期预期通常会保持稳定，不会随着时间的推移而变化，这意味着消费者在经济衰退时也会将消费保持在与其永久收入相适应的水平上，从而使消费处于平稳状态。因此，暂时的商业周期引起的收入波动对消费者的赌博支出不会有显著影响。Liping Gao 和 Hyeongwoo Kim 对美国居民在经济衰退期间的消费研究显示，在经济好的时候，收入增加会对娱乐消费产生较大的影响；但在经济衰退期间，收入减少并不会导致娱乐消费同步减少，收入对娱乐消费的影响并不大。[1]

焦虑刺激增长论认为，居民的情绪和环境因素会影响他们的消费模式。经济衰退给社会带来不确定性和焦虑，没被解雇的人害怕失去工作，被解雇的人要承受重新找工作的压力。焦虑和压力容易引发人们的赌博行为。大量有关问题赌博的研究支持该理论。研究发现，问题赌博的发生常常与个人遭遇困难而引起的情绪压力有关。个人赌博的强度在情绪压力大的期间最高[2]。

空余时间论认为，经济衰退导致的失业也导致了空余时间增加。空余时间多了，喜欢赌博的人会投入赌博。空余时间增加还会导致许多人感到无聊。为消除无聊，人们也会更多地参与赌博[3]。

以上理论或者观点有大量的数据支持。美国博彩业从 1992 年到 2007 年快速增长，年度总收入从 90 亿美元增加到 370 多亿美元，年增长率约为

① Liping Gao, Hyeongwoo Kim, "Consumer spending on entertainment and the great recession," https：//cla. auburn. edu/econwp/Archives/2017/2017 – 07. pdf.

② Sharpe, L. & Tarrier, N. , "Towards a cognitive-behavioral theory of problem gambling," *The British Journal o f Psychiatry*, 162（1993）：407 – 412；Lightsey, O. R. & Hulsey, C. D. , "Impulsivity, coping, stress, and problem gambling among university students," *Journal of Counseling Psychology*, 49（2002）：202 – 211.

③ Brown, R. I. , "Arousal and sensation-seeking components in the general explanation of gambling and gambling addictions," *International Journal of the Addictions*, 21（9 – 10），（1986）：1001 – 1016；Mercer, K. B. & Eastwood, J. B. , "Is boredom associated with problem gambling behaviour? It depends on what you mean by 'boredom'," *International Gambling Studies*, 10（1），（2010）：91 – 104.

10%。其间尽管美国经历了多次经济衰退，但博彩业并没有受到影响。例如，在 2001 年经济衰退期间，美国其他行业的经济活动减少了，但博彩业的收入增长了 3.1%。[1]

美国的艾奥瓦州（Iowa）是另外一个支持证据。该州是美国重要的非博彩旅游目的地的博彩州，在员工人数和博彩总收入方面位列美国非博彩旅游城市第六。Tianshu Zheng 等分析艾奥瓦州 2001 ~ 2012 年的月度博彩消费发现[2]，2007 ~ 2008 年美国金融海啸期间，该州的角子机消费没有受到影响，赌桌投注仅下降了 0.12%。每月光顾赌场人数不但没有减少，反而显著增加。因此，他们得出的结论是：艾奥瓦州的博彩消费并未受到经济衰退的影响，该州博彩产业仍然是抗经济衰退的。而艾奥瓦州的情况并不是特例。在美国金融海啸期间，纽约州、密苏里州等多个州的博彩收入一直保持增长[3]。

（2）经济影响论

该理论认为，经济衰退会对博彩业产生影响。早在 1986 年，DeBoer 的研究就得出结论，经济和金融危机通常会导致居民失业率上升，工资和薪水下降，从而会使人们减少他们的总消费，包括他们的赌博支出。[4] Csilla Horvath 和 Richard Paap 认为，经济衰退对赌场博彩和赛马博彩都有影响。[5] 在经济扩张期间，赌场消费增长速度略慢于彩票消费增长速度，但比其他娱乐消费活动、服务消费或和非耐用产品消费增长速度更快。然而，在经济衰

---

[1] American Gaming Association (1999 – 2012), "State of the states," http://www. americangaming. org/industry – resources/research/state – states (accessed 15 August 2018).

[2] Tianshu Zheng, et al., "Is the gaming industry still recession-proof?" *International Journal of Contemporary Hospitality Management*, 25 (2013): 1135 – 1152.

[3] Byron Aaron Marlowe, "The economic and social impact of the gaming industry during economic downturns," Graduate Theses and Dissertations, https://lib. dr. iastate. edu/etd/15363.

[4] DeBoer, L., "Lottery taxes may be too high," *Journal of Policy Analysis and Management*, 5 (1986): 594 – 596.

[5] Horváth, C., & Paap, R., "The effect of recessions on gambling expenditures," *Journal of Gambling Studies*, 28 (2012): 703, https://doi. org/10. 1007/s10899 – 011 – 92 8 2 – 9.

退期，赌场消费的增长速度显著放缓。

在 2007～2009 年美国经济衰退期间，很多地区赌场的表现支持了这种理论的看法。美国的金融海啸于 2007 年 10 月爆发，导致美国经济大衰退。美国的实际 GDP 从 2007 年到 2009 年下降了 5%，就业机会减少了 880 万个[1]。2008 年，美国博彩业总收入下降 3.47%[2]。美国最大的博彩城市拉斯维加斯，2008 年的博彩收入比 2007 年下降 10.3%，2009 年比 2008 年再下降 9.4%。美国的第二大赌场大西洋城博彩收入大幅减少，多家赌场破产，大西洋城市政府因此处于破产边缘。

但这次博彩业收入的下滑，不完全是经济衰退造成的。大西洋城的博彩收入大幅下降，主要是周边的竞争和汽油价格上涨所致。周边都有了赌场，加上汽油价格上涨，周边的客源就选择就近消费，以节约油钱。拉斯维加斯的博彩收入在经济衰退时下滑，因为拉斯维加斯的博彩业日益依赖会展和商务客人。会展和商务客人对经济高度敏感。在经济衰退时，企业会减少会展，减少派人参加商务旅行，赌客也因此减少。比如 2008 年经济衰退期间，拉斯维加斯的会展比 2007 年减少了 6%，游客数量减少了 4%，赌收因此受到影响[3]。

3. 内地经济下滑对澳门博彩业的潜在影响

以上分析显示，经济衰退与博彩收入的关系是不确定的。经济衰退是否会导致博彩收入下滑，取决于不同地方的不同条件。具体到澳门，本研究认为，内地的经济下滑对澳门博彩业的影响是有限的。内地的经济下滑如果持续多年，可能会导致澳门的博彩收入增长缓慢，但不会出现拉斯维加斯那样

---

[1] U. S. Department of the Treasury, "The financial crisis response in charts," https：//www. treasury. gov/resource – center/data – chart – center/Documents/20120413 _ FinancialCrisis Response. pdf.

[2] Byron Aaron Marlowe, "The economic and social impact of the gaming industry during economic downturns," Graduate Theses and Dissertations, https：//lib. dr. iastate. edu/etd/15363.

[3] Friess, S., "Las Vegas sags as conventions cancel," http：//www. nytimes. com/2009/02/15/us/15vegas. html, June 20, 2018; Mark P. Legg, "Why casinos are not recession proof: An business cycle econometric case study of the Las Vegas region," https：//scholarworks. umass. edu/cgi/viewcontent. cgi？ article = 1202&context = gradconf_ hospitality, Jan 21, 2019.

的负增长。首先，与拉斯维加斯不同，澳门的会展业不发达，对商务旅客的依赖度低，因此对经济的变化不像拉斯维加斯这么敏感。其次，拉斯维加斯的博彩业受到经济衰退的冲击，是因为前往拉斯维加斯的客人大幅减少。而在澳门，虽然内地经济在下滑，但至今为止澳门的旅客数量还在强劲增长。最后，美国的博彩业已进入成熟期，市场已经饱和，而澳门的客人目前主要来自内地。内地除广东以外，到过澳门的其他省份游客还比较少，因此市场还有继续增长的空间。

（三）澳门全面禁烟

澳门早在 1983 年就通过了《规定吸烟之预防及限制措施》，禁止在学校、医院、电影院等公共场所吸烟。1996 年澳葡政府更新了 1983 年的《限制措施》，扩大了禁烟的范围。但以上法律均没有要求赌场禁烟。2012 年 1 月 1 日起生效的第 5/2011 号法令《预防及控制吸烟制度》（简称《新控烟法》），第一次将赌场列入禁烟的范围，明确从 2014 年 10 月 6 日起，所有赌场中场全面禁烟，但可设立吸烟室。从 2019 年 1 月 1 日起，根据修订的第 5/2011 号法令《预防及控制吸烟制度》有关规定，赌场内所有吸烟区和旧有吸烟室均被取消，赌场无论中场或贵宾厅，除已按新标准设置且获许可的吸烟室外，所有室内全面禁烟。

至于全面禁烟是否会对澳门的博彩收入带来负面影响，特区政府"预防及控制吸烟办公室"的一份评估报告引用一些学者的看法，认为禁烟对博彩业基本上没有影响或影响甚微[1]。该报告显示，2013 年 1 月赌场实施控烟措施后，博彩按月毛收入一直呈上升趋势；2014 年 6 月起，贵宾厅基本上允许吸烟，但赌收下跌，因此"赌场生意好坏与禁烟没有直接或必然的关系"。

但以上结论有值得商榷之处。首先，该报告援引的有关学者的看法，并

---

[1] 澳门特别行政区政府卫生局：《〈预防及控制吸烟制度〉跟进及评估报告 2012～2014》，http：//www. ssm. gov. mo/docs//13743//13743 _ 51a0b519bf74405f9caf22fc5d02472b _ 000. pdf。

不是这些学者通过系统的、科学的研究之后得出的结论，而仅是随口表达的意见。其根据 2013 年 1 月赌场实施禁烟之后博彩业毛收入一直呈现的上升趋势，得出的结论也不科学，因为实施禁烟之后博彩收入还在上涨，不等于博彩业没有受到影响，因为我们不能排除禁烟措施可能降低了博彩收入上升的幅度。

此次禁烟与 2013 年 1 月开始的禁烟不同，当时禁烟仅限于中场 50% 的面积，对贵宾厅没有限制。这意味着吸烟的客人可以到没有限制的另外 50% 的地方去玩，贵宾客则完全不受影响。全面禁烟则完全不同了，因为即使有吸烟室，客人也没有一边博彩、一边享受吸烟的可能了。

但要确定澳门禁烟对博业的影响，是非常困难的事，因为影响博彩业收入变化的因素非常多。有关博彩与吸烟之间的关系，心理学已有大量的研究。基本的共识是赌客比非赌客具有更高的吸烟倾向。

1. 现有的理论研究

吸烟和赌博可能有相似的神经生物学、遗传和/或共同的环境影响。Petry 和 Oncken 对吸烟的赌客和那些不吸烟的赌客进行了一项调查，发现吸烟者每次的赌博时间和赌博支出都高于非吸烟者。[1] Smart 和 Ferris 对 2016 名受访者的研究发现，大赌客 41% 都是吸烟者，而娱乐赌客仅有 30% 为吸烟者，非赌客的比例更低，仅为 21%。[2] Cunningham-Williams 等将问题赌客与非赌客进行了比较，发现赌客中的吸烟者是非赌客中的吸烟者的两倍。[3] Room 对老虎机玩家的研究发现，玩老虎机的客人大部分吸烟。[4] Rodda 等发现，玩老虎机的问题赌客超过 82% 是吸烟者，而玩老虎机的非问题赌客只

[1] Nancy Petry, Cheryl Oncken, "Cigarette smoking is associated with increased severity of gambling problems in treatment-seeking gamblers," *Addiction*, 6 (2002): 745 – 753.

[2] Smart, R. G. & Ferris, J., "Alcohol, drugs and gambling in the Ontario adult population," *Canadian Journal of Psychiatry*, 4 (1996): 36 – 45.

[3] Cunningham-Williams, R., Cottler, L. B., Compton, W. M. & Spitznagel, E. L., "Taking chances: Problem gamblers and mental health disorders," *American Journal of Public Health*, 88 (1998): 1093 – 1096.

[4] Room, R., "Room with a view," *Addiction*, 100 (2005): 888 – 890.

有 46% 吸烟。[1]

2. 实证研究的支持

（1）对特拉华州的研究

特拉华州是美国最早实施全州禁烟协议的州之一。该州于 2002 年通过禁烟法，并于当年 11 月生效。禁烟地点包括赌场在内的所有室内公共设施。对于初犯者，经济处罚可达 100 美元；屡犯者将面临至少 250 美元的罚款。酒店房间内可以吸烟，但吸烟房间数量不能超过总数的 25%。该法被认为是美国最严厉的禁烟法。

最早的研究通过对法律实施前后该州的博彩收入进行比较得出的结论是：禁烟法对总博彩收入或每台老虎机的平均收入没有影响。禁烟不会损害赌场或其他赌博场所的收益，就像禁烟不会影响餐馆、酒吧或宾果游戏店收入一样。[2]

但随后的研究发现这一研究方法有缺陷。Pakko 纠正了有关研究资料的错误并改进了研究方法，发现实施禁烟令之后，特拉华州三家赌场的收入平均下降了 13%，禁烟令导致赌场每月损失约 600 万美元，相当于禁烟前一年赌场每月平均收入的 12%。在后续的研究中，Pakko 估计特拉华州每年损失约 9400 万美元，税收减少 3300 万美元。[3] 此外，赌场为减少博彩收入下滑所采取的补救措施使公司的经营成本增加，公司利润下降。Thalheimer 和 Ali 估计了三个特拉华州赌场老虎机的需求。他们发现特拉华州的禁烟令使博彩需求减少了近 16%。[4] O'Neill 和 Xian 比较了禁烟之后特拉华州与西弗吉尼亚州的博彩收入。这两个州运营相似类型的博彩游戏，即

[1] Rodda, S. Brown, S. & Phillips, J. , "The relationship between anxiety, smoking and gambling in electronic gaming machine players," *Journal of Gambling Studies* , 20 (2004): 71 – 81.

[2] Mandel, L. L. , Alamar, B. C. , Glantz, S. A. , "Smoke-free law did not affect revenue from gaming in Delaware," *Tobacco Control*, 14 (2005): 10 – 12.

[3] Pakko, M. , "No smoking at the slot machines: The effect of smoke-free law on Delaware gaming revenues," *Applied Economics*, 40 (2008): 1769 – 1774.

[4] Thalheimer, R. & Ali, M. , "The demand for casino gaming with a special reference to a smoking ban," *Economic Inquiry*, 46 (2008): 273 – 282.

赛马博彩外加视频彩票机，两个州的目标顾客都是一样的。结果显示特拉华州禁烟之后的 12 个月，其博彩收入下降，西弗吉尼亚州的博彩收入继续增加。①

（2）对伊利诺伊州的研究

伊利诺伊州是另外一个受到系统研究的州。该州于 2008 年 1 月 1 日开始全面禁烟。Garrett 和 Pakko 分析了伊利诺伊州在实施禁烟令第一年的博彩收入，比较了没有实施禁烟令的邻近三个州的博彩收入。2008 年之前，伊利诺伊州、印第安纳州、艾奥瓦州和密苏里州的博彩收入年增长率均为 4% ~ 6%。禁烟令实施后，其他州的博彩收入继续增长，但伊利诺伊州下降了 20%。禁烟令导致该州博彩收入损失 4 亿美元，税收损失超过 2 亿美元，顾客减少 10%。②

伊利诺伊州的赌场博彩收入连续 3 年下降之后，伊利诺伊州立法会曾试图废除赌场、酒吧和成人赌场所的吸烟禁令，但没有获得众议院通过③。

3. 禁烟令对澳门赌场的潜在影响

禁烟对澳门赌场的博彩收入有负面影响，不管是从理论推导还是根据美国实证研究做模拟，都可以确定这一点。但禁烟对澳门赌场博彩收入的影响有多大，则难以估计。因为澳门没法像美国那样寻找类似的地区做比较研究。此外，澳门与美国的赌场也有较大的不同之处。首先，澳门赌场的客人中吸烟者比例更高。美国 18 岁及以上的成人中，吸烟人数占总人数的 15.5% （2016）。澳门主要的赌客是内地客人。内地 15 岁及以上成人中，

① O'Neill, J., & Xian, Q., "Strategic approach to smoking bans: The case of the Delaware gaming industry," *FIU Hospitality Review*, Spring, (2005): 39 – 50.

② Garrett, T. A., & Pakko, R. P., "The revenue performance of casinos after a smoking ban: The case of Illinois," St. Louis: Federal Reserve Bank of St. Louis, 2009.

③ Clyde, W., Barrow and David, R., Borges, "Casinos, smoking bans, and revenues: A survey of casino gamblers in Illinois," *Gaming Law Review and Economics*, 18 (6), (2014): 540; Garrett, T. A., & Michael R. P., "The revenue performance of casinos after a smoking ban: The case of Illinois," St. Louis, MO: Federal Reserve Bank of St. Louis, 2009.

吸烟人数占总人数的 27.7%，其中男性吸烟率更高，为 52.1%，女性仅为 2.7%[①]。由于内地游客是澳门赌场的主要博彩玩家，其中贵宾厅更是由内地男性游客主导，因此我们可以判断，贵宾厅顾客吸烟的比重是非常高的。如果禁烟令导致赌客尤其是贵宾客赌博时间减少，或下注的金额减少，或干脆不来澳门，那么澳门整体博彩收入会受到比较大的影响。

三　2019年澳门博彩业发展趋势

基于上面的分析，对 2019 年澳门博彩业的发展趋势做如下预测。

第一，2019 年，澳门的博彩业会继续以稳定的、较低的速度发展。稳定发展的基本因素是澳门的博彩业经过 2014～2016 年长达 26 个月的震荡，已淘汰了大部分缺乏实力的贵宾厅经营者。政府通过提高贵宾厅进入门槛和实施更严格的监管措施，使贵宾厅经营更加规范。贵宾厅和赌场经营者经过长时间的洗礼，放贷更加谨慎。这些变化使澳门博彩业收入中的泡沫减少，增长更具可持续性。

第二，内地的经济放缓对澳门博彩业有一定的影响，但由于澳门对会展、商务顾客依赖的程度比较低，消费的主力还是内地比较富裕的个人群体，而不像拉斯维加斯对经济的变化那样敏感，因此仍有抗经济衰退的能力。

第三，内地的市场还没有饱和。澳门对内地的渗透程度还比较低。2003 年之前，澳门最大的客源市场是香港。2003 年以后，内地是澳门的主要客源市场。早期的内地客源主要是广东游客，但目前澳门的主要客源正日益向广东之外的其他省市发展。2010 年 10 月（最早能得到的客源省份数据），广东游客占 53%，但到 2018 年 11 月，广东游客只占 41%。从 2011 年到 2017 年，广东游客年均增长仅 2%，而广东之外的游客年均增长达 9%。这

---

① 中国疾病预防控制中心：《2015 中国成人烟草调查报告》，file：///G：/Movable%20Hardware2/Gaming%20Files/中国成人烟草调查报告%202015.pdf。

意味着澳门的游客不断有新客源补充，新游客对博彩的新鲜感比旧游客强，博彩消费更高，因此能推动澳门的博彩业继续增长。

第四，港珠澳大桥带来新的机会。2018 年 10 月，连接香港、珠海和澳门的港珠澳大桥正式通车。大桥的开通使从香港机场到澳门的时间缩短到不到 30 分钟，比去香港市区的时间还短，这相当于澳门自己建了一个新机场，澳门同世界各地的交通联系更加方便。目前，单是从香港机场过境或转机的旅客每年就有 2200 万人次，而该数字每年还以 7% 左右的速度增长。在香港候机的客人有几个小时的时间就可以到澳门玩一下，因此澳门单是过境旅客就是不小的市场。

第五，博彩收入将保持低位增长而不会高增长。制约高增长的因素包括：①内地经济下滑以及同美国的贸易战对赌客、赌场有一定的心理压力，从而使赌客消费和赌场放贷都更加谨慎；②内地对资金外流严格管控，使赌客的资金来源受到限制；③澳门从 2019 年 1 月 1 日开始全面禁烟，会对贵宾厅的赌收产生负面影响，从而抑制博彩收入的增长。

以上因素决定了澳门 2019 年的博彩市场会保持稳定增长，但增长是在较低水平上持续的。

澳门旅客结构：现状、特征与建议

纪春礼*

摘　要： 2018 年访澳旅客总量再创新高，与 2017 年相比增长超过 9.8%。旅客结构方面，访澳中国内地旅客增长幅度超过 13.8%，中国香港旅客增长 2.6%，但中国台湾的旅客仅微弱增长 0.1%。访澳国际旅客在经历了 2017 年的高增长之后，2018 年出现 1.1% 左右的下跌，且占访澳旅客总量也降至约 8.7% 左右。新增的中国内地访澳旅客有四成以上来自广东省。尽管留宿旅客比重仍高于不过夜旅客（二者占比分别为 52%、48%），但与 2017 年相比，不过夜旅客的总量增长显著高于留宿旅客（二者总量增长比例分别为 12.7%、7.2%）。与此同时，2018 年整体旅客的平均逗留时间与 2017 年相若，维持在 1.2 天。面对访澳旅客数量的持续增长对游客和居民可能带来的不利影响，澳门必须高度重视旅游承载力问题，关注港珠澳大桥通车对访澳旅客结构的影响，着力于采取吸引高价值旅客、个人游旅客，加快推动智慧旅游发展等策略。

关键词： 澳门　访澳旅客　客源结构　智慧旅游

---

* 纪春礼，管理学博士，澳门理工学院博彩教学暨研究中心副教授，研究方向为博彩旅游产业发展、博彩旅游消费者行为、澳门经济适度多元发展。

2018 年正值我国改革开放 40 年，澳门在我国的改革开放进程中享受到了极大的红利。澳门旅游业的飞速发展，与改革开放有着密不可分的关系。尽管在 20 世纪 70 ~ 80 年代，澳门的旅游业（含博彩业）已经是澳门的支柱产业之一，但访澳旅客在 1978 年仅为 269.7 万人次。40 年后的今天，访澳旅客数量已超过了 10 倍，旅游业在澳门社会经济发展中所起的作用也已今非昔比。背靠祖国、面向世界，今天的澳门正致力于推动世界旅游休闲中心建设。

回顾 2018 年，《澳门旅游业发展总体规划》的推进实施，港珠澳大桥的开通，丰富多彩的活动盛事……各种因素共同推动了澳门旅游业的进一步高歌猛进。在访澳旅客方面，2018 年旅客数量更是实现了超预期的增长。尽管蜂拥而至的旅客为澳门的旅游业平添了几分靓色，但鉴于澳门的资源现状，极有必要对 2018 年访澳旅客结构进行深入剖析，为澳门旅游业的持续健康发展提供参考借鉴。本报告的目的正在于此。

一 2018年访澳旅客结构状况

（一）访澳旅客总量

2018 年访澳旅客数量延续了 2017 年的增长态势，访澳旅客总量达到 3580.37 万人次，再创历史新高，入境旅客人数较 2017 年上升 9.8%（见图 1）。

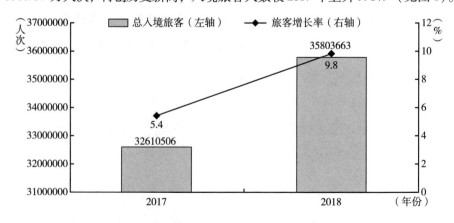

图 1　2017 ~ 2018 年澳门入境旅客统计

从单月入境旅客的情况看，12 月入境旅客达到 356.98 万人次，居各月之首，平均每天入境约为 11.5 万人次。而且，除 1 月外，2018 年各月入境人次均高于 2017 年各月，即使在受到台风"山竹"影响的 9 月，入境旅客也高于 2017 年的水平。

（二）访澳旅客客源地结构

客源地结构方面，2018 年澳门的十大主要客源市场与 2017 年相比没有发生任何变化，依然是中国内地、中国香港、中国台湾、韩国、日本、菲律宾、马来西亚、泰国、印度尼西亚、美国。澳门 2018 年和 2017 年的十大主要客源市场比较如图 2 所示。

1. 中国内地、香港、台湾旅客结构

2018 年访澳占入境总旅客比重高达 91.3%，较 2017 年的 90.3% 高出 1.0 个百分点。其中，中国内地旅客 2526.06 万人次（占总访澳旅客的 70.6%），中国香港旅客 632.79 万人次（占 17.7%）、中国台湾旅客 106.1 万人次（占 3.0%）。与 2017 年相比，访澳中国内地旅客增加 306.44 万人

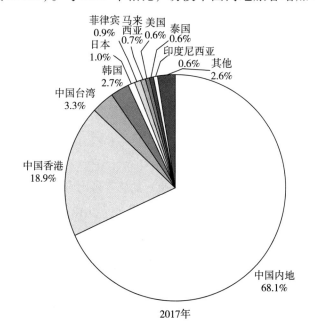

2017年

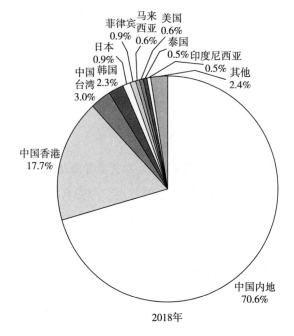

图2 2017～2018年澳门十大客源市场占比情况

资料来源：澳门统计暨普查局。

次，增长13.8%；中国香港旅客增加16.30万人次，增长2.6%；中国台湾旅客增加861人次，增长约0.1%。

从内地访澳旅客来看，广东省依然是澳门最大的内地客源市场，2018年访澳广东旅客达1051.6万人次，占访澳内地旅客总数的41.6%，尽管人次较2017年增加了128.38万人次，但占比与2007年持平。除广东省外，访澳内地旅客主要来自湖南、福建、湖北、广西、浙江、江苏、上海、河南、江西等省（自治区、直辖市），这些省（自治区、直辖市）的旅客占比均超过2%（见表1）。

中国内地访澳个人游旅客数量持续增加，2018年个人游旅客数量达1226.73万人次，占访澳内地旅客总量的48.6%，比2017年高出0.8个百分点。但从个人游的主要省份分布来看，广东省个人游的占比一骑绝尘，2018年占个人游旅客总量的比重高达70%，排在第2位的是上海，其比重仅为5.3%（见表2）。

表1 2017～2018年访澳内地主要客源市场

单位：人次，%

	2018年		2017年	
	内地旅客数量	占比	内地旅客数量	占比
总　计	25260556	100.0	22196203	100.0
广　东	10516328	41.6	9232591	41.6
湖　南	1192747	4.7	1005526	4.5
福　建	·924812	3.7	836762	3.8
湖　北	869324	3.4	737190	3.3
广　西	828549	3.3	634668	2.9
浙　江	787803	3.1	645082	2.9
江　苏	704008	2.8	586370	2.6
上　海	687316	2.7	610204	2.7
河　南	558461	2.2	474705	2.1
江　西	538586	2.1	512661	2.3
四　川	503587	2.0	418660	1.9
北　京	382387	1.5	353894	1.6
辽　宁	345971	1.4	334439	1.5
山　东	333013	1.3	302151	1.4
黑龙江	331528	1.3	293540	1.3
安　徽	308515	1.2	264571	1.2
重　庆	290678	1.2	256447	1.2
河　北	274771	1.1	319006	1.4
吉　林	252994	1.0	217987	1.0
山　西	230402	0.9	204609	0.9
陕　西	224295	0.9	189910	0.9
天　津	135569	0.5	139278	0.6
内蒙古	121434	0.5	113773	0.5
其　他	3917478	15.5	3512179	15.8

资料来源：根据澳门统计暨普查局数据整理。

表2　2017～2018年访澳内地个人游旅客数量及比重

单位：人次，%

	2018 年		2017 年	
	访澳内地旅客数量	占比	内地个人游旅客数量	占比
访澳内地旅客总量	25260556	100.0	22196203	100.0
内地个人游旅客总量	12267344	48.6	10615471	47.8
广　东	8586133	70.0	7439717	70.1
上　海	649276	5.3	569879	5.4
浙　江	352396	2.9	271704	2.6
江　苏	332194	2.7	270531	2.5
北　京	331510	2.7	302003	2.8
湖　北	260610	2.1	232868	2.2
福　建	241850	2.0	214695	2.0
四　川	154293	1.3	119524	1.1
重　庆	150157	1.2	132466	1.2
辽　宁	142536	1.2	147742	1.4
湖　南	138559	1.1	115772	1.1
天　津	126814	1.0	128484	1.2
广　西	112869	0.9	99627	0.9
江　西	102687	0.8	89635	0.8
河　南	93660	0.8	81306	0.8
吉　林	82630	0.7	71051	0.7
安　徽	64029	0.5	56553	0.5
河　北	39528	0.3	49910	0.5
山　东	35625	0.3	32077	0.3
其　他	269988	2.2	189927	1.8

资料来源：根据澳门统计暨普查局数据整理。

2. 国际旅客结构

在国际旅客方面，韩国依然是澳门最大的国际旅客来源国，2018年访澳韩国旅客达81.28万人次（占访澳国际旅客总量的25.8%）；但与2017年相比，访澳韩国旅客减少6.14万人次，占比减少1.6个百分点。日本是澳门第二大国际旅客来源国，2018年访澳日本旅客达32.58万人次（占访澳国际旅客总量的10.3%）；与2017年相比，访澳日本旅客减少0.32万人次。菲律宾依然是澳门第三大国际旅客来源国，2018年访澳菲律宾旅客达31.21万人次

（占访澳国际旅客总量的 9.9%）；与 2017 年相比，访澳菲律宾旅客增加 0.49
万人次，增长 1.6%。马来西亚是澳门第四大国际旅客来源国，2018 年访澳马
来西亚旅客达 22.79 万人次（占访澳国际旅客总量的 7.2%）；与 2017 年相
比，访澳马来西亚旅客增加 0.96 万人次，增长 4.4%。上述四个国家访澳旅
客合计达 167.85 万人次，占访澳国际旅客比重高达 53.2%。因此，这四个国
家是澳门最为重要的国际旅客市场。值得注意的是，该四国中，韩国和日本
旅客均出现下降。访澳国际旅客的具体情况见表 3 所示。

表 3　2017~2018 年访澳国际旅客数量及比重

单位：人次，%

	2018 年	占比	2017 年	占比
国际旅客总量	3154214	100.0	3189067	100.0
韩国	812842	25.8	874253	27.4
日本	325798	10.3	328990	10.3
菲律宾	312072	9.9	307139	9.6
马来西亚	227854	7.2	218301	6.8
泰国	181379	5.8	198222	6.2
印度尼西亚	173836	5.5	197139	6.2
印度	147870	4.7	148121	4.6
新加坡	134840	4.3	143068	4.5
越南	6846	0.2	6895	0.2
亚洲其他	106171	3.4	73620	2.3
美洲	314929	10.0	296099	9.3
欧洲	277431	8.8	268051	8.4
大洋洲	106861	3.4	104083	3.3
非洲及其他	25485	0.8	25086	0.8

资料来源：根据澳门统计暨普查局数据整理。

（三）访澳旅客入境方式

2018 年，访澳旅客入境方式未发生显著变化，依然以陆路为主。2018
年，陆路入境旅客占比为 61.9%，与 2017 年相比增长 18.9%；其次是海

路，占比为 28.9%，但与 2017 年相比增长率为 -7.8%；空路入境的旅客比重仅为 9.2%，与 2017 年相比大增 20.1%。值得注意的是，陆路和空路入境旅客的人次均较 2017 年有大幅的增长。但海路入境旅客的人次相较于 2017 年则出现了显著的减少（见表 4）。

表4　2017~2018 年访澳旅客入境方式

单位：人次，%

	2018 年	占比	增长率	2017 年	占比	增长率
海路	10355396	28.9	-7.8	11236083	34.5	4.3
陆路	22152467	61.9	18.9	18629788	57.1	4.9
空路	3295800	9.2	20.1	2744635	8.4	13.7

资料来源：根据澳门统计暨普查局数据整理。

对于陆路入境旅客人次的增加和海路入境旅客人次的减少，或许与港珠澳大桥的开通有一定关系。自 2018 年 10 月 24 日港珠澳大桥开通后，截至当年 12 月底经过港珠澳大桥入境的旅客数量达到 105.28 万人次。比较 2016 年、2017 年和 2018 年 3 年 11~12 月访澳旅客的数量，2016 年为 540.31 万人次，2017 年为 588.68 万人次，而 2018 年则剧增至 683.61 万人次。与 2016 年同期比，2017 年 11~12 月旅客增长量仅为 48.37 万人次，但 2018 年 11~12 月与 2017 年同期相比则增长了 94.93 万人次，增量接近 2017 年增量的一倍。有理由相信，新增旅客数量与港珠澳大桥的开通有着密切的关系。

（四）访澳旅客性别及年龄结构

访澳旅客性别结构方面，2018 年男性旅客占比为 51%，女性旅客占比为 49%；2017 年访澳旅客男性比例与女性比例均为 50%（见表 5）。

访澳旅客的年龄结构方面，2018 年与 2017 年相比未发生较大变化（见表 6）。2018 年，25~34 岁的旅客占比最高，达 23.7%；其次是 35~44 岁，占比为 20.5%。该两个年龄段的旅客合计占比达 44.2%。如果按照世界卫生

表5　2012～2018年访澳旅客性别分布

单位：%

	2012 年	2013 年	2014 年	2015 年	2016 年	2017 年	2018 年
男	53	52	51	51	51	50	51
女	47	48	49	49	49	50	49

资料来源：2016 年数据来源于《2016 年澳门旅游业统计报告》，其余各年数据来源于澳门统计暨普查局。

组织的划分标准①，访澳旅客中的青年旅客比重合计达 58.9%，而且这一比重较 2017 年上升 0.3 个百分点。因此，可以说青年是澳门最大的旅客群体。

表6　2017～2018年访澳旅客年龄结构

单位：%

	<15 岁	15～24 岁	25～34 岁	35～44 岁	45～54 岁	55～64 岁	≥65 岁
2018 年	5.5	9.2	23.7	20.5	19.5	14.2	7.4
2017 年	5.2	9.5	23.3	20.6	20.4	14.0	7.0

资料来源：澳门统计暨普查局。

因访澳旅客以中国旅客为主，可进一步分析访澳中国旅客的年龄结构。以各年龄段访客数量分别占各客源地区访客总量比例来看，中国内地、中国香港和中国台湾的访澳旅客年龄结构是有差异的（见表7）。以 2018 年为例，15 岁以下的旅客，中国台湾的比重最高（7.9%），中国香港的最低（4.8%）；15～24 岁的旅客，中国内地的比重最高（10.0%），中国香港的最低（5.2%）；25～34 岁的旅客，也是中国内地的比重最高（26.9%），中国香港的最低（12.3%）；35～44 岁的旅客，中国台湾的比重最高（23.6%），中国香港的最低（15.6%）；45～54 岁的旅客，三个地区的比重差异不大；55～64 岁的旅客，中国香港的比重最高（24.5%），中国内地的最低（11.8%）；65 岁及以上的旅客，同样是中国香港的比重最高

———————

① 以世界卫生组织的划分标准，44 岁以前为青年，59 岁及以前为中年。

（16.3%），中国内地的最低（5.3%）。如果仍然以世界卫生组织的划分标准，可以计算出 2018 年访澳内地旅客的青年比重为 63.7%，而中国香港旅客的这一比重为 37.9%，中国台湾旅客的这一比重为 56%。所以，可以看出，访澳的中国内地旅客和中国台湾的旅客以青年为主，而中国香港旅客则以中老年为主。

表 7　2017～2018 年访澳中国内地、香港、台湾旅客年龄结构

单位：%

	2018 年			2017 年		
	中国内地	中国香港	中国台湾	中国内地	中国香港	中国台湾
<15 岁	5.2	4.8	7.9	4.8	4.8	7.4
15～24 岁	10.0	5.2	6.9	10.5	5.5	6.8
25～34 岁	26.9	12.3	17.6	26.3	13.0	18.5
35～44 岁	21.6	15.6	23.6	21.6	16.5	23.6
45～54 岁	19.2	21.3	21.5	20.3	22.1	21.9
55～64 岁	11.8	24.5	15.5	11.4	23.8	15.5
≥65 岁	5.3	16.3	7.0	5.0	14.3	6.4
合计	100.0	100.0	100.0	100.0	100.0	100.0

资料来源：根据澳门统计暨普查局数据整理。

（五）访澳旅客旅游目的结构

1. 整体情况

根据澳门统计暨普查局对旅游目的的定义，到访主要目的指的是构成旅程最重要的原因，若没有这个原因，则此旅程不会成行。2018 年的数据显示，有超过一半（54.5%）的旅客以度假为主要目的而到访澳门，其次是以过境为目的的旅客（14.9%），以购物为目的的旅客占比为 8.9%（见表8）。需要特别注意的是，博彩业是澳门最为重要的支柱产业，但近几年的数据显示，以博彩为主要目的到访澳门的旅客比重总体呈逐渐下降的趋势，以近 5 年为例，2014 年访澳目的为博彩的旅客比重为 7.3%，2015 年为 8.5%，2018 年则下降为仅占 2.6%（见图3）。

表8   2017～2018年访澳旅客目的结构

单位：%

	2018年	变动率(与2017年比)	2017年	变动率(与2016年比)
参加会展	0.9	0.0	0.9	0.2
度假	54.5	1.2	53.3	3.1
购物	8.9	0.9	8.0	-1.6
业务公干	5.1	0.6	4.5	0.4
探亲	5.5	-0.5	6.0	1.0
博彩	2.6	-2.8	5.4	-1.2
过境	14.9	0.6	14.3	-2.7

资料来源：根据澳门统计暨普查局数据整理。

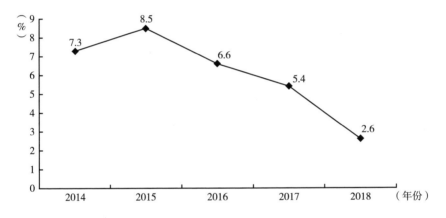

图3   2014～2018年访澳目的为博彩的旅客比重

资料来源：根据澳门统计暨普查局数据整理。

2. 不同原居地旅客访澳目的

从不同原居地旅客访澳目的来看，2018年，日本旅客以度假为目的访澳的比重依然最高，为82.3%，而且与2017年相比上升了1.7个百分点。2018年，以探亲为目的的旅客中，中国香港旅客比重最高，为10.7%，但该比重比2017年降低了2.6个百分点。以参加会展为目的的旅客比重总体都不高，其中，2018年东南亚旅客比重最高，为1.6%，较2007年的1.4%上升了0.2个百分点。2018年，以业务公干为目的访澳的中国香港旅客比

重延续了 2017 年的趋势，占比最高，为 22.3%，且较 2017 年上升了 7.9 个百分点。以购物为目的的中国内地旅客比重最高，为 12.3%，较 2017 年微升 0.9 个百分点；其中，个人游的旅客比重达 22.9%，与 2017 年相比上升1.6 个百分点。以博彩为目的访澳的中国香港旅客比重最高，2018 年为10.5%，但与 2017 年相比下降了 9.1 个百分点。以过境为目的则是中国台湾的旅客比重最高，2018 年为 43.2%，较 2017 年上升 5.2 个百分点（见表 9）。

表 9　2017～2018 年不同原居地旅客访澳目的

单位：%

		中国内地	中国内地个人游	中国香港	中国台湾	日本	东南亚	美洲	欧洲	大洋洲	其他
度假	2018 年	56.3	57.7	40.1	39.3	82.3	69.8	64.8	73.7	71.0	79.4
	2017 年	55.1	57.0	39.0	42.8	80.6	68.3	61.4	72.6	65.0	77.2
探亲	2018 年	4.7	3.0	10.7	2.9	0.8	3.5	9.6	3.4	5.7	0.5
	2017 年	4.4	3.0	13.3	3.4	1.7	4.8	9.1	4.2	9.4	1.2
参加会展	2018 年	0.9	0.5	0.9	1.2	1.2	1.6	0.6	0.7	0.5	0.6
	2017 年	1.0	0.6	0.5	1.4	2.0	1.4	0.2	1.0	0.5	1.2
业务公干	2018 年	1.2	1.3	22.3	2.4	3.5	1.9	3.4	5.8	4.1	1.8
	2017 年	1.9	1.9	14.4	3.6	4.6	3.0	6.5	7.9	5.1	2.0
购物	2018 年	12.3	22.9	0.9	0.2	—	0.5	0.2	0.2	0.2	0.1
	2017 年	11.4	21.3	0.6	0.4	0.6	0.5	0.4	0.2	0.3	0.4
博彩	2018 年	0.9	1.2	10.5	1.5	1.8	0.7	0.8	0.7	0.7	0.5
	2017 年	2.3	3.0	19.6	1.6	1.5	1.2	2.1	1.3	1.3	0.8
过境	2018 年	17.0	3.6	5.8	43.2	2.9	11.7	6.1	4.2	2.8	4.3
	2017 年	16.8	3.9	5.1	38.0	3.3	11.1	6.5	4.1	3.6	5.7
其他	2018 年	6.7	9.8	8.8	9.3	7.5	10.3	14.5	11.3	15.0	12.8
	2017 年	7.1	9.3	7.5	8.8	5.7	9.7	13.8	8.7	14.8	11.5

资料来源：根据澳门统计暨普查局数据整理。

（六）访澳旅客逗留时间

1. 总体情况

2018 年，访澳留宿旅客达 1849.3 万人次，再次刷新历史纪录，占比为

51.7%，与 2017 年相比，尽管留宿旅客增加 123.81 万人次，增长 7.2%，但留宿旅客比重降低了 1.2 个百分点（见表 10）。不过夜旅客达到 1731.07 万人次，占比达 48.3%，比重上升 1.2 个百分点，相较于 2017 年，不过夜旅客增加 195.5 万人次，增长 12.7%。

表 10　2017～2018 年访澳留宿与不过夜旅客比较

单位：人次，%

	2018 年	占比	2017 年	占比	2018 年比重变动百分点
不过夜旅客	17310712	48.3	15355668	47.1	1.2
留宿旅客	18492951	51.7	17254838	52.9	－1.2

资料来源：根据澳门统计暨普查局数据整理。

表 11 显示，2018 年，访澳旅客平均逗留时间为 1.2 天，其中，留宿旅客平均逗留时间 2.2 天，不过夜旅客平均逗留时间 0.2 天。与 2017 年相比，旅客的平均逗留时间无变化，但留宿旅客平均逗留时间略有增加。

表 11　2017～2018 年访澳旅客逗留时间

单位：天

	平均逗留时间	留宿旅客	不过夜旅客
2018 年	1.2	2.2	0.2
2017 年	1.2	2.1	0.2

资料来源：根据澳门统计暨普查局数据整理。

2. 亚洲旅客平均逗留时间

在访澳的亚洲旅客中，越南旅客的平均逗留时间最长，2018 年的平均逗留时间为 6.0 天，相较于 2017 年的平均逗留时间 5.7 天增加了 0.3 天。平均逗留时间仅次于越南的是菲律宾旅客，平均逗留时间为 3.6 天，与 2017 年相比，菲律宾旅客的平均逗留时间持平。在访澳的亚洲旅客中，来自中国香港的旅客平均逗留时间最短，平均逗留 0.9 天，与 2017 年相比，访澳中国香港旅客的平均逗留时间无变化。中国内地旅客 2018 年的平均逗

留时间为 1.3 天,与 2017 年的平均逗留时间也无变化(见表 12)。

从留宿旅客的平均逗留时间来看,同样是越南旅客的逗留时间最长,2018 年为 7.7 天,且较 2017 年增加 0.8 天。留宿旅客平均逗留时间最短的是中国香港和日本旅客,平均逗留时间均为 1.6 天。

表 12　2017～2018 年访澳亚洲旅客平均逗留时间

单位: 天

	旅客		留宿旅客		不过夜旅客	
	2018 年	2017 年	2018 年	2017 年	2018 年	2017 年
中国内地	1.3	1.3	2.2	2.2	0.2	0.2
中国香港	0.9	0.9	1.6	1.7	0.2	0.2
中国台湾	1.1	1.1	2.1	2.2	0.1	0.1
菲律宾	3.6	3.6	7.3	7.2	0.3	0.3
印度	1.7	1.7	2.1	2.0	0.2	0.2
印度尼西亚	2.5	2.3	3.9	3.4	0.2	0.2
日本	1.0	1.1	1.6	1.7	0.2	0.2
马来西亚	1.4	1.4	2.1	2.1	0.2	0.2
韩国	1.4	1.3	2.1	2.0	0.3	0.2
新加坡	1.3	1.3	2.0	2.0	0.2	0.2
泰国	1.2	1.1	2.3	2.3	0.2	0.2
越南	6.0	5.7	7.7	6.9	0.2	0.3
亚洲其他	1.3	1.8	2.9	2.9	0.2	0.2

资料来源: 根据澳门统计暨普查局数据整理。

3. 长途旅客

从长途旅客的总体情况看,葡萄牙旅客是访澳长途旅客中逗留时间最长的,2018 年平均逗留时间为 4.6 天,比 2017 年增加 0.2 天。除葡萄牙旅客外,来自其他国家或地区的访澳长途旅客逗留时间均较短,平均逗留时间为 1.1～1.7 天。2018 年葡萄牙的留宿旅客平均逗留时间长达 6.0 天,比 2017 年增加 0.4 天。其次是巴西旅客,2018 年平均逗留时间为 3.3 天。2017～2018 年访澳长途旅客的平均逗留时间见表 13。

表 13　2017～2018 年访澳长途旅客平均逗留时间

单位：天

	旅客		留宿旅客		不过夜旅客	
	2018 年	2017 年	2018 年	2017 年	2018 年	2017 年
巴西	1.6	1.6	3.3	3.1	0.2	0.2
加拿大	1.3	1.3	2.2	2.3	0.2	0.2
美国	1.2	1.3	2.3	2.3	0.2	0.2
美洲其他	1.1	1.1	2.2	2.2	0.2	0.2
德国	1.2	1.2	2.4	2.3	0.2	0.2
西班牙	1.3	1.6	3.0	3.2	0.2	0.2
俄罗斯	1.4	1.5	2.8	3.0	0.2	0.2
法国	1.3	1.3	2.4	2.4	0.2	0.2
荷兰	1.2	1.3	2.3	2.5	0.2	0.2
意大利	1.2	1.3	2.6	2.6	0.2	0.2
葡萄牙	4.6	4.4	6.0	5.6	0.3	0.3
英国	1.4	1.4	2.5	2.5	0.2	0.2
瑞士	1.1	1.1	2.2	2.1	0.2	0.2
欧洲其他	1.3	1.4	2.7	2.8	0.2	0.2
澳大利亚	1.4	1.4	2.4	2.4	0.2	0.2
新西兰	1.5	1.4	2.5	2.4	0.2	0.2
大洋洲其他	1.6	2.0	2.5	3.1	0.2	0.2
南非	1.7	1.5	3.1	2.7	0.2	0.2

资料来源：根据澳门统计暨普查局数据整理。

二　2018年访澳旅客结构特征

澳门是一个以旅游业为重要支柱产业的城市，旅客对于澳门的持续健康发展至关重要。纵观 2018 年访澳旅客的基本现状并与 2017 年比较，2018年澳门旅客结构基本特征如下。

（一）访澳旅客的增长完全由中国内地旅客推动

相较于 2017 年，2018 年访澳旅客增加了 319.32 万人次，增长 9.8%。而在新增旅客中，来自中国内地的旅客相较于 2017 年增加了 306.4 万人次，占新增访澳旅客的 96.0%。这也意味着 2018 年来自中国内地的访澳旅客是新增旅客的最主要来源。如果加上中国香港和中国台湾的新增访澳旅客，则占新增访澳旅客的 101.9%。这说明访澳国际旅客不增反降，相较于 2017 年合计减少了 3.49 万人次。因此，2018 年的新增访澳旅客，完全来自中国内地、中国香港、中国台湾的贡献。

在新增旅客中，2018 年来自广东省的访澳旅客相较于 2017 年新增 128.38 万人次，占新增访澳旅客的 40.2%，远超其他任何一个省份。因此，可以说广东省的访澳旅客对新增旅客的贡献举足轻重。

此外，2018 年中国内地个人游旅客相较于 2017 年剧增 165.19 万人次，增长 15.6%。新增个人游旅客对新增访澳旅客的贡献达 51.7%。

（二）不过夜旅客对新增旅客的贡献超过留宿旅客

2018 年，尽管不过夜旅客和留宿旅客的数量较 2017 年均有增长，但不过夜旅客新增了 195.50 万人次，占新增旅客的 61.2%；而留宿旅客仅新增了 123.81 万人次，与不过夜旅客相比少 71.69 万人次，仅占新增旅客的 38.8%。因此，不过夜旅客对新增旅客数量的贡献超过留宿旅客。

从中国内地、中国香港、中国台湾旅客与国际旅客的比较来看，在留宿旅客中，2018 年中国内地的访澳留宿旅客与 2017 年相比增长了 138.47 万人次；来自中国香港和中国台湾以及国际旅客中的留宿旅客人次均有所减少，香港留宿旅客减少 8.48 万人次，台湾留宿旅客减少 1.42 万人次，国际旅客中的留宿旅客减少 4.76 万人次。在不过夜旅客中，2018 年中国内地、中国香港、中国台湾旅客均有增长，其中中国内地旅客增长 167.97 万人次，中国香港旅客增长 24.76 万人次，中国台湾旅客

增长 1.51 万人次；不过夜的国际旅客与 2017 年相比仅增长 1.27 万人次
（见表 14）。

表 14　2017～2018 年访澳不过夜及留宿旅客不同来源地比较

单位：人次

	不过夜旅客			留宿旅客		
	2017 年	2018 年	增长	2017 年	2018 年	增长
中国内地	10266047	11945745	1679698	11930156	13314811	1384655
中国香港	3226772	3474350	247578	2938357	2853575	-84782
中国台湾	519758	534804	15046	540349	526164	-14185
国际旅客	1343091	1355813	12722	1845976	1798401	-47575

资料来源：根据澳门统计暨普查局数据整理。

（三）访澳国际旅客占比由升转降

与 2016 年及 2017 年相比，2018 年访澳国际旅客占比由升转降，即国际旅客比重由 2016 年的 9.7% 略微上升至 2017 年的 9.8%，但 2018 年该比重则出现了一定程度的下滑，仅为 8.8%，相较于 2017 年下降了 1 个百分点。从国际旅客的内部结构看，来自亚洲的访澳国际旅客占比远高于国际长途旅客，2018 年亚洲旅客占国际旅客比重为 77.0%，但该比重较 2017 年下降了 1.3 个百分点；2018 年国际长途旅客的占比为 23.0%，2017 年的占比则为 21.7%（见表 5）。

表 15　2017～2018 年访澳国际旅客人次变化比较

单位：人次，%

	2018 年	2017 年	2018 年占比	2017 年占比
国际旅客总数	3154214	3189067	100.0	100.0
亚洲国际旅客	2429508	2495748	77.0	78.3
国际长途旅客	724706	693319	23.0	21.7

注：菲律宾、印度、印度尼西亚、日本、马来西亚、韩国、新加坡、泰国、越南和亚洲其他国家的访澳旅客被视为亚洲国际旅客；其他国家的访澳旅客被视为国际长途旅客。

资料来源：根据澳门统计暨普查局数据整理。

（四）中国内地个人游旅客续创新高

中国内地个人游旅客总量再创新高，2018 年累积达到 1226.73 万人次，比 2017 年增加 165.19 万人次。从澳门统计暨普查局公布的中国内地几个主要省份的访澳个人游旅客数量来看，广东省的个人游旅客占个人游旅客总量略有下降，从 2017 年的 70.1% 下降到 2018 年的 70.0%；浙江省的个人游旅客数量占比略增 0.3 个百分点（2017 年为 2.6%，2018 年为 2.9%）；江苏省的个人游旅客比重略增 0.2 个百分点（2017 年为 2.5%，2018 年为 2.7%）；四川省的个人游旅客比重略增 0.2 个百分点（2017 年为 1.1%，2018 年为 1.3%）。2018 年其他省份的个人游旅客数量占个人游旅客总量的比重与 2017 年持平或略微下降。

（五）重游旅客比重略有上升

从 1 年内旅客访澳次数总体情况看，2017 年首次访澳的旅客比重为 59.3%，2018 年该比重下降到 58.3%；2 次访澳的旅客比重则略微上升 0.4 个百分点；3~6 次访澳的旅客略微上升 0.2 个百分点；访澳次数超过 6 次的旅客占比略微上升 0.3 个百分点（见表 16）。

表 16 2017~2018 年旅客访澳次数占比

单位：%

	年份	1 次访澳	2 次	3~6 次	>6 次
所有旅客	2017 年	59.3	25.5	10.4	4.9
	2018 年	58.3	25.9	10.6	5.2
中国内地	2017 年	61.8	24.3	9.9	3.9
	2018 年	60.5	24.7	10.3	4.5
中国香港	2017 年	21.3	40.5	23.0	15.2
	2018 年	21.8	41.5	22.0	14.7
中国台湾	2017 年	51.5	31.2	9.9	7.5
	2018 年	49.0	33.1	10.5	7.5

续表

		1 次访澳	2 次	3～6 次	>6 次
亚洲国际旅客	2017 年	75.7	19.6	3.3	1.4
	2018 年	75.3	19.8	3.4	1.5
国际长途旅客	2017 年	75.0	17.4	5.3	2.2
	2018 年	75.0	17.6	5.2	2.2

注：亚洲国际旅客及国际长途旅客的划分标准同表 15。

资料来源：根据澳门统计暨普查局数据整理。

进一步分析不同旅客来源地的重游旅客特征，亚洲国际旅客的首次访澳比重是最高的，2017 年及 2018 年均超过 75%，其次是国际长途旅客，中国香港旅客最低。1 年内 2 次访澳的旅客，则是中国香港旅客最高，其次是中国台湾旅客，国际长途旅客最低。总体而言，中国香港旅客的重游比重最高，国际长途旅客的重游比重最低。

（六）留宿与不过夜旅客均由内地旅客主导

从表 17 可以看出，无论是留宿旅客还是不过夜旅客，中国内地的旅客比重均是最高的，而且与 2017 年相比，2018 年留宿旅客比重和不过夜旅客比重均有所上升，前者上升了 3.1 个百分点，后者上升了 2.1 个百分点。来自中国香港的留宿旅客和不过夜旅客占比排第 2 位，但 2018 年的比重比 2017 年有所下降。亚洲国际旅客的留宿旅客和不过夜旅客比重高于中国台湾和国际长途旅客（见表 17）。

表 17　2017～2018 年留宿与不过夜旅客占比

单位：%

		中国内地	中国香港	中国台湾	亚洲国际旅客	国际长途旅客
留宿旅客	2017 年	69.1	17.0	3.1	8.7	2.0
	2018 年	72.2	15.4	2.9	7.6	1.9
不过夜旅客	2017 年	66.9	21.0	3.4	6.5	2.2
	2018 年	69.0	20.0	3.1	5.7	2.1

注：亚洲国际旅客及国际长途旅客的划分标准同表 15。

资料来源：根据澳门统计暨普查局数据整理。

三 优化澳门旅客结构的若干建议

第一，深入探讨并着力解决旅游承载力问题。尽管有关澳门旅游承载力的问题探讨已久，但一直未形成明确而可靠的体系性结论。随着访澳旅客数量屡创新高，有效地回答并妥善解决这一问题愈来愈迫切。2018 年公布的《澳门旅游业发展总体规划》将"管理澳门旅游业的承载能力"作为 8 个关键目标之一，并提出了 6 项策略。但如何推进这些策略的实施可能是一个新问题，需要政府部门和社会各界积极思考和实践。除此以外，问题的源头还在于访澳旅客的总量，尽管对于澳门旅游承载力仍没有一个科学而可靠的总量指标，但不容否认的是，今天的澳门确实已人满为患，即使非节假日，很多地方也是人头攒动，旅游景点更是拥堵不堪。这既影响了旅客的旅游体验，也影响了居民的日常生活。如果不尽快采取有效措施解决承载力问题，尽管短时间内可能会获得较高的旅游收益，但从长期来看，必然会带来极大的负面影响，这显然不利于澳门建设世界旅游休闲中心。

第二，着力吸引个人游旅客。2018 年个人游旅客中，留宿旅客人次相较于 2017 年增加了将近 65 万人次，对新增旅客人次的贡献率达 20.3%。鉴于澳门的旅游承载力有限，以及留宿旅客的实际消费对澳门旅游业的贡献率有限，澳门需要重点吸引高价值个人游旅客。同时，对于这一目标群体，提供旅游服务的部门必须高度关注旅游服务的质量，这样才能够让他们获得较好的旅游体验。这既有利于让这一目标群体成为再访旅客，也有利于通过他们进行口碑传播，从而吸引新的个人游旅客。2018 年，中国内地个人游旅客占访澳内地旅客总量的 48.6%，而以旅行团的方式到访的中国内地旅客比重为 51.4%，后者仍高于个人游旅客。因此，提高个人游的人次和比重，降低旅行团的人次和比重或许是一个值得思考的方向。

第三，关注港珠澳大桥开通对访澳旅客带来的潜在影响。港珠澳大桥作为世界上最长的跨海大桥，可以说是举世瞩目的"超级工程"，也必将吸引大量旅客慕名而来。同时，大桥的开通使得从香港国际机场到澳门更加便捷，也很有可能吸引更多到访香港的旅客通过大桥到访澳门。仅从刚开通时的情况看，2018 年 11 月单月到访澳门的旅客达 320 万人次，同比增长 15.3%，环比增长 3.6%。根据治安警察局的数据，通车首月港珠澳大桥澳门口岸共录得超过 80 万人次出入境，其中经港澳旅检大厅的旅客有近 69 万人次，约占 85.4%；使用珠澳旅检大厅的旅客有 10 万人次，约占 12.5%；使用车辆通道的旅客有 1.6 万人次，约占 2.1%。在同一时期，澳门外港客运码头和氹仔客运码头的总出入境人次与 2017 年同期相比，分别减少 20.7% 和减少 19.9%。尽管这只是通车首月的简单旅客出入境数据，但也能在一定程度上反映港珠澳大桥通车对入境旅客带来的影响。考虑到港珠澳大桥的影响力，今后需要更为深入地研究其对访澳旅客结构带来的深层次影响。

第四，想方设法拓展高价值旅客。如前所述，旅游承载力对于澳门旅游业的持续稳定发展非常重要。但这并不意味着澳门不需要旅客，而是需要进一步明确澳门的目标顾客群体。对目标顾客的定位不能简单依据中国内地、中国香港、中国台湾或国际旅客等客源地指标，也不能依据留宿旅客、不过夜旅客或其他常规的指标。考虑到澳门旅游承载力的实际情况，高价值旅客应该作为澳门旅游业首选的目标顾客。要吸引高价值旅客，可以从两方面进行思考。一是基于智能旅游的工具和手段，如大数据分析，对目前访澳的旅客进行更为精准的追踪和分析，从而识别出高价值旅客，并进一步对这些旅客进行精准化营销，一旦这些旅客到访澳门，就为他们提供极具个性化的旅游、休闲服务，将他们培养成为忠诚旅客。一般而言，与这些旅客有交集的人通常也会是高价值旅客，当这些旅客在澳门获得极佳的旅游体验时，他们向周围的人推荐访澳的可能性也更大。二是对那些还未曾到访澳门的潜在高价值顾客进行营销推广，吸引他们到访澳门。

第五，大力推动智慧旅游的发展。近几年来，智慧旅游正逐渐兴起并塑造着旅游业未来的商业模式。智慧旅游依托物联网、大数据、互联网、移动通信技术等，优化旅游活动、提升游客体验，同时帮助旅游企业和行业管理部门实现旅游管理、旅游服务和旅游营销智慧化。澳门也正积极推动智慧城市的建设工作。考虑到旅游业对澳门经济和社会发展的重要性，澳门应该将智慧旅游作为智慧城市建设的重中之重。发展好智慧旅游，既有利于为澳门其他领域的智慧发展提供经验借鉴，也可以率先探索智慧旅游的商业模式，更好地培育澳门旅游业的竞争优势。

G.10
澳门旅客消费（不含博彩业）的现状、特征及对策

庞川 宋宇*

摘　要： 2018 年，访澳旅客总消费超过 696.9 亿澳门元，较 2017 年明显上升，总体消费水平大幅增长，留宿旅客数量继 2017 年后再次超过不过夜旅客，留宿旅客总消费增长势头尤为显著，呈现两位数增长。旅客的主要消费为购物消费，住宿、餐饮、交通消费占比减少。中国内地旅客贡献巨大，是澳门旅游消费的主要来源。内地旅客购物消费高于平均水平，以奢侈品为主，境外旅客购物消费则以基本品为主。在日益多变的国际经济形势下，澳门旅游业必须正视困难及障碍，将粤港澳大湾区建设和"一带一路"建设有机衔接，充分发挥澳门的独特优势，吸引更多游客，多措并举，促进澳门旅游休闲大业态建设，推动澳门可持续发展。

关键词： 澳门　旅客　消费

2018 年访澳旅客达 3580 万人次，创历史新高，旅客总消费超过 696.9 亿澳门元。继 2017 年台风"天鸽"正面袭击澳门后，2018 年 9 月台风"山竹"继续施虐澳门，所幸台风仅从澳门掠过，且政府居民准备充分，对澳

---

* 庞川，管理学博士，澳门科技大学副校长、研究生院院长，教授，研究方向为管理学、高等教育；宋宇，经济学博士，澳门科技大学商学院副教授，研究方向为金融学、房地产经济。

门旅游及消费影响程度较小。2018 年，旅客总体消费水平大幅增长，消费者满意度有所回升。留宿旅客数量继 2017 年后再次超过不过夜旅客，留宿旅客总消费增长势头尤为显著，呈现两位数增长。在中国内地长假及港珠澳大桥通车等因素带动下，内地旅客消费贡献巨大，是澳门旅游消费的主要来源，境外访澳旅客人均消费同比上升。2018 年访澳旅客总体消费中购物支出所占比例最高，约占 48%。受 2017 年末澳门获评为联合国教科文组织创意城市网络（UCCN）美食范畴的新成员城市影响，2018 年第一季度餐饮消费支出占比显著上升，较 2017 年同期增加 15.93 个百分点。2018 年访澳旅客购物消费结构保持稳定，内地游客以奢侈品购物消费为主，境外旅客以基本品购物消费为主。

一 2018年访澳旅客消费现状

（一）总体消费水平大幅增长

2018 年访澳旅客总消费及人均消费与 2017 年相比呈现大幅增长，旅客总消费 4 个季度增长率分别达到 22%、20%、15.2% 及 1.3%（见表 1），其中留宿旅客总消费金额增长尤为显著，呈现两位数增长。2018 年留宿旅客数量继 2017 年后再次超过不过夜旅客。留宿旅客的增加导致其总消费金额远超过不过夜旅客。有研究表明，旅客逗留时间越长，越能带动相关消费，对关联产业的带动越大，越能促进经济发展。增加留宿旅客数量，尽量延长旅客逗留时间是提升澳门旅游消费金额的关键。

2018 年参团访澳旅客的增加、可提供客房数量的持续增加、会展业发展带来的商务旅客以及澳门新增的许多游览项目，都使得澳门留宿旅客增加。2018 年参团访澳旅客共 913.04 万人次，同比增长 5.89%，暑假期间旅客增长 5%，酒店入住率约九成。受"天鸽"风灾影响，2017 年 8 月底至 9 月中旬减少的旅行团延至 2018 年来澳，直接导致旅客数量明显上升。2018 年营业的酒店及公寓按年增加 11 家至 120 家，多家豪华五星级酒店开业，比如美狮美高梅酒店、摩珀斯酒店及十三第酒店等；可提供客房数量较上年增长5.7%至3.9万间；酒店及公寓床位数10.3万个，较上年增长6.3%，带来住客同比增长6.5%及入住率上升3.9个百分点。2018年会展业持续发展，会议总数1342个，较2017年上升4.4%，与会者及入场观众总量大幅增加50351人次，会展业带来的高端商务旅客刺激了留宿旅客数量及消费的增长。2018年澳门开通海上游项目，主要运营下午及傍晚航线，客观上增加了旅客留宿的可能。留宿旅客消费的增长使得2018年前3个季度访澳旅客人均消费较2017年同期分别增长12.4%、11.6%、5.9%（见表2）。

表1　2018年旅客总体消费水平

单位：百万澳门元，%

	第一季度		第二季度		第三季度		第四季度	
	金额	同比增长	金额	同比增长	金额	同比增长	金额	同比增长
总消费	16415	22.0	16500	20.0	18352	15.2	18419	1.3
留宿旅客	12679	19.6	13362	17.4	15241	17.3	14955	1.2
不过夜旅客	3736	30.7	3138	32.7	3111	5.9	3464	1.7

资料来源：澳门统计暨普查局。

表2　2018年旅客人均消费水平

单位：澳门元，%

	第一季度		第二季度		第三季度		第四季度	
	金额	同比增长	金额	同比增长	金额	同比增长	金额	同比增长
人均消费	1921	12.4	1996	11.6	2039	5.9	1844	-11.0
留宿旅客	2928	8.6	3012	10.2	3145	9.9	3064	-4.2
不过夜旅客	886	22.2	819	22.1	749	-4.9	678	-17.3

资料来源：澳门统计暨普查局。

澳门属典型的季风气候区，台风等灾害天气频繁。受2018年9月台风"山竹"影响，第三季度澳门旅客总消费及人均消费增长率略有放缓，其中不过夜旅客人均消费录得负增长。

（二）内地旅客消费持续增长，境外访澳旅客人均消费同比上升

2018 年中国内地旅客消费占访澳旅客总消费的八成以上，全年 4 个季度占比分别为 82.1%、81.4%、81.9% 及 79.9%。2018 年人均消费与 2017年相比大幅增长，前 3 个季度的增长率分别为 11.6%、9.5%、5.0%（见表3）。其中，广东游客人均消费金额最高，其次为福建省游客。广东居民的收入水平较高，且毗邻澳门，交通便利，占据得天独厚的优势。随着广东高铁网络的不断拓展，以及港珠澳大桥的建成通车，广东居民直接来澳或途经香港来澳旅游越来越便利，广东游客人均消费较多。访澳广东游客中以购物为主要目的，采购日常用品及代购者很多。

表3　2018 年中国内地旅客消费水平

	第一季度	第二季度	第三季度	第四季度
中国内地旅客数数（万人次）	603.1	567.4	651.6	703.9
中国内地总消费（亿澳门元）	134.7	134.3	150.3	147.2
内地消费占比（%）	82.1	81.4	81.9	79.9
中国内地人均消费（澳门元）	2234	2367	2306	2091
同比增长率（%）	11.6	9.5	5.0	−13.5
广东省人均消费（澳门元）	1966	2178	1753	1795
福建省人均消费（澳门元）	1327	1260	1668	1384

资料来源：澳门统计暨普查局。

在中国内地长假及港珠澳大桥通车因素的带动下，2018 年内地访澳旅客 25260556 人次，同比上升 13.81%；内地留宿旅客 13314811 人次，同比上升 11.61%。内地经济持续发展以及通关方式的改革是内地旅客增加的主要原因。自 2018 年 6 月 18 日起，公安部规定，全国陆海空口岸实现中国公民出入边境通关排队不超过 30 分钟。2018 年拱北关口新建 50条自助查验通道，自助通道达到 194 条，自助通关比例达到八成左右，通关效率显著提高。港珠澳大桥开通后，大桥珠澳口岸首次采用"合作查验、一次放行"的通关模式，进出两地口岸只需排一次队，大大缩短了通关时间。出入境效率的提高，极大地方便了访澳旅客，有效地促进了访澳内地旅客数量及旅客消费的增长。

2018 年境外访澳旅客消费较 2017 年有所增长，4 个季度增长率分别为 12.4%、11.6%、5.9% 和 –11%（见表4）。新加坡、日本、中国台湾及马来西亚旅客的人均消费水平较高。东南亚各国近年经济回稳，居民出游需求量上升。各国航空公司也陆续增开新航线，目的地航线 2018 年新增 4 条至 48 条。亚洲航空于 2018 年 1 月开通了澳门往返普吉直航航线，菲律宾皇家航

表4　2018 年境外访澳旅客人均消费

单位：澳门元，%

		第一季度	第二季度	第三季度	第四季度
人均消费	金额	1921	1996	2039	1844
	同期变动率	12.4	11.6	5.9	–11.0
中国香港	金额	983	1021	1157	1053
	同期变动率	12.4	16.5	4.3	2.8
中国台湾	金额	1652	1510	1709	1577
	同期变动率	2.8	4.8	2.2	–2.4
日　本	金额	1527	1681	1932	2281
	同期变动率	–1.1	9.0	0.0	18.2
马来西亚	金额	1712	1476	1665	1594
	同期变动率	5.4	–17.7	–8.4	–11.9
新加坡	金额	1948	1704	2230	1710
	同期变动率	6.7	4.2	6.0	–9.8
泰　国	金额	1147	921	1305	1287
	同期变动率	–6.1	–7.5	10.0	–2.6
美　国	金额	1333	1284	1248	1386
	同期变动率	10.1	5.6	–2.6	11.7
英　国	金额	961	1187	1304	1295
	同期变动率	–14.1	0.6	2.2	7.2
澳　洲	金额	1493	1461	1705	1392
	同期变动率	8.7	29.1	6.3	–12.4

资料来源：澳门统计暨普查局。

空 3 月开通了卡卡湾拉罗至澳门直航，俄罗斯皇家航空 5 月开通了澳门至莫斯科的定期航班，亚洲航空于 12 月起开通澳门直飞泰国喀比的航线，停航多年的澳门—沙巴（亚庇）航线于 11 月再次开通。新航点的开通为境外访澳旅客的增加提供了基础。澳门航空交通网络得以进一步优化，国际油价持续低位徘徊，各航空公司纷纷推出优惠促销措施，经由机场入境旅客增速加快，澳门国际机场入境旅客较上年同期增加 16.5%。

（三）购物消费比例增加，住宿餐饮交通消费占比相应减少

旅游消费结构是指游客在旅游过程中所消费的各种类型的旅游产品及相关消费资料的比例关系。按旅游活动的重要程度对旅游消费进行分类，一般可分为基本旅游消费和非基本旅游消费。基本旅游消费是指旅游活动中所必需的而又基本稳定的消费，如旅游住宿、餐饮、交通、游览等方面的消费；非基本旅游消费是指非旅游活动需要的并具有较大弹性的消费，如旅游购物、医疗、通信消费等。① 从表 5 可以看出，访澳旅客基本旅游消费占比约为 53%，非基本旅游消费占比为 47%。其中，2018 年访澳旅客总体消费中购物支出所占比例最高，约占 47%。而世界旅游购物的平均消费占旅游总支出比重为 30%，澳门旅游购物消费占比高出 17 个百分点。澳门与香港同

表 5　2018 年访澳旅客消费结构

单位：%，百分点

	第一季度	比同期 ±	第二季度	比同期 ±	第三季度	比同期 ±	第四季度	比同期 ±
购物	47.3	3.59	46.3	3.35	50.3	3.88	44.3	-3.4
住宿	23.3	-3.62	27.8	2.18	24.2	-2.44	27.2	2.8
餐饮	22.0	0.70	18.7	-4.40	18.2	-1.11	21.1	0.9
交通	5.7	0.68	5.8	-0.58	5.4	-0.52	5.9	0

资料来源：澳门统计暨普查局。

① 《中国大百科全书》（第二版）第 14 卷，中国大百科全书出版社，2009，第 561 页。

为国际自由贸易港，绝大多数进口商品可享受零关税，且在澳门购物的游客比香港少，反而消除了消费者对商品断货的顾虑。

2018 年澳门总体旅游消费结构分布情况与 2017 年相比有所变化。购物消费占比上升，住宿消费占比则相应下降。受 2017 年末澳门获评为联合国教科文组织创意城市网络（UCCN）美食范畴的新成员城市影响，2018 年第一季度餐饮占比显著上升，较去年同期增加 15.93 个百分点。游客到旅游目的地除了领略自然风光，体验异域文化，还有就是品尝美食。澳门是一个中西文化交汇的国际都市，其美食兼具东西方特色，食品星罗棋布。有经典的粤菜、正宗葡挞、美味猪扒包及东南亚风味美食。2018 年饮食业场所增加 44 个，从业人员增加 250 人，饮食业收益增加 13.7 亿元。近年旅游业蓬勃发展，不少博企引入国际知名餐饮品牌，把澳门饮食推上新的发展台阶。2018 年《米其林粤菜指南》发布，澳门共有 10 家餐厅上榜，共摘得 14 星。交通消费比例变化较小，第二、第三季度较去年同期略微下降。2018 年第二季度澳门公共巴士上调价格，不再分区收费，涨价之后统一收费 6 澳门元，远高于临近地区，推测部分游客选择赌场大巴出行，从而减少了交通消费。

（四）消费者满意度回升

政府和旅游服务部门可以通过改善酒店服务、餐饮购物服务、交通设施、观光点的环境卫生和公共设施等提升旅客的满意度，使旅客在接受服务中提高消费意愿。即使受到台风"山竹"的影响，2018 年旅客消费满意度较 2017 年也有所回升，特别是第二、第三季度，回升幅度明显。其中，第二季度旅行社满意度较去年同期上升 14.8 个百分点，第三季度环境卫生满意度上升 8.8 个百分点（见表6）。第一季度酒店及博彩场所的满意度有所下降。旅客的满意度一般会与价格、性价比及服务态度等挂钩。第一季度适逢春节，客房及消费价格普遍上涨，人流拥挤，性价比不高；加上旅客量逼近城市承载力极限，服务人员容易出现服务不周的情况，不能满足客户的需求，直接导致旅客满意度下降。

表 6　2018 旅客消费满意度

单位：%，百分点

	第一季度		第二季度		第三季度		第四季度	
	满意比例	比同期 ±	满意比例	比同期 ±	满意比例	比同期 ±	满意比例	比同期 ±
环境卫生	83.4	2.1	84.7	4.8	84.9	8.8	84.1	5.6
公共设施	79.1	5.4	80.5	6.9	81.1	8.5	80.5	5.8
旅行社	77.2	7.6	78.5	14.8	79.4	6.1	82.6	9.7
酒店	86.7	−2.5	87.8	1.7	89.7	4.7	89.4	3.5
博彩场所	78.4	−3.5	78.2	6.9	80.0	9	80.3	4.9
餐厅及食肆	75.8	0.8	77.7	6.7	79.0	6.4	79.7	5.8
购物	79.4	−1.6	80.0	4.4	82.2	6.7	82.2	4.2
公共交通	68.8	0.6	71.6	4	71.3	7.5	72.0	8.5

资料来源：澳门统计暨普查局。

二　访澳旅客购物消费特征

2018 年访澳旅客购物消费结构保持稳定，内地游客以奢侈品购物消费为主，境外旅客以基本品购物消费为主。

（一）访澳旅客购物消费结构保持稳定

2018 年人均奢侈品购物消费①的比重显著大于基本品，特别是第二、第三季度，旅客在奢侈品上的花费超过基本品一成。2018 年旅客人均花费最多的为化妆品及香水，占比 30% 左右；其次是手信食品，占比 27% 左右。两者的消费额与 2017 年同期相比有所提高，并且逐季上升。促进游客在澳门购买奢侈品的主要原因：一是目前澳门几乎所有五星级酒店都有超豪华的国际精品购物街，游客购物方便；二是同一品牌，港澳两地标价几乎相同，

---

① 根据访澳旅客购物特点，旅游购物消费可以分为基本品购物消费和奢侈品购物消费。基本品购物消费是旅客在旅游中为满足基本购物需求而产生的消费，比如手信食品、成衣等的消费，这些消费是旅游过程中的必需消费，具有相对的稳定性和刚性；奢侈品购物消费是指非每次旅游活动必需的购物消费，比如珠宝手表、手袋、鞋类、化妆品及香水等的消费，这类消费品附加值高，购物行为具有较大弹性。

门类品种近似，且澳门元汇率优于港元；三是澳门特殊的免税优势使奢侈品的价格与别的地区相比更有竞争力；四是近年银联卡及电子支付的普及使得支付更加方便。2018年人均基本品购物消费结构具有明显的季节性。以成衣消费为例，头两季占总消费比例分别为10.77%和8.77%，第三季度占比突升到17.43%（见表7），这与天气即将转冷，购置冬装等较大花费的购买行为有关。手信食品消费则在第一季度占比较高，时值春节等传统节日，亲友间互相馈赠礼物的需求有所增加。手信食品是澳门最具有代表性的礼物，是访澳旅客最青睐的商品。手信门店在澳门随处可见，品牌繁多，商品种类丰富，物美价廉，送礼自用两相宜。

表7　2018年访澳旅客人均购物消费结构

单位：澳门元，%

		第一季度		第二季度		第三季度		第四季度	
		消费额	占比	消费额	占比	消费额	占比	消费额	占比
基本品	成衣	98	10.77	81	8.77	179	17.43	127	17.07
	手信食品	290	31.87	231	25.00	252	24.54	224	30.11
	合计	388	42.64	312	33.77	431	41.97	351	47.18
奢侈品	珠宝手表	105	11.54	164	17.75	91	8.86	66	8.87
	化妆品及香水	243	26.70	287	31.06	339	33.01	252	33.87
	手袋及鞋类	71	7.80	87	9.42	102	9.93	75	10.08
	合计	419	46.04	538	58.23	532	51.80	393	52.82

资料来源：澳门统计暨普查局。

（二）内地旅客购物消费以奢侈品为主

随着内地经济的发展，人民生活越来越富裕，内地旅客的旅游观念及旅游方式也在逐步改变。游客从最初的观光游览逐步过渡到追求休闲度假游和个性化旅游，游览方式也从随团旅游转变为个人自由行。数据显示，2018年赴澳门游客个人游占比达到83%，高于2017年的76%。随着港珠澳大桥的通车、深中通道的建成，以及广中澳高铁的拟建，预计通过个人游方式前往澳门的游客人次还将进一步增长。从表8可以看出，内地个人游的基本品

及奢侈品人均消费金额远高于内地游旅客平均水平,一般个人游的旅客大多
消费能力较强,消费欲望也更强。同时,个人游旅客留宿的可能性更大,因
此消费的机会也更多。

与2017年不同,2018年内地旅客的人均奢侈品消费明显高于人均基本
品消费,其中第二季人均奢侈品消费远高于基本品消费(见表8)。根据澳
门统计暨普查局数据,中国内地访澳旅客中,女性占比较男性高,中青年旅
客占比较其他年龄段高。作为消费主力的女性旅客及中青年旅客在个人喜好
上都更倾向于珠宝手表、化妆品、香水等奢侈品。随着国家发展和人民生活
水平的提高,内地旅客在更倾向于境外游的同时,消费能力和消费需求都有
了很大程度的提升。

表8　2018年中国内地旅客人均购物消费结构

单位:澳门元,%

季度	旅客类型	基本品		奢侈品	
		合计	占比	合计	占比
第一季度	中国内地	475	44.8	585	55.2
	个人游	653	47.1	732	52.9
第二季度	中国内地	373	32.6	772	67.4
	个人游	536	33.2	1077	66.8
第三季度	中国内地	509	41.4	721	58.6
	个人游	571	41.5	805	58.5
第四季度	中国内地	414	40.2	547	41.3
	个人游	616	59.8	778	58.7

资料来源:澳门统计暨普查局。

(三)境外旅客购物消费以基本品为主

2018年境外旅客购物消费以基本品为主,消费基本品的比例保持在
70%~90%,其中手信食品的消费占比最大。新加坡、马来西亚旅客人均购
物消费较高(见表9)。境外旅客来澳旅游的主要目的是旅游观光及休闲度
假,由于没有太多的比较优势,购物一直以来都不是境外旅客的主要需求。

大部分境外旅客可能更愿意把钱花在娱乐享受上，比如赌博、看展览、看演出、品尝美食等。在旅游之余顺便购买有澳门特色的手信才是境外游客消费的重心。亚洲地区的旅客人均消费基本品金额比其他地区高，因为他们到澳门旅游相比其他境外地区交通花费较少，有更多的开销可以用于购物消费。同时，亚洲地区旅客和澳门文化传统及消费习惯相近，澳门本土特色商品更加吸引和适合这些消费者。

表 9　2018 年境外旅客人均基本品购物消费状况

单位：澳门元，%

季度 \ 客源地		中国香港	中国台湾	日本	东南亚	马来西亚	新加坡	泰国	美洲	欧洲	大洋洲
第一季度	合计	161	331	134	244	337	308	189	143	78	141
	占比	96.41	85.53	84.81	79.48	78.01	83.02	62.17	97.28	88.64	80.57
第二季度	合计	152	281	182	253	321	497	142	152	96	132
	占比	91.02	84.89	93.81	85.19	84.25	97.45	80.68	87.86	85.71	83.54
第三季度	合计	206	323	249	311	389	469	79	176	116	138
	占比	91.15	74.08	94.32	82.49	89.43	90.02	30.27	93.12	87.88	83.64
第四季度	合计	181	297	221	313	371	355	344	158	100	127
	占比	90.96	87.35	91.70	88.42	92.98	82.18	92.23	90.29	83.33	88.81

资料来源：澳门统计暨普查局。

三　提升访澳旅客消费金额的对策

博彩业是澳门旅游业的重要支柱。随着许多国家博彩业的逐步开放，澳门旅游业的发展将面临日益增多的挑战。同时，澳门的产业结构不够完善，入境游客来源单一，加之国际经济环境波动加剧，澳门旅游行业整体抗风险能力较弱。澳门要在未来的激烈竞争中立于不败之地，必须采取相应对策。

（一）配合粤港澳大湾区建设，延伸旅游商贸产业链

现在，澳门特区应抓住"一带一路"这一中国未来发展的国家级顶层

倡议，按照构建"世界旅游休闲中心"、中葡商贸合作服务平台的定位，利用粤港澳大湾区其他城市的优势，与之实现优势互补，推动澳门经济多元化的协调可持续发展。在旅游消费方面，可以通过推进基础设施互联互通，强化内地与澳门交通联系，充分合理利用港珠澳大桥，加快建设粤澳新通道，方便内地游客来澳消费。同时，应加强旅游国际合作，加强东南亚国家归侨网络研究以开拓旅游资源，加强国际互动与交流，延伸旅游商贸产业链，吸引"一带一路"沿线国家来澳旅游消费。扩大澳门旅游客源地能够改变过于依赖内地游客的现状并能在一定程度上抚平旅游消费的季节性波动。

（二）改善交通基础设施，缓解低土地承载力"痛点"

澳门现有土地面积仅约为 33 平方公里，每年旅客接待能力有限。访澳旅客的增加对交通、生活空间及公共设施等造成了巨大压力。因缺乏交通设施、步行径及无障碍通道等，游客穿行选择范围变窄。受限于土地承载力，澳门仅依靠填海造地或开发路氹地区并不足以满足旅游增长的刚性需求，长此以往将会妨碍旅游资源的多元开发，降低游客再次到访或留宿意愿，不利于澳门的可持续发展。在不可能大范围扩充土地面积的客观条件下，合理调配交通存量、完善交通基础设施成为首要任务。澳门政府可以充分利用港珠澳大桥通车带来的便利，增加班次，吸引更多经香港机场转机的游客；加快轻轨建设，切实缓解城内交通压力；兴建游乐场之间的串联通道及无障碍设施，方便游客在各游乐场之间游览及消费；同时合理主动调配游客流向，缓解某些景点的压力。交通问题的解决可以缓解澳门土地承载力低的"痛点"，提升游客的消费体验，为澳门旅游业的发展带来双赢。

（三）拓展文娱专题旅游，促进旅游消费

澳门需要通过发展非博彩的旅游元素来提升其整体的竞争力与抗风险能力，延长旅客在澳门的逗留时间，促进消费。随着中国旅游消费升级进一步深入以及消费观念的转变，中国消费者更趋于理性，旅游消费逐渐从"购

买商品"转向"购买体验"。《中国人的旅游消费账单：全球旅游消费报告2017》显示，中国游客在文娱项目上的消费大幅增加。正视这一特点，2018澳门举办了"烟花比赛汇演"、"光影节"、"海上游"及"美高梅探索绣艺之旅"等文娱旅游项目，这些项目在增加旅客留宿意愿、刺激旅游消费方面取得了良好效果。澳门首先需要进一步增加文娱专题旅游项目供给，全面满足访澳旅客的文娱需求，进而促进旅游消费。其次，根据季节性特点，在文娱项目的时间分布上要合理安排，错峰举办，避免扎堆。最后，要鼓励博企开发大型文娱项目，吸引旅客来澳消费。

（四）改善旅客体验，提高服务水平

旅客访澳的季节性因素导致传统节日期间酒店客房价格高昂，性价比低，服务质量下降，在一定程度上影响了旅客满意度。澳门应当切实提高酒店、景点的服务水平，如加强管理，改善环境卫生；规范对旅行社的管理；提升购物体验；开发更多旅游景点和设计有澳门特色的旅游线路，做好宣传，建立更有效的旅游模式；改善旅客体验，提高服务水平，满足旅客对澳门的旅游需求。

（五）加强人力资源培训，培养优质人才

自澳门特别行政区政府成立以来，澳门对人才的渴求日渐突出，为配合社会发展的需要，有必要加强人力资源培训，尽可能多地培养优质人才。高水平的服务可以给游客带来一流的休闲购物享受，亦是促进旅游消费的重要路径。澳门一直面临服务人才短缺、服务人员素质不高及服务态度较差等问题，旅游销售专才的培养任重道远。为改善这一现状，澳门政府需要构建人才培养的短、中、长期措施和政策，落实"精英培养计划"、"专才激励计划"和"应用人才促进计划"；建立鼓励人才留澳和回澳的机制；推动与人才培养相关的本地、区域及国际合作等各项重要工作以加强人才的培养和储备；通过加强对销售人员的专业培训、引进外来人力资源等形式，整体提升服务水平。

　　在日益多变的国际经济形势下，澳门旅游业必须直面现有旅游消费模式的短板，正视困难及障碍，积极配合国家"一带一路"倡议设计，把握新时代发展机遇，加快融入国家发展大局。将粤港澳大湾区建设和"一带一路"建设有机衔接，充分发挥澳门的独特优势，与粤港政府联手，探索旅游体制及机制创新，实现互补合作，通过共建宜居、宜业、宜游的优质生活圈，吸引更多游客，多措并举，促进澳门旅游休闲大业态建设，推动澳门可持续发展。

G.11
澳门博彩中场业务的过去、现在与未来

马尔丹*

摘　要：　二十年来，澳门博彩中场业务的地位变化巨大，由被轻视逐渐变得举足轻重，未来更被寄予厚望。通过对娱乐场员工的结构访谈，本文从中场游客的特征、中场设施及服务提供、中场员工及其工作特征等方面展示博彩中场的历史变迁。赌权开放以来，澳门中场业务迅速扩张，中场游客量基本保持增长，收入保持稳定，游客结构由以香港游客为主变为以内地游客为主，家庭游客、青年游客增多，游客的需求由以赌为主变为休闲娱乐、多元目的。与此同时，中场博彩设施也持续实现规模化和电子化，中场服务由以荷官为尊转为以客为尊，配套设施、非博彩服务和针对游客的会员促销开始成为中场竞争的关键因素。此外，中场工作也发生巨变，虽然工作环境变得健康和人性化，然而总体吸引力在下降，原因在于薪酬相对下降、晋升机会逐渐减少、工作压力不断加大。未来中场仍有巨大的发展空间，将进一步朝着顾客游客化、设施智能化、服务和非博彩项目竞争更加激烈、工作环境健康和人性化的方向发展。

关键词：　澳门　博彩业务　中场

---

* 马尔丹，管理学博士，澳门科技大学酒店与旅游管理学院助理教授，研究方向为旅游与博彩管理。

澳门博彩业的传统是以贵宾厅为主，兼营中场，中场地位较低。博彩专营时代只有一家博彩公司，豪客受到偏爱，贵宾厅利润丰厚，普通赌博游客和中场收益则不被看重。2002年澳门赌权开放后，豪客市场竞争激烈，在经历了贵宾厅遍地开花和码佣恶性竞争后，贵宾厅的利润大幅下降。2014年后受内地政策的影响，贵宾厅市场更是出现了整体塌方，贵宾厅的脆弱性凸显，倚重贵宾业务的公司需要寻找新的出路，逐渐倚重中场业务，并对其寄予厚望。

一 博彩中场业务发展概况

博彩中场已经逐渐成为澳门博彩业的发展潮流，不仅是当前澳门博彩业的中流砥柱，更被视为未来的希望。中场业务获得业界青睐，首先得益于其拥有丰厚且相对稳定的收入。2009年至2018年，澳门娱乐场从31家增长至41家，赌台数量从4017张增至6588张，赌台数量的增加主要集中于中场，角子机数量由11856部增至16059部，角子机也主要设置在中场。中场收入从2013年的1222.25亿澳门元，占娱乐场博彩总收入的33.88%，到2018年增长到1367.49亿澳门元，占比45.15%（见图1）。

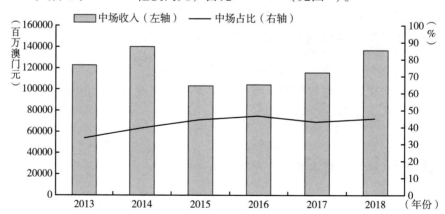

图1 2013～2018年澳门博彩中场收入及其占博彩总收入的比例

资料来源：澳门博彩监察协调局。

与贵宾厅只追求博彩赢利不同，中场除了有收入优势，还被澳门业界和社会视为多元产业融合的契机，被赋予了引领产业多元化的使命。澳门一直希望减少对博彩的依赖，甚至提出"淡化博彩"，然而澳门的资源基础和竞争优势仍然主要在博彩业。实现博彩的多元化经营，降低博彩业风险，以及发挥博彩业的龙头作用，使博彩业带动整个旅游产业的发展，一直都是澳门经济发展的核心议题。澳门近十年来对于中场模式的探索，也正是在探索这两个问题的出路。

澳门博彩中场一路走来，经历了三次主要的飞跃式发展。首先是2004年，强调专注博彩中场的金沙娱乐场掀起开业轰动，并迅速取得巨大成功，颠覆了澳门博彩业对中场的认知。澳博当年立即迅速调整战略，从以豪客为主转为多元化经营，其他正在筹备开业的博彩公司也纷纷将中场作为其重要发展方向。博彩中场开始在澳门成为不能忽略的重要业务，中场竞争由此展开。中场竞争开始主要是中场数量、中场面积和中场设计等的竞争，2007年威尼斯人的开业改变了一切。威尼斯人的综合度假村模式，将娱乐场与酒店、餐饮、零售、会议会展、表演等聚集在一起，顾客通过到访度假村，就能实现一站多元旅游目的。这种模式使博彩业与非博彩业成功结合，并且使中场竞争升级为非博彩业的竞争，不仅带动原本缺乏竞争力的非博彩产业依托博彩业找到了生存空间，更是吸引了大量游客，尤其是许多不以博彩为首要目的的游客，从而使澳门博彩业焕发出新的生机。澳门博彩中场业务持续稳定增长，并在2015年贵宾厅业务出现断崖式下跌时，撑起了澳门博彩业的半壁江山，损失惨重的澳门博彩业在中场看到了希望，各博彩公司纷纷扩张中场娱乐场，部分贵宾厅转战高端中场，整个业界都在更加积极地拥抱中场。

博彩中场对于澳门经济的现在和未来至关重要，中场研究也日益成为学界的焦点。然而相关的研究多依据文献和调查，仍然不够深入。本文希望通过深入访谈博彩业界的内部人士，从内部人的亲身经历和切实感受，揭示澳门博彩中场的特征与趋势。

二 博彩中场游客特征

课题组于 2018 年 11~12 月深入访谈了六位在博彩业拥有长期工作经验的人士（编号分别为 B，F，G，H，I，S，如表 1 所示），他们的工作年限：两人为 30 年以上，三人为 10~20 年，一人为 7 年。他们的工作内容均直接涉及中场业务，分别为两位高层管理人员、两位中层管理人员和两位前线人士。访谈问题涉及从他们入行至今所经历的澳门博彩中场业务在顾客、设施环境、管理、员工福利等各个方面的变迁。

表 1　访谈对象情况

序号	访谈编号	工作年限	职位层级
1	B	30~40 年	高层管理
2	F	30~40 年	高层管理
3	G	10 年以下	资深庄荷
4	H	10~20 年	基层管理
5	I	10~14 年	中层管理
6	S	10~20 年	中层管理

（一）中场游客特征

1. 中场游客的数量

一直以来澳门中场的客流量都保持旺盛和稳定。专营时代的中场客人"每天人都很多，周六周日更多"（B 说）。金沙开业后，金沙的新中场轰动粤港澳，客流量更是惊人。"黄金周非常疯狂，人非常多，好像这里十几步的样子都要走 10 多分钟。"（S 说）除 2003 年、2008 年、2015 年出现短暂的客流量减少的情况外，其他时候中场客流量都很大。现在中场客人依旧很多，并且略有增长，但是"（客人）赌得少，投注比以前少了"（G 说）。

2. 中场游客的结构

以内地自由行政策为界，中场游客的结构发生了根本性变化。自由行开放以前内地客占比较小，而是以中国香港、日本、东南亚客人为主。中场散客中香港人最多，他们喜欢玩百家乐、21点及一些西方游戏；团客以日本人为主，他们喜欢玩大小和老虎机；还有一些台湾客和东南亚客。自由行开放后，内地客迅猛增长，至今已经占到了澳门中场赌博游客的90%以上。日本团客有所减少，香港客保持稳定。华人仍然偏爱百家乐，尤其是大额投注时仍然多选百家乐，认为这个游戏比较公平，另外相比于其他游戏，百家乐一般被游客小额赌注体验一下即止。

目前的中场赌博游客以内地游客为主。过去来的主要是赌博游客以及从香港过来的赌客，还有"混社会的"（I说）、"古惑仔"（I说）、"问题赌徒"（B说），客人来源比较复杂，但对餐饮等非博彩服务要求比较少，不过现在赌场加强管理，情况好转。最近几年游客越来越多，尤其是家庭游和年轻情侣慢慢增多。他们"不复杂"（I说，指背景或社会关系不复杂，不属于社会人士），且要求更新的东西和更高品质的服务，尤其是要求更多非博彩服务，如客房、餐饮、娱乐门票等，并与别家进行比较，然后要求提供服务。

近些年中场赌博游客出现年轻化的趋势。虽然30～50岁的赌博游客仍然是中场的主体和最慷慨的赌博游客，即原本这一年龄段的客人赌额比较大①，但现在"90后"的顾客也对博彩非常熟悉，赌额也较大。年轻人普遍更喜欢中场游戏，觉得中场更直接、更热闹。"贵宾厅要换码，麻烦。"（S说）

3. 中场游客的活动

中场赌博游客更注重娱乐。过去中场客人主要为赌博的客人，会把来澳门旅游的大部分时间花在赌场和博彩上，游戏中倾向于不停追赌、输干净才走。现在中场顾客大多懂得适可而止，不要输得太多，他们的平均消费不低，但不一定赌得很大，会把钱花在许多其他活动上，比如购物、享

① 根据"休闲博彩客的消费偏好"项目中一些未发表的数据，其数据获得方法参见 Ma, Erdan, Lai, Ivan KaWai, "Gambling motivation among tourists in Macau's casino resorts," *Asia Pacific Journal of Tourism Research*, 2016, http：//www.tandfonline.com/loi/rapt20。该项目获得澳门科技大学基金会资助。

受美食、观看表演和交友。许多年轻赌博游客结伴而来，他们将赌场视为休闲和社交的地方，约朋友一起来博彩、吃饭、购物，或者结交新的朋友。

随着娱乐场密度的增加和接驳服务的完善，中场游客的赌场游从点对点转变为多点穿梭。在新口岸和路氹新城的众多赌场相继落成后，游客来到澳门常常不仅仅只去单一赌场逗留，而是在各赌场中穿梭游览，体验不同娱乐场度假村的博彩和非博彩的设施和服务。

三　博彩中场的吸引力

（一）博彩中场设施

专营时代的中场狭小简单，自从美资赌场进入澳门，中场规模化成为潮流。首先，中场面积成倍扩张，新的中场大厅一般超过 1 万平方英尺（1 万英尺≈929 平方米）甚至数十万平方英尺，而且普遍采用无柱设计，使数万平方英尺大厅更加一览无余。其次，赌台数量急剧增加，2002 年博彩刚开放时澳门的赌台总数不足 400 张，2008 年澳门的赌台总数已经增至 4017 张，2018 年赌台总数增至 6588 张。除了赌台外，从 2004 年开始角子机进入中场，2018 年达到了 16059 部。此外，过去十年来还有其他新型电子游戏设备引入赌场，使澳门中场娱乐场的游戏设施达到了世界顶级规模。

与规模化相伴的是中场的电子化和智能化。专营时代的澳门娱乐场全是靠人工操作的赌桌，除了 20 世纪 90 年代引入的 Angel 手动发牌机，没有其他自动化设备。近年来澳门娱乐场大量引入电子设备和软件系统。电子设备和智能系统虽然成本高昂，但能够提升管理效率，改善服务品质。原本澳博时代的中场，每桌要四人服务，现在换成配备各种先进设备的小桌，一个庄荷就能轻松掌控一桌，考虑到支持和配套的人工，人力节约量更大。当前发牌机能够智能化地控制发牌数量，极大地减少了庄荷发牌犯错误的机会；派彩机自动派彩能够实现 8 屏 16 路同时派彩，使得服务效率和服务品质大大提升。电子化和智能化的改进也使得精准识别客户成为可能，会员卡由此承担内部控制和向精准客户推广的角色。I 小姐去过五次拉斯维加斯，认为现在"澳门赌场的设备和环境比拉斯维加斯好，只讲赌场，澳门就好"。

（二）中场娱乐场服务

中场服务是博彩开放以来变化最大的地方，服务理念、服务设施、服务品质都发生了翻天覆地的变化。

专营时代的中场，浓烟缭绕，设施简单。除了赌桌，几乎没有配套服务设施，餐厅也要步出中场才能找到，博彩结果靠客人自己人手记录。当时的博彩公司不注重客户服务，一方面，公司几乎"没有服务要求"（H 说），除了犯错和迟到，工作"喜欢怎么做就怎么做"（I 说），只要"不得罪客人"；另一方面，公司和员工都秉持着赌场为大或庄荷为大的文化，较少考虑顾客的需求，服务普遍怠惰，"不理客"（G 说）现象普遍。"只有荷官说话，客人不让说话。客人晚了，庄荷就不乐意服务，客人就得走，夜里 2 点走，早上 8:00 自己回来。"（B 说）此外，强索茶钱也是当时中场服务饱受诟病的问题，最好的情况是"与客人沟通，帮客人过三关，把客人本金当茶钱"（B 说），也有"强收小费，只要一赢就收"（H 说）。"我们要求客人给茶费，客人也没有选择。"（I 说）虽然强索茶费屡遭诟病，但那时客人一般也无可奈何。

现在的中场服务已经从"庄荷为大"转变为"以客为尊"。目前中场十分强调服务品质，不仅注重博彩游戏的服务，还不断增加配套服务设施和提供非博彩服务。各博彩公司普遍设立了针对娱乐场前线员工的精细服务品质考核体系，涉及服务、速度、手势、微笑以及对客人称呼及问候等诸多方面，甚至安排神秘客人随机检验客户服务情况。设施环境也今非昔比，明亮整洁的环境、崭新的设施，与过去烟气扑鼻、设施陈旧的中场环境完全不同。在博彩设施和配套服务设施的设计方面也非常注重顾客感受，比如设置双面结果显示屏，方便顾客查看结果，餐厅入口的设计照顾不同方向前来的

客人，环境、灯光、座椅的设计注重顾客的舒适体验，小食、饮品等服务也都强调品质。

（三）非博彩休闲项目

赌权开放以来，中场的非博彩项目和服务设施从无到有，迅速扩张，目前已经成为娱乐场竞争的关键因素。娱乐场综合度假村模式从拉斯维加斯引入澳门大获成功，这种汇聚酒店、餐饮、零售、博彩、表演、会展等众多产业于一处的度假村模式使游客仅到一个娱乐场，就可享受所有休闲娱乐服务。这种度假模式改变了游客赴澳门的旅游路线，中场赌博游客的结构也发生了变化。原来赌博游客一般就进行点对点的行程，即进入澳门，坐上目标娱乐场的巴士，然后在目标娱乐场一直逗留。他们中的少数人若想享受美食、购物或观光景观，就要走出娱乐场，到新马路、大三巴、妈阁等地。随着大型综合度假村在路氹新城兴起，参观赌场度假村成为澳门游客的必游项目，那些非博彩景观和设施成为汇聚游客新的吸引物，而度假村也提供了足够多的项目，供游客能够整日整夜在赌场度假村中流连。

近年来中场赌博游客在游客中占比越来越大，他们越来越多地不以博彩为主要目的，只会在中场小玩和短暂逗留。这些游客博彩比较理性，不追求赢钱，重在体验并争取一些在酒店、购物、餐饮、表演等方面的优惠。规模和品质日益成为吸引他们的重要因素，他们愿意为体验非博彩项目和高品质服务花钱。现今非博彩设施服务已经成为大型娱乐场的标配，非博彩设施和服务的竞争也在娱乐场中展开，并有日趋激烈之势。

中场设施及服务的改善极大地提高了中场顾客的满意度。随着中场的吸引力大大提升，许多贵宾赌博游客转战中场，尤其是年轻赌博游客更愿意选择中场博彩，过去被嫌弃和轻视的中场越来越显示出其未来的潜力。

（四）促销与推广

会员卡在澳门娱乐场出现得比较晚，由外资博彩公司引入。在会员卡出现以前，赌博游客一般只能按当次买码数额换取各种服务。会员卡则记录了顾客消费的历史信息，顾客按照历次消费的积分和等级来获取服务，因此更受顾客欢迎，赌场也能根据刷卡数据对顾客的消费能力和消费行为迅速做出评估，进而提供更精准的服务和进行推广。会员卡刚引入澳门时主要应用于高额博彩客消费，由市场部负责办卡事务，一般不在中场推广。近几年随着中场博彩日益重要，越来越多的高额投注客偏爱中场，现在不只市场部办理贵宾卡，中场大厅也有员工主动向顾客推广会员卡，鼓励新人办卡。公关服务中场化是中场客与VIP客所享受的服务差距变小的一个标志，过去只有豪客能够享受的服务，现在达到积分的中场客也可享受，中场顾客和中场客服获得重视。

娱乐场的促销有泥码（博彩筹码）赠送、抽奖等博彩游戏的促销，还有许多非博彩活动的促销，如赠送酒店房间、购物券、船票、表演门票等。这些优惠和推广活动对于中场客来说具有极大的吸引力，顾客常常为了积分和评级再次前来消费。中场客对于各种推广和优惠的看重，会员卡在促进到访频率和投注额的重要作用，都使得会员卡迅速成为中场竞争的一个重要工具。会员卡推广的竞争就是对新顾客的争夺，因而目前各娱乐场都十分注重吸纳顾客加入会员。与过去会员卡只发给高端赌博游客不同，现在娱乐场开发了多种会员卡，也积极向新顾客和小额投注赌博游客推广。各娱乐场都加大了客户开发的力度，每天娱乐场都提供大量的具有针对性的促销活动，不同目的的顾客几乎都有机会选择到他们自己的优惠服务，而且促销活动经常更新，以便能够对顾客保持持久的吸引力。

四　中场员工现状分析

（一）中场员工的薪酬和晋升

2013～2017年博彩业从业人数保持在55000～58000人（见图2），中场占据了他们中的大多数，这对于小城澳门来说是一个庞大的就业群体。进赌场做荷官曾经是澳门最好的工作之一，但是目前已经成为澳门青年职业选择

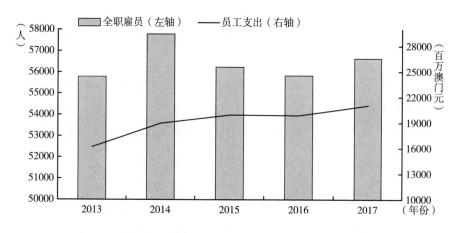

的鸡肋。很多澳门青年不希望进娱乐场工作，近两年基层青年庄荷的离职率较高①，基层员工年龄越来越大，而管理层则比较年轻。庄荷工作吸引力下降的主要原因在于薪酬优势降低和升职机会少，当然娱乐场工作本身需要轮班，影响员工健康和生活，以及职业技术与社会其他行业难以对接，如庄荷工作经验的积累对转职其他行业作用很小，也都促使澳门青年人不再看重赌场前线工作。

图 2　2013～2017 年博彩业全职雇员人数及员工支出数额

资料来源：澳门统计暨普查局。

虽然博彩公司的员工支出持续增长（如图 2），但实际相对收入是下降的。首先，专营时代的员工收入除了工资，还有丰厚的茶资。茶资是客人给服务人员的小费，但实际上当时澳门娱乐场员工的茶费是强制收取的，稳定而且丰厚。专营时代结束后的最初几年虽然茶费取消，但是薪酬大幅增加，赌场收入还是高于其他行业。其次，当时物价低，赌场收入高于社会平均工资一倍还多，"做了赌场薪酬一下很高"（S 说），因此赌场是当时最好的工作。当时澳门大部分家庭都有生活压力，"赚钱养家"压力大，赌场的优厚

① 根据未完成项目"高职业承诺员工的倦怠及其对绩效的影响：澳门博彩业前线员工为例"（马尔丹，Catherine Prentice，黄业坚，2019）的数据，该项目获得澳门科技大学基金会资助。

薪酬吸引他们努力工作。现在澳门社会福利完善，虽然青年人的供楼压力大，但实际的生存压力小，找工作也容易。社会上增加了很多技术职位，这些职位的薪酬也都很高，庄荷薪酬则不再具有吸引力。2017年庄荷平均薪酬为19600澳门元/月（澳门统计暨普查局，2018），只比澳门社会平均工资高出4600澳门元/月，相对优势降低。许多青年前线员工开始努力转行到其他高薪行业和技术行业，如政府、会展、零售及其他服务业的技术岗位，还有一些前线员工在庄荷之外另做兼职，其他学历低年龄大的前线员工则积极要求涨薪。

晋升方面的机会随着博彩公司扩张期的结束也大幅减少。专营时代，澳门赌场员工很少晋升，工作职位稳定，多数员工也不谋求晋升。而现在的娱乐场员工特别是青年员工看重职业发展，渴望获得晋升。2003～2013年是博彩业扩张的黄金十年，新赌场不断开张，员工需求迅速增长，是娱乐场前线员工晋升机会最多、晋升速度最快的时期，许多拥有高等学历的青年在此期间从基层跃升基层管理甚至中层管理职位，这也是澳门娱乐场管理层年轻的原因。随着澳门博彩业从扩张转为控制，这一窗口期即将闭合，新的职位将大幅减少，晋升空间将大幅降低，不再是"升职容易，努力工作就能升职"（S说）了，而是"晋升机会有，要再等"（G说）。

没有了为养家而努力的动力，以及努力就能升职的期望减小，娱乐场前线职位不再是澳门青年羡慕的工作。为了留住青年员工、激发青年员工的工作热情，博彩公司除了连年逐步加薪，还积极为基层员工创造新的机会，如在内部不同部门间横向转职或升职、见习上一层级的管理工作，增加培训，设立员工参与管理的平台，改善福利和工作环境。不过优厚薪酬和快速升职作为娱乐场前线员工最大的期望，仍难以满足。

（二）中场工作的要求

随着中场的顾客群体、设施设备和产业竞争都发生了巨大变化，娱乐场对中场员工的工作要求也发生了改变。首先，庄荷游戏操作的技术要求降低。专营时代，澳娱垄断博彩业，也垄断了博彩游戏的培训，人们必须到澳

娱开办的培训中心学习，机会非常难得。目前各家博彩公司都有自己的培训中心，社会上也有多家培训机构，庄荷入行的技术门槛已经消失。从前由于庄荷工作全靠人工，每个游戏都需要长时间学习操作技术。现在借助科技设备，庄荷工作已经没有什么技术可言，需要培训的内容也大大减少。比如骰宝，过去需要花两三个月学习手摇骰盅，现在只需识按电铃，即学即会；百家乐从前要花数月学习派牌和算佣金，现在借助电子发牌机和改进的游戏规则，学习一周即可操作。

虽然中场的工作更多依赖设备，游戏操作更简单，但并不意味着庄荷的工作更容易，相反员工普遍觉得他们的工作难度更大，工作压力未降反升。工作压力主要来源于服务竞争。与从前娱乐场工作除了发牌之外"没什么要求"不同，现在娱乐场对员工的工作有多方面要求。首先，对服务速度和效率有要求。一方面，发牌开牌要快，加快游戏节奏，使单位时间内赢率更高；另一方面，中场其他服务也都要求提高效率，如即时回应顾客和快速完成服务，这些都要求庄荷及前线其他员工熟练操作和付出精力。其次，对服务态度有规定。不同于过去专营时代对顾客爱理不理的态度，目前中场十分强调以客为尊，强调给客人以高品质的服务体验。再次，对综合能力有要求。虽然游戏操作简单了，但要求庄荷具备多方面能力，如语言能力（英语、普通话和其他主要客源地语言）、电子设备操作能力，以及懂得礼仪，如微笑服务、款待礼仪等。最后，内部竞争激烈。专营时代没有竞争，职位稳定，庄荷几乎不会跳槽，也少有升职机会。现在娱乐场设置了完善的绩效要求、考核标准和晋升系统，娱乐场内部同事之间的竞争比以前更激烈。

中场管理层也不再安逸，面临娱乐场之间竞争的压力，必须不断改进管理方式。首先，中场的服务要求和绩效要求不断提升，管理层面临的增加赢率、改善服务、做好环境、员工培训的压力均大大增加；其次，由于娱乐场前线职位的吸引力降低，如何激发员工的工作积极性，应对员工尤其是老员工的怨气，对于管理者特别是青年主管来说也是重要问题；最后，解决基层员工的晋升愿望和中层管理本地化的社会诉求越来越强与晋升机会越来越少之间的矛盾，也是管理层面临的挑战。管理层还被要求不断居安思危，定期做出工作检讨和创新，因此管理工作也很辛苦。

（三）中场的工作环境

近年来博彩企业的社会责任提升，中场的工作环境更加健康和人性化。首先，实现娱乐场无烟化。过去中场有"浓浓的烟"（I说），"（工作）回家四小时后都不散"（B说）。回归后中场环境变得干净整洁，特别是政府强力推行赌场禁烟后，各个中场都进行了无烟改造，设吸烟专区，庄荷的工作环境因此得到极大的改善。其次，娱乐场为庄荷设置了座椅，大部分庄荷可以坐着发牌，甚至还考虑了座椅的舒适性。除了物质环境的改善，公司文化环境也更加开放积极，比如设置更通畅的投诉渠道和沟通平台，管理层也更多地询问和听取员工意见，比如促进娱乐场中层管理本地化，增加横向提升能力的机会，支持员工职业发展。总之，中场的工作环境已经不再是娱乐场工作的劣势，而逐渐变成其优势。

五　中场业务的发展趋势

赌权开放后，中场发生了巨大的变化，不仅撑起澳门博彩业的半壁江山，更为非博彩产业发展和经济多元化创造了契机。经过赌场酒店向综合度假村模式的转型，中场在各个方面都发生了深刻变革，博彩设施追求豪华舒适，非博彩设施丰富多彩，服务要求以客为尊并追求高品质，吸引力不局限于赌博游客而是扩展至广大的普通游客，此外因应这些变革，中场的工作要求和工作环境也都发生了变化。尽管澳门的博彩业已经从战略扩张转为战略控制，中场在未来仍然有巨大的发展空间，其发展趋势将呈现以下特征。

一是中场顾客游客化。未来中场仍有巨大的市场潜力，游客将成为中场业务竞争的焦点，中场将吸引更多的游客前来博彩。为迎合游客的娱乐偏好，中场及整个娱乐场度假村的设施和服务将向休闲旅游发展。中场顾客将基本实现会员制，博彩公司将更加注重针对游客推广和促销，更加注重博彩

和非博彩业务的互通，会员活动的设计将不仅对高额顾客也对普通游客更具有吸引力。

二是中场设施电子化。未来中场的扩张规模将受到控制，不会继续大幅度增加，但是博彩设备和配套设施的升级将会随着高科技的发展而加速。虽然传统赌桌游戏仍然受到欢迎，但一些新型的电子游戏也将不断在中场出现，以迎合年轻人的需求。另外传统博彩设备将进行智能化升级，新的设备和软件将不断被引进，那些操作简单、赢率更高、辅助能力和监控能力更强的设备将会受到中场欢迎。

三是非博彩项目成为竞争焦点。未来非博彩产业将成为娱乐场提高吸引力的关键。各博彩公司将继续加大对非博彩设施的投入力度，非博彩业务的规模将扩张，娱乐场度假村中用于博彩的面积将减小至1/3或更少，其他空间将越来越多地用于非博彩设施。非博彩项目将更加多元且更新更快，非博彩项目对顾客的吸引力将继续加强，游客将更多地为非博彩的休闲娱乐项目而来。

四是服务竞争更加激烈。博彩公司会更加注重客户服务质量的提升。未来中场服务质量的竞争将更加激烈，服务品质将不只对标澳门的对手，还将瞄准日本、新加坡等周边服务水平较高的竞争者。博彩公司的服务培训将增多，中场的服务设施会更加完善和先进，服务标准会更高并更注重细节。

五是更注重健康和人性化。中场未来将继续面临人力资源的缺失压力，娱乐场将更加注重环境健康和管理人性化。愿意从事娱乐场基层工作的青年人将越来越少，基层员工将持续老化，而中层员工将继续年轻化和本地化。娱乐场的青年员工将继续匮乏，薪酬、福利、环境、开放文化、晋升机会和发展空间等吸引青年入职的手段都将会不断升级。

未来中场仍有巨大的发展潜力，中场业务对博彩业的稳定和经济的多元化将产生极大的作用，因此促进中场的健康发展十分重要。目前中场博彩业仍然面临客人偏好变化大、博彩设施升级慢、非博彩项目创新少、服务竞争加大和人力资源短缺等诸多问题，未来中场必须克服这些困难，跟上竞争潮流，在积极应对顾客的新特征、员工的新要求、科技的新趋势、服务的新标准的同时，创造有活力、健康、人性化的中场工作环境。

澳门"美食之都"建设：
土生菜的现状、问题与发展

龚永珩　吕剑英　〔葡〕Hugo Bandeira *

摘　要： 2017 年，中国澳门获评联合国教科文组织创意城市网络（UCCN）美食范畴的新成员城市，成为"创意城市美食之都"，澳门可借此推广当地独特的美食文化，持续提升旅游产品的素质和游客的旅游体验，推动澳门成为具备丰富休闲体验的世界级旅游目的地，以促进旅游业的可持续发展。虽然土生菜被认定为能凸显澳门饮食文化独特性的主要元素，但目前不仅面临着食谱难以编纂和传释等问题，同时也面对旧饮食文化与新饮食融合交替的冲击等挑战。澳门应善用饮食和文化两者之间的关系，通过政府、私人企业和澳门居民相互合作，提升旅游产品的整体素质，让旅客能够体验其独特性，推动将澳门通过美食旅游包装成具有吸引力的旅游目的地，为发展多元旅游产品提供有力的资源，推动澳门经济适度多元发展。

关键词： 澳门　土生菜　美食旅游　多元旅游　可持续发展

　　美食旅游是现今旅游产业中最热门的旅游项目之一，所谓美食旅游，就

---

* 龚永珩，旅游管理博士，澳门旅游学院副教授，研究方向为文化旅游及旅游目的地规划发展等；吕剑英，旅游管理博士，澳门旅游学院副教授和课程主任，研究方向为酒店客人满意度、目的地营销、旅客行为和旅游产品管理等；〔葡〕Hugo Bandeira，澳门旅游学院讲师，研究方向为澳门美食起源和未来、葡萄酒旅游目的地营销和开发等。

是以享受和体验美食为主体的具有社会和休闲等属性的旅游活动。例如，说到法国旅游，人们一般会想到美酒及佳肴，类似的例子比比皆是，过去亦已有许多研究关注这一领域。随着人们生活水平的提高和对旅游产品质量要求的提升，旅客寻求各种方式来放松心情、缓解压力及享受生活，美食旅游越来越受到重视。旅客受到旅游目的地美食的吸引，能借由当地美食来调剂身心，也满足他们对整体旅游体验的要求。同时，旅游目的地强调地方文化的独特性，因此这些旅游目的地以其独特的食物来推广地方并吸引旅客前往当地。对于澳门这个充满殖民地色彩及中葡文化交汇历史底蕴的地方来说，美食本身就是代表其地方文化的元素之一，属于文化旅游的重要部分，旅客来澳门旅游便能借由美食更深层地了解这些特质。联合国教科文组织秘书长博科娃于澳门时间 2017 年 11 月 1 日凌晨宣布，中国澳门正式获评联合国教科文组织创意城市网络（UCCN）美食范畴的新成员城市，成为联合国教科文组织"创意城市美食之都"①，澳门不单可借此推广旅游目的地独特的美食文化，更可促进旅游业的可持续发展，推动澳门朝着建设世界旅游休闲中心的目标迈进。

一 土生菜的发展现状

澳门作为联合国教科文组织创意城市网络（UCCN）美食之都一员，美食遍布大街小巷，澳门本身亦以澳门土生菜发源地自居。土生菜是澳门独特的美食，所谓澳门土生菜（Gastronomia Macanese），就是澳门土生葡人的饮食文化，以葡萄牙式烹调方法为基石，融合了多地的烹饪所长和饮食风俗。用丰富的配料烹调出糅合中葡特色的佳肴，背后蕴含澳门独特的历史背景与葡萄牙航海文化②。土生葡人有着欧洲人的面孔，但他们也会说一口地道的广东话。他们就是在澳门当地土生土长的葡裔人士及其后代，尤其是从明朝

---

① 《澳门：美食之都》，《澳门日报》2017 年 11 月 1 日。
② 《美食、饕客及其文化内涵》，《澳门日报》2018 年 6 月 3 日。

开始就移居澳门，并长期在澳门生活的葡裔人士，当中有不少家族已经在澳门生活了上百年。[①] 16～17 世纪，葡萄牙航海事业发达，贸易发展迅速，商人以经营香料为主，商船由葡萄牙途经非洲、印度沿岸、东南亚地区的马六甲等地抵达澳门，并将沿途各地的香料和饮食文化带到澳门。因此土生葡人喜爱用来自非洲、印度及东南亚等地区的香料烹调菜色，例如咖喱、椰汁、丁香、肉桂等，加上中国菜的烹调技巧和口味，以葡式烹调方式为基础，融会贯通不同风味[②]的地方菜肴，经过数百年时间演变成现今为人熟识、独特美味的澳门土生菜。它既不同于中餐，亦有别于葡萄牙餐，而是一种把上述地方风味混合在一起并融合中西元素的独特美食。

同时，由于其中西融合的特性，关于土生菜的真正定义仍然存在混淆，最常见的情况是土生菜与葡萄牙菜相互间的区别。澳门很多餐厅声称供应土生菜，但实际上，其中许多是传统的葡萄牙菜肴；相反情况亦时有发生，尽管发生概率相对较低。不单是旅客，澳门居民每天也都生活在被误导及混淆的状况之中，因此，土生菜的定义便成为众说纷纭的论题。此外，多数澳门的旅游指南、目的地营销刊物甚至政府旅游手册，会因为错误标记土生菜或葡萄牙菜，导致只要是"澳门制造"即是所谓"土生"的刻板印象出现。甚至即使在澳门土生小区年轻一代中，这种混淆情况也会存在。跟其他人一样，他们知道土生菜的存在，亦广泛喜爱土生菜，但他们并不清楚它到底是什么和包含什么元素。自称是正宗土生菜或被归为此类餐厅的数量极少，但为了为食客（或旅客）提供更多选择，他们的菜单也会加入葡萄牙菜，正如一些葡萄牙餐厅亦会供应土生菜，可想而知状况是何其混乱。

其实，土生菜并非十分商业化或适合餐厅经营的菜式，这同它的起源有关。土生菜一直是典型的家庭烹饪美食，而因所需准备时间较长，很多腌制工序需要提前一至数天开始准备。同时，由于涉及的材料多样，同一道菜有各种不同食谱以及上菜方式，这些都对现代商业化餐厅管理构成挑战。过

---

① 《澳门生活着一群土生葡人，有着自己的特色》，《每日头条》2017 年 12 月 17 日。

② 《澳门不是只有葡国鸡！还有即将失传的"澳门土生菜"》，《上报》2018 年 7 月 17 日。

去，土生菜的准备工作与澳门的社会结构密切相关。澳门土生家庭一般社会地位较高而且富裕，妇女通常不用外出工作，着力在家管理大家庭，同时家中厨房聘用多名佣人帮忙。因此，土生家庭有足够的时间及人力来准备步骤繁复的食物。可是，在现代社会中，若试图将土生菜完整复制到商业餐厅厨房或城市家庭可以说是非常困难的和相当具有挑战性的。从另一个角度来看，在过去数十年间土生菜可以说近乎零发展，是一个停滞不前的菜系，它没有根据现代城市发展和当前的消费趋势做出相应或相对的改变，至少在澳门的状况如是。而居住在海外的土生葡人小区（海外侨民）若烹调土生菜，由于环境所限，不得不根据所居住地方的食材供应情况进行调整，所以情况与澳门有异。

一个菜系的发展与传承在某种程度上取决于其因时代及消费者需求变迁的适应能力。对于澳门土生菜而言，它仍然与50年前相同，主要在家中由老一辈的家族成员烹煮，这些家族成员特别不愿意将食谱和烹饪秘密传给外人，而家中年轻一代显然又对这些食谱缺乏兴趣。在这种情况下，如家族间缺乏继承人，当这些家族成员老去后，烹调秘方便会失传。土生菜深深扎根于澳门土生小区的集体记忆中。专家们经常说，有三件事定义了作为土生葡人的身份及归属感：天主教信仰、被称为 Patuá 的独特澳门土生语言以及土生菜。在澳门和海外的土生小区内，食物总是维系民族归属感的重要催化剂之一，这一代代相传的传统，是许多家庭最引以为傲的事情，也是很多聚会、回忆和怀旧的理由。几乎每个澳门土生家庭都有一名或多名以其出色烹饪技巧而闻名的家族传奇人物，受后人纪念与赞颂。因此，现在能够烹饪真正传统土生菜的人变得愈来愈少，加上现今年轻一代更喜欢外出就餐或尝试不同种类的食物，而且大多对土生菜缺乏兴趣，因此他们学习烹饪土生菜的机会愈来愈少。更重要的是，年轻一代一般只有在探望父母或其他长辈或庆祝节庆时才会有机会吃到土生菜。此外，土生菜在烹煮方法及材料选择上比较油腻，如很多菜式在油炸过程中会使用猪油，这显然不符合当前健康饮食或轻食的世界潮流，这些都是发展土生菜面临的挑战。借澳门获颁创意城市美食之都的契机，及发挥其作为世界旅游休闲中心之作用，以发展美食旅游为基础，政府正积极探索如何保持澳门此独有特色，促进澳门旅游业可持续及多元化发展。土生菜是澳门作为多元文化城市基因图谱的重要一环，也是其独特小区特征的决定性因素。因此，对于希望推广多元化旅游产品的澳门而言，土生菜是一个独特的卖点，甚至可以成为旅客到访澳门的主要理由。

二 土生菜发展存在的问题

如前所述，近年来国际上对澳门土生菜的关注度有上升趋势。虽然如此，土生菜亦有渐渐成为仅在书本才能见到的菜式的趋势，也是逐渐消失的集体回忆。随着社区越来越"中国化"或"西方化"（如海外侨民），文化传统和信仰通过文化适应过程被稀释和丢失是很自然的现象。土生菜若想摆脱现况，成为潮流趋势的一部分，它就需要进行现代化改造，尽管不一定是彻底改造，但必须考虑及适应消费者的需求，同时亦避免很大程度上降低其真实性。此乃当前要发展土生菜之一大重要议题。然而，这场改革并不容易。除了上一辈人高度抗拒外，坊间就如何定义土生菜"真实性"和原始配方也普遍缺乏共识。以任何一种"经典"土生菜看为例，尝试从不同的烹饪书籍和不同的家庭收集所得的食谱，并将它们进行比较，会发现它们之间都存在一些不同之处。哪一个是正宗的或最原始的，没有人可以下定论。

由于土生菜主要是经亲笔食谱代代相传的家庭烹饪菜系，食谱中有一些没有清楚说明分量和烹饪方法，导致很多食谱难以编纂和传释。一些较旧的食谱更使用相对随意的词语，如"少量"或"一些"等，令现代人无法准确定义用量，结果需经过多次尝试和从错误中摸索。此外，以一些较容易找到及更健康的材料代替原始材料的建议往往被认为会影响食物的味道及其真实性。食物的展示也是一个问题。由于土生菜主要是家庭聚餐中的常见菜品，食物主要通过放在大盘子里或烹锅中来呈现，加上各材料的颜色通常都相似，这与大众认知或追求的漂亮商业食品摆设所需的要素不一致。

2007 年，土生葡人美食联谊会成立，目的是对澳门美食遗产加以研究及推广。成立 11 年以来，联谊会在向本地和世界推广土生菜方面做了很多工作。该联谊会更成为欧洲美食与美酒联谊会的一员，担任副主席一职。虽然澳门不在欧洲，但借着与葡萄牙的特别联系，在会中起着举足轻重的作用。土生葡人美食联谊会定期参加欧洲代表大会，并通过这种方式提高人们对土生菜在国际上的认识。同时，联谊会经常通过参与本澳和国际的食品推广活动，让成员现场展示，烹饪和推广土生菜。2011 年，世界知名厨师安东尼·布尔丹（Anthony Bourdain，已故）选择在澳门拍摄其享负盛名的电视节目 No Reservations 其中一集，而土生菜亦是这一集的主题之一。2012 年 2 月，土生菜列入澳门非物质文化遗产名录，受到政府机构立法保护和推广。而值得一提并令人自豪的当然是 2017 年 11 月，澳门获评联合国教科文组织创意城市网络——美食之都成员。毫无疑问，通常被称为"世界上第一个融合菜式"的土生菜在教科文组织将澳门评为"美食之都"的决定中发挥了重要作用。澳门特区政府一再强调土生菜在澳门独特美食文化中的重要性，以及其在澳门致力于建设世界旅游休闲中心及发展可持续旅游中所担当的角色。为此，澳门旅游学院和澳门厨艺协会共同组织了为年轻人及专业厨师而设的烹饪比赛，并以土生菜为比赛主题。通过这些比赛，参赛者在土生菜的基调上进行创意设计及现代化改造，证明在不失独特性及传统风味的前提下令土生菜系转型、现代化改造并更加适合餐厅经营是有可能的。

三　推动土生菜发展的若干建议

澳门虽然以美食闻名，但许多传统美食已渐渐经创意变化后改变原貌或被新颖产品取代。因此，面对新旧饮食文化与饮食融合交替的冲击以及日益激烈的市场竞争，澳门土生菜必须要更进一步发扬光大，方不至于渐渐失传。有鉴于此，澳门在 2017 年获评"创意城市美食之都"后，澳门旅游局以美食为旅游宣传的重点，宣布 2018 为"澳门美食年"，以"美食"为推广澳门文化形象的主题，并举办及支持与美食相关的国际活动，包括"澳门国际美食论坛"及 2018 年"亚洲五十最佳餐厅"评选活动，加强与创意城市网络成员的交流，[①] 希望能够让更多人认识澳门独特的饮食文化，加强旅游与文化的相互发展。旅游局亦致力于执行落实《澳门旅游业发展总体规划》的策略及建议，发挥旅游业推动经济向前迈进及帮助相关行业之间发展的作用，并于 2018 年开始按四大重点推进一系列工作。关于如何充分运用土生菜来推动澳门旅游业的发展，笔者有以下建议。

第一，重新定位土生菜，创建并推荐土生菜食谱。作为联合国教科文组织创意城市网络在美食范畴的新成员，澳门政府制订了四年计划，其中包括通过多种渠道和方法推广和保存土生菜。在相关政府部门、高校和地方协会的共同努力下，澳门已成立一个工作组来负责这项议题，而其中一项任务是创建一个覆盖广泛的土生菜食谱数据库。目前，澳门旅游学院已经着手此项工作，将通过所有已出版书籍及其他来源收集所得的土生食谱进行编纂，并将以三种语言（汉语、葡萄牙语和英语）在数据库中进行阐述。建立数据库的目的是在这些珍贵数据流失前把它们尽可能集中储存和记录起来。在整理数据库的过程中，我们发现许多来自土生菜系的菜肴因为制作工序繁复抑或没人知道制作过程已不再被使用，因而一些几乎消失的菜肴在建立数据库期间得以保存下来。建立数据库的另一个目的是希望通过数据搜集，尝试对传统土生菜的外观和味道进行定义。为此，澳门旅游学院与土生葡人美食联谊会合作，通过检索其成员的记忆，尽可能还原一些土生菜食谱最原始的口味。此外，澳门旅游学院还与土生葡人美食联谊会签署了合作协议，以促进关于土生美食的知识交流，在活动组织方面进行合作并发布关于土生菜的信息。与此同时，旅游学院一直提供短期土生菜烹饪的专业培训课程，并在本科教学课程中添加了土生菜内容，让年轻人（不论是不是土生葡人）了解土生菜的起源、转型和特色。这些举措能有效推广土生菜，达致传承及创新的目的。

---

① 澳门旅游局：《旅局四大重点　推进年度工作》，https：//mtt. macaotourism. gov. mo/201902/gb/contents/1/1027. html？1548928579。

第二，推动美食体验深度旅游。在文化旅游中，体验美食扮演着重要角色并日益受到重视。美食旅游是澳门一个较具竞争优势的旅游项目之一，也是吸引游客来澳门旅游的首要因素。澳门每年都在大赛车期间举行美食节，2018年度第十八届澳门美食节以"百变心情好煮意、美食之都誉全球"为主题，糅合"美食之都"及"大湾区发展"等元素，邀请澳门多家著名特色餐饮美食店参与，以展现澳门独有的多元饮食文化，挖掘更多中葡汇聚的餐饮特点，力求为澳门居民及旅客带来更加独特的美食体验。其中打造别具特色的"新加坡村"，提供多款新加坡美食，令参与者通过体验异地美食、文化风情及表演的交流，增加美食节吸引力。在同一概念下，业界及政府是否可考虑打造一个"澳门土生菜村"，使澳门居民和旅客有机会尝试这糅合中葡饮食文化的美食？此外，澳门旅游局于2018年10月和11月，在台湾举办2018"感受澳门美食式"路展活动①，只要完成游戏就可以参加摸彩，有机会品尝到葡国鸡、免治肉及马介休炒饭等美食。这种路展活动取得了较好的推广效果，可考虑在国际广泛举行。虽然澳门的美食非常丰富，但以美食此单一元素作为推广吸引力可能不够，若能够让美食与澳门的文化特色连接在一起，或更能够彰显其价值。一想到澳门文化，旅客便直接联想到土生菜，并激发其想要到澳门旅游及品尝最地道特色土生菜的意欲，这样才可以有效地运用美食来带动旅游发展，发挥协同效应。简而言之，就是结合文化和美食元素，设计与食物相关的活动，并通过与国际的交流互动，加大推广力度，树立澳门作为美食及文化之都的旅游形象。

第三，结合澳门论区行赏项目。澳门特区政府旅游局在2018年对论区行赏步行路线进行了优化，包括加入美食和创意元素，以及与地方坊会合办以节庆为主题的活动。同时，在港珠澳大桥通车及澳门成为美食之都的背景带动下，可利用"一程多站"发展中远程旅客市场。早在2013年，旅游局就已推出名为"论区行赏"的4条步行路线，并于2015年增至8条，鼓励旅客到各小区游历，以缓解旅游旺区压力，带动旧小区旅游发展。业界及政

---

① 《澳门美食行动餐车户外上菜 经典澳门土生葡菜免费吃》，《上报》2018年10月27日。

府均期望能借此拓展多元化旅游产品，发掘各小区的内涵，结合周边环境特色和资源，营造小区旅游氛围，为旅游业注入新动力。针对此议题，有学者曾做过专门研究，认为"论区行赏"的推行时间不长，预期成效并未完全彰显，必须加以观察，才能预见回报及准确评估政策的成效。[①] 这次通过加入美食和创意元素，有望带给旅客新鲜感，吸引旅客延长留澳时间和分散客源，充分发展论区行赏项目的潜能。这也是上点提及结合地方的文化资源和美食的价值与内涵之最佳例子之一。除了土生菜，澳门还有很多美食也颇具特色，比如猪排包和杏仁饼等，若能够将澳门文化特色结合地道的美食文化，让旅客了解澳门的多样性，就能有效推动澳门旅游业的可持续发展。

第四，建立土生菜认证机制。其实在民间也有力量在推广土生菜，如个别旅行社设计及推广一些美食路线供游客选择。澳门旅游局在为澳门美食年揭幕时提及会创建包括土生菜特色餐厅在内的旅游美食路线，以提高人们对土生菜的认识，甚至引发兴趣并为新的土生菜餐厅带来机会。然而，在实际操作上如要达至预期效果，还需要各方协调努力，通过恒常有效机制监管这些路线沿线餐厅所提供食物的真实性，这再一次牵涉之前提及关于对土生菜下定义的问题。因此，建议或可考虑设立一个官方认证机构，对土生菜系的真实性下定义、保存及认证。虽然国际偶有谈及土生菜，但很大程度上它仍然不为多数人认知。此外，澳门的酒店业界，尤其是那些大型综合度假村集团，在帮助推动土生菜的现代化推广过程中也可发挥重要的作用。让酒店业界有兴趣提供土生菜食品应该是现时的首要任务之一。因此通过评定等级、餐厅评鉴、认证及美食产业化等达到质量控制及赋予品牌效应的目的，从而提高其附加价值。

第五，加强澳门居民与旅客的互动。澳门饮食文化源远流长、内涵独特，充分展现了中葡文化的融合以及和谐发展。[②] 澳门的一些特色老店仍保

---

① 龚永珩、吕剑英：《"论区行赏"：社区旅游的效应、问题与对策》，载赫雨凡、林广志主编《澳门旅游休闲发展报告（2016～2017）》，社会科学文献出版社，2017。

② 《澳门缘何获誉"美食之都"？》，新华网，http://www.xinhuanet.com/gangao/2017-11/02/c_1121897877.htm。

留了传统文化的要素，加上土生菜被称为"世界上第一个融合菜式"，这是
联合国教科文组织考察申办城市时十分看重的地方。土生菜的背后蕴含着澳
门特殊的历史背景与航海文化，土生菜的做法、材料及吃法亦具有文化氛围
及区域独特性。因此可考虑建立一个实体虚拟俱备的博物馆，以展示及探讨
土生菜的相关知识及数据，包括以说故事形式介绍其起源、文化联系、传
统、用具、设备及食谱等。同时可加入现场烹调及试吃环节，以提高澳门居
民和旅客的兴趣及互动性。美食旅游体验的主轴就是人和食物之间的实际互
动，这样才能使其发挥更大效益。因此，举办厨艺班和让旅客学习料理，也
是让他们了解旅游目的地文化最好的方法之一，可以为旅客带来另一番体
验，也能使其感受不一样的澳门文化风情。

结　语

澳门旅游博彩业对澳门经济发展所起的作用举足轻重，其"赌城"之
名享誉海内外。与此同时，澳门也是一个颇具文化特质的城市，拥有 400 多
年中西文化交融所留下的深厚文化底蕴及许多历史文化遗产。2005 年"澳
门历史城区"成功列入联合国教科文组织的《世界遗产名录》，更使澳门得
以向世界展现其独特的历史文化面貌。随着澳门进一步获得"美食之都"
的美名，土生菜被认定为能凸显澳门饮食文化独特性的主要元素，可以通过
美食旅游将其包装成具吸引力的旅游产品，为澳门多元旅游产品发展增添有
力的资源。在享受美食的过程中，旅客与澳门居民可以借此相互交流，在品
尝美味食物的同时，也可以感受到旅游目的地的文化，成为体验文化的一个
新渠道。因此，如何巩固旅游目的地的美食特色吸引旅客前来参与体验，就
成为一个非常值得探讨的议题，也成为多元旅游体验的重要影响因素。如今
旅客已不能仅仅满足于片面的旅游活动，他们更着重体验当地真正的文化生
活，渴望获得深度旅游经验。设计以土生菜为主打的美食之旅，举办烹饪课
程体验班和设计自助探索特色美食路线，定能吸引那些对澳门美食具有浓厚
兴趣并喜欢学习当地饮食文化的旅客来澳。整体而言，发展澳门多元旅游，

应善用美食和文化两者之间的资源关系，并通过政府、私人企业和澳门居民相互合作，以提升旅游产品的素质，让旅客能够体验多元化且具文化特色的当地饮食，从而促进打造澳门作为文化及美食之都的旅游目的地形象。而且，以美食联动周边旅游景点，更是体验澳门文化最佳的选择，亦符合近年政府经常提及的"全局旅游"概念，促进整体旅游环境的提升。毫无疑问，美食旅游已成为新兴旅游潮流，它不仅有助于增强旅游目的地和当地企业的竞争力，同时对于旅游发展策略的制定亦具有不可忽视的影响力。澳门应该好好把握这一契机，进一步淡化其赌城形象和加强发展非博彩元素，大力发展优质旅游产业，从而实现经济适度多元发展。

G.13
澳门"负责任博彩"政策及推广工作的现状、特征与建议

冯家超　伍美宝　陈艺文*

摘　要： "负责任博彩"的政策制定及推广工作的开展有赖于各持份者，当中包括政府、博彩者及其家人、博彩营运商、赌博失调防治机构、教育及社区团体的共同参与，各自发挥作用并承担责任。以各持份者在"负责任博彩"中担任的角色与功能为切入点，回顾每一持份者在过去十年所做的"负责任博彩"工作，建议在未来"负责任博彩"创新政策制定和推广工作中，开展博彩消费上限的可能性研究和有关博彩旅客的调查，实施更细致的"负责任博彩"措施，向大专院校推广"负责任博彩"，并定期与大湾区城市探讨"负责任博彩"宣传策略和建立防治赌博失调服务网络，以确保澳门博彩业健康发展的同时，不为社会及博彩者原居地带来巨大成本。

关键词： 澳门　博彩业　赌博失调　"负责任博彩"

---

* 冯家超，经济学博士，澳门大学博彩研究所所长、教授，研究方向为"负责任博彩"政策与推行、博彩业对社会及经济影响；伍美宝，工商管理市场学博士，澳门大学博彩研究所高级研究主任，研究方向为"负责任博彩"政策与推行、博彩业对社会及经济影响；陈艺文，科技应用数学（精算及投资科学）理学硕士，澳门大学博彩研究所前研究助理，研究方向为"负责任博彩"政策与推行、博彩业对社会及经济影响。

为确保澳门博彩业的持续健康发展及预防赌博失调的形成,特区政府委托澳门大学博彩研究所进行相关研究。研究所参考了加拿大、澳大利亚及美国等国家预防赌博失调的先进经验,并结合华人博彩文化及社会特色,于2008年呈交报告并向特区政府建议引入"负责任博彩"施政理念。特区政府采纳了建议,并制定相关政策及措施。根据报告,"负责任博彩"是指在一个适度监管的环境下,博彩者在参与博彩时不会对本人、家人、亲人、其他博彩者、娱乐场员工的安康构成威胁,不会给本地区及博彩者原居地带来负面影响。换句话说,"负责任博彩"是把博彩行为导致的危害减小到社会可接受的水平。为达到这个目标,研究所建议政府、博彩者及其亲友、博彩营运商、问题赌博(赌博失调)防治机构、教育及其他社区团体共同承担责任,以确保博彩者在知情的情况下做出博彩决定,且博彩行为对其个人、亲友,以至于社会都是负责任的。

"负责任博彩"设有三项主要目标:第一,预防及降低博彩相关潜在风险;第二,降低赌博失调行为的发生频率及影响;第三,协助博彩者为博彩消费设限至可负担水平。回顾"负责任博彩"工作必然需要评估三个目标的完成程度。在"预防及降低博彩相关潜在风险"的目标上,特区政府积极推广"负责任博彩"工作,制定相关法律和指引,推动各持份者发挥自身优势,一同预防及降低博彩相关潜在风险。在"降低赌博失调行为的发生频率及影响"方面,实现与否的重要标准在于社会上赌博失调人士数量是否减少。澳门大学博彩研究所早在2003年就开始对有关澳门居民参与博彩活动情况及赌博失调流行率进行调查并发布研究报告,自2007年起,受社会工作局委托定期持续进行同类研究,为社会工作局在预防及治疗赌博失调行为上的工作提供科学数据。历年关于澳门居民参与博彩活动的调查报告显示澳门居民的赌博失调流行率呈下降趋势。采用DSM-IV量表评估的问题/病态赌博行为流行率由2003年的4.3%,增加至2007年的6.0%,其后自2010年开始有所回落;由2010年的5.6%,逐渐降低至2013年的2.8%。最新调查采用DSM-V进行评估发现,2016年的赌博失

调流行率仅为 2.5%。① "负责任博彩"前两项的主要目标已经取得一定成果，但"协助博彩者为博彩消费设限至可负担水平"暂未见实践，因此，在未来的推广工作中，必须把此项设定为重点执行目标，尽快落实，进一步把博彩可能导致的危害减小到社会可接受的水平。

一 政府"负责任博彩"政策及推广②

政府作为博彩政策制定者及公共利益的最大守卫者，在"负责任博彩"推广上理应担当领导及推行政策的重要角色。历年来，政府分别采取了立法、宣传、教育等举措来推广"负责任博彩"和降低过分博彩带来的负面影响。

（一）出台新法律及相关政策

为保障年轻人避免因过早接触博彩活动而受到不良影响及维护社会利益，政府于 2011 年提交法案（2012 年正式生效），规定进入娱乐场的年龄由 18 岁提升至 21 岁，亦禁止未满 21 岁的人在娱乐场内从事职业活动。③ 同时，为避免不能自控博彩行为人士过分参与博彩，同一法律也规定任何人可自行提出（"自我隔离"）或确认由其配偶、尊亲属、卑亲属或二等旁系血亲提出（"由第三者提出隔离"）禁止其进入全部或部分娱乐场，为期最长

---

① 为评估问题/病态赌博行为流行情况，2013 年或之前的调查均是以美国精神科协会（American Psychiatry Association，APA）1994 年出版的《精神疾病诊断与统计手册第四版》（简称 DSM－Ⅳ）（Diagnostic and Statistical Manual of Mental Disorders 4th Edition，APA，1994）对问题/病态赌博行为的定义及诊断标准进行评估，其后该协会发布《精神疾病诊断与统计手册第五版》（简称 DSM－Ⅴab）（Diagnostic and Statistical Manual of Mental Disorders 5th Edition，APA，2013），2016 年的调查则采用 DSM－Ⅴ量表评估赌博失调流行率。参见澳门大学博彩研究所：《澳门居民参与博彩活动调查 2016》，澳门特别行政区政府社会工作局委托之专题研究报告。
② 此部分内容主要摘录自澳门负责任博彩推广筹委会《负责任博彩工作报告书 2017》，2018。
③ 《澳门特别行政区立法会法律汇编》，2015，第 15 页。

两年。① 从制度推出起至 2018 年第三季度，政府已批准 1812 宗"自我隔离"申请及 214 宗"由第三者提出隔离"申请②。调查报告显示，2011 年至 2017 年，本澳赌博失调人士的情况大致相似，扣除报称失业后，求助人士以任职荷官与博彩业服务员最多③。为降低博彩从业人员成为赌博失调人士的概率，政府建议修订第 10/2012 号法律，禁止博彩从业人员在工余时间进入娱乐场，法案已于 2018 年 12 月获通过，并于公布一年后生效。④ 为配合新法律及"负责任博彩"政策的实施，政府向幸运博彩营运商发出指示。该指示设立了内部守则及程序要求，涉及"负责任博彩"资讯的展示及宣传、博彩场所内及周边范围的相关配置、博彩营销广告的限制、"自我隔离"及"由第三者提出隔离"措施、"负责任博彩专责小组"的设立、员工培训以及员工辅导服务的设立等内容。

（二）建立跨部门合作

在"负责任博彩"政策推行两年后，政府开展跨部门合作，并邀请学术机构及社区团体一同推广"负责任博彩"。政府每年设定主题，带领博彩营运商及社区团体一同举办"负责任博彩"推广活动，此举令各方的资源朝着同一方向发挥点线面的作用，产生协同效应，扩大其在社会的影响力，从而达到一个更好的效果。至 2018 年，"负责任博彩"推广活动已举办十届。调查结果显示，自推广活动正式启动后，澳门居民留意"负责任博彩"的比例由 16.2% 逐步上升至 2017 年的 63.7%。⑤ 为了加强对居民及游客，特别是博彩人士或有计划参与博彩人士的"负责任博彩"宣传教育，政府

---

① 澳门特别行政区第 10/2012 号法律。
② 澳门博彩监察协调局：《隔离申请统计（季度），负责任博彩资料》，http://www.dicj.gov.mo/web/cn/responsible/performance_ pledge_ stat－2013. html，最后访问日期：2018 年 11 月 22 日。
③ 澳门特别行政区政府社会工作局：《问题赌博人士中央登记系统 2012 年度报告书》。
④ 澳门特别行政区第 17/2018 号法律。
⑤ 澳门大学博彩研究所：《负责任博彩认识度问卷调查 2017》，澳门特别行政区政府社会工作局委托之专题研究报告。

联合学术机构借鉴了加拿大、美国及澳大利亚等地的经验,于2012年推出"负责任博彩资讯亭"。另外,为了凸显资讯亭在博彩区内的吸引力,并在充满刺激的娱乐场为博彩者提供一个舒缓的空间,研发机构于2016年推出"负责任博彩资讯站",将以"自助服务"为导向的资讯亭,提升至融"自助"、"休闲"及"互动"等多功能为一体的信息平台。与此同时,研发机构与社区团体合作安排"负责任博彩资讯站大使"驻站,为有兴趣人士提供"负责任博彩"资讯及协助使用者使用资讯站。至2018年10月,澳门共有26个资讯亭及6个资讯站设于娱乐场内,娱乐场覆盖率接近八成(78.0%),① 另有9个资讯亭设于澳门社区内。有鉴于智能电话已成为生活中不可或缺的必需品,政府于2014年把"负责任博彩"资讯亭的部分内容制作成"负责任博彩手机应用程序"(RG APP),让居民及游客可以随时随地接收"负责任博彩"信息。政府还通过社区团体的社区网络及多元化服务,开展不同的社会服务,在协助居民认识"负责任博彩"之余,发掘他们不同的兴趣,避免他们沉迷博彩,一同落实"负责任博彩"政策。

(三)进行多方位及多元教育

政府针对不同组别的澳门居民,以不同方式向他们灌输符合其角色的观念及态度,让他们各自负起责任,一同把澳门建设成负责任的博彩城市。政府向中小学生进行预防赌博教育,也修订了相关教材。与此同时,资助澳门社区团体有序地向小学至初中学生灌输正确的理财概念与知识,也资助社区团体举办各式各样的宣传活动及比赛,以增强学生对赌博的免疫能力。同时,为确保学生、家长、教育工作者、学校甚至社区持续地接收一致和完整的信息,教育工作设有家长作业及工作坊。政府也联合专业机构持续对教学人员及学生辅导员进行相关培训。

---

① 澳门博彩监察协调局,http://www.dicj.gov.mo/web/cn/information/DadosEstat/2018/content.html #n5,最后访问日期:2018年11月22日。

为使博彩业界与社会服务界对"负责任博彩"及赌博失调有一致性的认识，政府联合两家学术机构推出了两个证书课程。第一个课程是以博彩营运商"负责任博彩"专责小组成员及前线管理人员为对象的"澳门负责任博彩指导员证书课程"，目的是增强学员对"负责任博彩"及赌博失调的认识，并提高其甄别及应对赌博失调人士的技巧，以及协助营运商推进"负责任博彩"相关工作。第二个课程是以博彩营运商员工为对象的"澳门负责任博彩导师证书课程"，目的是通过培训博企导师，将"负责任博彩"及赌博失调知识传达至博企员工，推进博企"负责任博彩"的工作。至2018年，共有334位博彩营运商员工获取"澳门负责任博彩指导员证书课程"证书和50位员工获取"澳门负责任博彩导师证书课程"证书。①

针对赌博失调服务，政府联合学术机构开办了"澳门赌博辅导员专业证书课程"，以提升澳门社工及辅导员的专业程度，以及设立具有本土特色的相关专业课程。此外，为提升学员的实务能力及深化学员的专业知识，政府为"澳门赌博辅导员专业证书课程"学员提供督导和持续培训课程。至2018年，共有123位学员获取"澳门赌博辅导员专业证书课程"证书。②

（四）开设辅导服务渠道

为治疗赌博失调人士，政府于2005年成立首家赌博失调辅导中心，③并于2011年建立"赌博失调人士中央登记系统"，以统计赌博失调人士在澳门求助的人数，了解其博彩情况及特征，并提供数据对社会服务资源进行规划。至2017年，社会工作局邀请了21个社区团体参与，登记个案累计1013个。④此外，政府于2014年委托社区团体设立"24小时赌博辅导热线"及"网上辅导"，为赌博失调人士及其家人提供辅导服务。2014年至

---

① 资料来自社会工作局问防治问题赌博辅导处志毅轩。
② 资料来自社会工作局问防治问题赌博辅导处志毅轩。
③ 澳门负责任博彩推广筹委会：《负责任博彩工作报告书2009~2013》，2014。
④ 澳门负责任博彩推广筹委会：《负责任博彩工作报告书2009~2013》，2014；澳门负责任博彩推广筹委会：《负责任博彩工作报告书2014》，2015；澳门负责任博彩推广筹委会：《负责任博彩工作报告书2017》，2018。

2017 年共有 4674 人次使用"24 小时赌博辅导热线"及 3368 人次使用"网上辅导"。① 政府在推行"负责任博彩"政策的过程中，十分注重科学决策及科学施政，委托多家本地学术机构针对相关议题进行研究，找出符合澳门现状的可行性方案，其中包括每三年进行一次的"澳门居民参与博彩活动调查"及"负责任博彩认识度问卷调查"。2012～2017 年，政府每年平均用于相关研究工作、"负责任博彩"推广活动、预防赌博教育及赌博失调防治工作的直接支出约 1000 万澳门元。

二 博彩者、营运商等其他持份者的 "负责任博彩"工作②

（一）博彩者：负责任的博彩行为

如果博彩者不能肩负起其责任而过分地参与博彩，即使其他持份者再努力也不能有效地降低博彩所产生的各种不良影响。在"负责任博彩"政策中，博彩者的责任是在参与博彩前主动寻找相关信息，并充分了解潜在的风险，在"知情决定"的情况下参与博彩，并为自己的决定及行为负最终责任。历年调查数据显示，澳门居民的博彩参与率及参与澳门赌场博彩的比例均持续下降。2003 年首次调查时博彩参与率及参与澳门赌场博彩的比例分别为 67.9% 及 20.2%，2016 年这两者的比例分别为 51.5% 及 10.4%。③

此外，澳门居民参与博彩次数有所降低。历年调查数据显示，澳门居民参与率最高的博彩活动为六合彩、社交赌博以及澳门赌场。从六合彩来看，每月参与一期或以下，即偶尔参与者的人数比例由 2007 年的 71.8% 下降至

① 澳门负责任博彩推广筹委会：《负责任博彩工作报告书 2017》，2018；澳门负责任博彩推广筹委会：《负责任博彩工作报告书 2016》，2017。
② 此部分内容主要摘录自澳门负责任博彩推广筹委会《负责任博彩工作报告书 2017》，2018。
③ 澳门大学博彩研究所：《澳门居民参与博彩活动调查 2016》，澳门特别行政区政府社会工作局委托之专题研究报告。

2016 年的 62.7%。社交赌博方面,同期偶尔参与者比例由 69.5% 减少至 58.6%。澳门赌场方面,同期偶尔参与者比例由 91.3% 大幅降低至 62.7%。 这说明"负责任博彩"的推广宣传活动取得了成功,逐渐帮助居民远离博彩。

在博彩参与率及博彩次数降低的同时,澳门居民对"负责任博彩"的 认知程度不断提升。历年调查数据显示,自 2009 年首次举办"负责任博 彩"推广系列活动以来,澳门居民留意"负责任博彩"的比例由举办前的 16.2% 提升至 2017 年的 63.7%。[1] 此外,赌博失调流行率也呈下降趋势。[2] 然而,澳门居民对于"随机性"、"独立事件"及"操控幻觉"等的博彩及 "负责任博彩"知识的认识一直存在误差,而博彩者对博彩知识的认识也普 遍较差。[3] 所以,对博彩者而言,从留意到认识,再到在行为上实践"负 责任博彩",还有漫长的路要走。

(二)博彩营运商:负责任的博彩经营

由于博彩营运商为居民及旅客提供博彩活动,所以它们对于澳门能否 提供一个"负责任博彩"的环境有着一个不可替代的责任。自 2009 年 "负责任博彩"政策推行至今,营运商已陆续推出一系列"负责任博彩" 的计划及服务,以配合及参与由政府牵头的"负责任博彩"推广工作。其 中,营运商积极配合政府相关法律及法规的落实执行。例如,为协助执行 第 10/2012 号法律,禁止未满 21 岁人士及已申请"自我隔离"或"由第 三者提出隔离"人士进入娱乐场,营运商为其辖下的相关部门人士进行大 规模的培训。在营商宣传活动方面,营运商也严格执行第 7/89/M 号法律 《广告活动》第八条规定,不直接或间接地宣传博彩或诱导公众参与博彩 活动。同时,也根据政府指示,未得同意时不向博彩者发放与博彩相关之

---

① 澳门大学博彩研究所:《负责任博彩认识度问卷调查 2017》,澳门特别行政区政府社会工作 局委托之专题研究报告。

② 澳门大学博彩研究所:《澳门居民参与博彩活动调查 2016》,澳门特别行政区政府社会工作 局委托之专题研究报告。

③ 澳门大学博彩研究所:《负责任博彩认识度问卷调查 2017》,澳门特别行政区政府社会工作 局委托之专题研究报告。

广告信息。同时，也不向未满21岁、被列入"自我隔离"或禁止进入娱乐场所之人士做博彩相关的营销推广。营运商相继在公司内增设赌博失调辅导及转介服务。2017年，有关的求助电话共录得41宗，面谈辅导11宗，通过信箱或微信等渠道求助4宗，全年共录得成功转介至赌博失调防治机构的个案6宗。

营运商也根据指示设立了24小时运作的"负责任博彩专责小组"，以及时向娱乐场内有需要的人士提供相关的资讯及适当的协助。此外，也根据指示，在娱乐场所内摆放各类"负责任博彩"的宣传单张、申请表、求助等资讯资料。营运商不仅参与政府每年主办的"负责任博彩"推广活动，也资助"负责任博彩"相关活动，还以员工为主要对象举办了各式各样的推广活动。在政府的指引下，营运商为每一位新入职的员工提供"负责任博彩"培训。另外，营运商至少每年一次为"负责任博彩专责小组"成员，及至少每两年一次为博彩前线人员提供相关的再培训课程。2017年，营运商分别为新入职的员工、"负责任博彩专责小组"成员及全体博彩前线人员举办了453场、30场及384场培训。

历年调查数据显示，超过九成受访居民留意到一项或以上营运商在"负责任博彩"上采取的举措，而博彩从业人员对"负责任博彩"的留意与认识程度普遍高于非博彩从业人员；2017年报告显示，90.8%的博彩从业人员表示有留意"负责任博彩"，明显高于非博彩从业人员的57.8%。博彩从业人员对娱乐场博彩的特性、博彩营运商的"负责任博彩"举措、澳门政府推出的有关"负责任博彩"的政策法规和赌博失调辅导机构的认识程度均明显高于非博彩从业人员。[①] 然而，博彩从业人员的赌博失调行为较一般居民更加普遍，因此禁止博彩从业人员在工余时间进入娱乐场具有重要意义。

总体而言，博彩营运商对员工及顾客做到了"负责任博彩"的要求。

---

① 澳门大学博彩研究所：《负责任博彩认识度问卷调查2017》，澳门特别行政区政府社会工作局委托之专题研究报告。

未来博彩营运商必须随着相关法律法规的制定或修改跟进"负责任博彩"相关工作，全力配合政府制定各项法律。

（三）赌博失调防治机构：预防及治疗赌博失调行为

在"负责任博彩"政策上，赌博失调防治机构的责任是提供专业的赌博失调辅导服务以及预防赌博失调的发生。赌权开放后，基于社会需要，赌博失调防治机构相继成立。2009 年，澳门共有赌博失调辅导机构 5 家[①]，2017 年增加至 8 家。为提供专业的辅导服务，防治机构均为旗下员工提供在职培训，亦参与政府为其辅导员提供的专业培训课程。历年来防治机构积极配合和参与政府牵头的"负责任博彩"系列推广活动，且每年根据政府制定的推广主题，展开各式各类的宣传推广活动。

事实上，过去各持份者一直保持紧密联系，不断加强合作。通过以焦点小组的形式举办座谈会，检讨"负责任博彩"工作的实践过程，保留有效的以及抽离无效的理念或做法，遵循"最佳实践"原则。2018 年 7 月举办的"负责任博彩"推广工作会议中，防治机构与其他社区团体分享及提出以下在宣传推广"负责任博彩"时的经验以及遇到的问题与建议：不少赌博失调人士由于担心找不到工作或者其他原因而不去求助，建议防治机构做一些"去污名化"和"去求助耻感"的工作，去除因求助导致的负面影响；部分年轻人不屑于参与社区团体举办的活动，建议针对年轻人参与博彩的行为特点，采用年轻人容易接受的推广方式和辅导方式；由于许多时候沉迷赌博的人不愿意寻求帮助，建议"自我隔离"措施允许由家人取代当事人签名申请；赌博失调治疗工作有待完善，建议澳门的赌博失调防治机构与政府医院相关科系达成转介机制。

（四）教育机构及社区团体：教育及宣传正确价值观

教育机构及社区团体在"负责任博彩"中要做的是教育及宣传正确的

---

① 澳门负责任博彩推广筹委会：《负责任博彩推广周宣传小册子》，2009。

价值观，协助大众建立正确的金钱价值观，从根本认识博彩，纠正错误思想，避免沉迷博彩，或最少持正确态度参与博彩活动。历年来教育机构及社区团体一直配合政府的"负责任博彩"政策，合力以不同活动形式向不同对象灌输正确价值观。例如，澳门基督教青年会在社会工作局的资助下，自2015年正式开始以入校讲座形式推行"精明理财推广计划"，提升小学生和中学生对赌博的免疫能力。另外，社区团体也针对不同对象，包括不同年龄层的居民（如8～11岁儿童、13～18岁青年、50岁及以上居民）、社会上持不同角色的居民（学生、家长、教学人员、学生辅导员等），以不同活动形式，如讲座、培训课程、兴趣班、工作坊、比赛等向他们传授预防赌博的方法及投资理财的方法。

三 澳门"负责任博彩"工作的若干建议

"平衡发展"与"共同承担"是"负责任博彩"的重要原则，也是澳门推行"负责任博彩"政策的成功因素。将"负责任博彩"的责任只放在博彩营运商和博彩者身上是行不通的，必须由各持份者共同承担。政府作为博彩政策制定者及公共利益的最大守卫者，理应主导"负责任博彩"政策的制定及执行工作，教育机构事先教导的成效远胜于事后弥补的成效，防治机构对于那些赌博失调者的辅导治疗必不可少。

虽然澳门全方位推动"负责任博彩"，且已取得一定的成效，但调查显示，澳门居民对于"随机性"、"独立事件"及"操控幻觉"等博彩及"负责任博彩"知识的认识一直存在误差，而且没得到明显的改善。博彩者特别是经常参与博彩活动的人士对博彩知识的认识也普遍不足。由于数据显示"负责任博彩"推广仍有改善空间，建议在已建立的基础上，优化及细化各项举措，以确保澳门博彩业在健康发展之余不为社会及博彩者原居地带来巨大成本。为此，本文提出以下建议。

第一，展开博彩消费上限的可能性研究。就"协助博彩者为博彩消费设限至可负担水平"这一目标，建议在短期内先进行宣传推广，鼓励博彩者根据自身可负担的水平设定博彩消费上限。同时思考在澳门立法为博彩消费设限的可行性,并展开相关的政策研究。国际上有相关措施可供参考,如美国密苏里州设定每一旅程输钱金额的上限。[1] 博彩行为研究方面发现要求玩家设定现金限额对经常参与博彩者减少博彩支出尤为有效。[2] 在澳门,此项议题可考虑从博彩中介人着手。澳门博彩业在过去十多年急速发展,其中一个原因是博彩中介人为澳门及海外博彩者提供借贷、代客保管款项、存码等服务,因为资金流动受外汇管制措施限制,所以博彩中介人的服务确实为海外博彩者及本地博彩营运商提供了不少便利。但在借贷便捷的情况下,博彩者相对较容易参与过多的博彩活动。如在执行博彩消费上限的措施上,可考虑要求借贷人向中介人提交可信的信贷报告,并规限中介人根据信贷报告提供若干比例的借贷额,以避免博彩者参与过多的博彩。

第二,实施更细化的"负责任博彩"措施。特区政府根据澳门博彩业的发展状况及时制定及修改相关法律法规,履行了领导及推行政策的角色职责,未来建议特区政府研究甚至订立更细化的"负责任博彩"措施,例如可考虑,当投注达一定金额时,强制角子机或电子下注终端机荧幕出现信息询问博彩者是否要继续下注,强制庄荷以口头形式询问博彩者是否要下注,以适时进行提醒介入,增强"负责任博彩"的效果。另外,鉴于研究表明留意"负责任博彩"有助于提升相关认识程度[3],建议对经常参与博彩的人士加强适合他们的普及教育工作。同时,为更准确地识别被隔离人士及博彩从业人员,避免其在工余时间进入娱乐场,建议博彩营运商全面引入面部识别系统,以加强安保,并配合政府应用智能科技提升执法能力。

---

[1] A. Blaszczynski, "Harm minimization strategies in gambling: An overview of international initiatives and interventions," Melbourne: Australian Gaming Council, 2013.

[2] M. Auer & M. D. Griffiths, "Voluntary limit setting and player choice in most intense online gamblers: An empirical study of gambling behavior," *Journal of Gambling Studies*, 29 (2013): 647 - 660; R. T. Wood, & M. J. Wohl, "Assessing the effectiveness of a responsible gambling behavioural feedback tool for reducing the gambling expenditure of at - risk players," *International Gambling Studies*, 15 (2015): 1 - 16.

[3] 澳门大学博彩研究所:《负责任博彩认识度问卷调查2017》,澳门特别行政区政府社会工作局委托之专题研究报告。

第三，向澳门大专院校推广"负责任博彩"。虽然政府及社区团体有序地向小学及中学生灌输正确的金钱价值观、预防赌博信息等，但同样的信息至今还未推广至大专院校。大学生的人格发展走向成熟，对父母的教养和家庭环境产生反思，存在大学生因家人的赌博失调行为而主动求助的个案。有赌博失调辅导机构表示，大学生作为子女帮助有赌博问题的家人，效果比配偶要好。因此，建议把"负责任博彩"宣传推广至大专院校。[①]

第四，开展有关博彩旅客的调查。访澳旅客人数每年超过 3000 万人次[②]，调查显示，约三成旅客参与博彩活动，参与博彩旅客人数远超过澳门居民参与博彩的人数。有鉴于此，自 2017 年起，"负责任博彩"推广主办单位把"负责任博彩"推广的目标对象由本地居民扩展至旅客，而宣传目标及赌博失调辅导服务目标亦扩展至旅客。但是，由于暂时没有展开针对来澳旅客博彩行为及"负责任博彩"认知的相关调查，较难对旅客做出有针对性的宣传及提供相关服务，因此，建议学术机构开展这方面的调查研究，以更全面地掌握博彩旅客的情况，避免博彩者为其原居地带来负面影响。需要留意的是，旅客作为调查目标群体是移动的，不同时期的同类调查不具可比性。

第五，配合大湾区发展，加强区域合作。在粤港澳大湾区日益紧密融合的背景下，三地的人员往来会越来越频繁和密切，澳门博彩之都的形象深入人心，倘若不能树立"负责任博彩"城市的形象，势必会对澳门日后融入大湾区构成障碍。因此，澳门应该主动负起责任，向往来人员宣传"负责任博彩"，为他们做好预防赌博失调的准备。为此，澳门可定期与大湾区城市展开区域合作，借鉴澳门十年推广"负责任博彩"的经验，结合大湾区各地方文化和传统，找出合适大湾区的宣传策略，并探讨与大湾区机构建立防治赌博失调服务网络及"隔离措施"申请转介机制的可行性。

---

① 社区团体在"负责任博彩"推广工作会议中的分享。
② 资料来源于澳门统计暨普查局网站。

澳门博彩业劳动力的现状、问题与对策

娄世艳*

摘　要：　回归以来，作为澳门龙头产业的博彩业发展迅速，就业人口数量大幅增加，目前约占全部就业人口的 1/4。通过分析发现，博彩业就业人口总体上呈现素质持续偏低、外地雇员占比较低、女性占比较高、以荷官职业为主、注重经验积累、工作收入较高、职位空缺率较低以及雇员流失率较低等特点。博彩业劳动力存在问题主要包括供不应求引发挤出效应、质量偏低影响人力资本投资、工作压力大不利于身心健康以及澳门居民升职机会小前途渺茫。近年来博彩工作的收入优势减弱，从而对劳动力的吸引力有所下降，因此其挤出效应有所减弱，劳动力短缺问题将加重。提高产业层次、培养专业人才、适度增加外地雇员以及引入灵活工作制度等措施将是解决这些问题的途径。

关键词：　澳门　博彩业　劳动力　就业人口

博彩业是澳门的龙头和支柱产业。① 随着 2002 年赌权开放政策的实施

---

* 娄世艳，经济学博士，澳门城市大学金融学院副教授，研究方向为劳动经济学、教育经济学。

① 关于"博彩业"，澳门统计暨普查局官网上有多个名称，其内涵与外延不尽相同。"旅游及服务"栏目以及雇员空缺、雇用与流失等数据项中用的是"博彩业"，地区生产总值相关统计中为"博彩及博彩中介业"，而在"分行业就业人口"统计中，"文娱博彩及其他服务业"包含"博彩及博彩中介业"，后者就业人口占前者的比重从 2004 年的 73.16% 提高至 2018 年的 87.11%。1998 年开始的就业调查亦曾称之为"彩票及其他博彩活动"。因此，"博彩业"的内涵并不十分清晰，本文将上述几种说法统称为"博彩业"。相较于"文娱博彩及其他服务业"的就业人口，"博彩及博彩中介业"的产值略有低估。

和中央政府开放部分省市居民港澳地区自由行政策，澳门博彩业迅速发展，逐步形成了博彩业"一业独大"的产业结构。澳门博彩业的迅速发展，离不开劳动力的支持与贡献。本文首先从劳动力数量、来源、性别、职业、年龄、现职年资、学历、工作时长和收入状况等方面探讨博彩业就业人口现状，然后从博彩业劳动力和人才供给、职位空缺衡量的劳动力需求以及雇员雇用率与流失率衡量的劳动力流动状况探讨未来博彩业劳动力供需可能的变动趋势，再从博彩劳动力数量、质量、升职状况、工作压力等方面分析当前澳门博彩业劳动力市场存在的问题，并提出针对性的政策建议。

一 澳门博彩业劳动力现状

（一）就业人口数量

澳门回归祖国以来，尤其是 2002 年赌权开放以来，博彩业迅速发展，带动了整体经济的腾飞。澳门的实际地区生产总值从 1034.78 亿澳门元增长至 2013 年的最高值 4718.23 亿澳门元，随后因博彩业的调整而有所下降，2018 年为 4162.35 亿澳门元，比 1999 年高 3.02 倍;[①] 1999～2017 年，博彩业产值占地区生产总值的比重从 30.09% 提高至 63.03%，2018 年下降至 49.06%。[②] 随着博彩业成为澳门的龙头和支柱产业，博彩业就业人口数量迅速增加，从 1999 年的 1.93 万人增加至 2018 年的 9.64 万人（见图 1），占全部就业人口的比重则从 1999 年的 9.84% 提高至 2012 年的最高值 26.08%，随后下降至 2018 年的 25.01%。

（二）来源构成

澳门引进外地雇员的历史由来已久，但是一直保持较低数量。澳门回归

[①] 以环比物量（2016 年）按支出法计算。如无特殊说明，本文数据均来自澳门统计暨普查局。

[②] 以当年生产者价格按生产法计算。

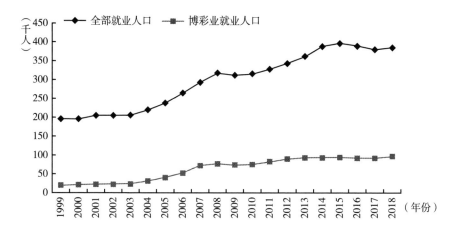

图1　1999~2018年澳门全部就业人口与博彩业就业人口数量

资料来源：澳门统计暨普查局。

祖国以后，随着经济尤其是博彩业的迅速发展，外地雇员的数量迅速增加。1999年澳门外地雇员的数量仅有32183人，2018年则高达18.85万人。表1显示，2016~2018年澳门外地雇员数量逐年增加，博彩业的外地雇员占比也持续提高，从7.51%提高至7.87%，但总体上占比较低。同期，本地就业居民从27.69万人增至28.33万人，其中博彩业本地就业居民从8.39万人增至8.66万人，占本地就业居民的比重从30.30%提高至30.57%，即有三成本地居民就业于博彩业。此外，2018年全部就业人口中外地雇员的占比达39.95%，而博彩业中该占比仅为14.62%，亦说明外地雇员中就业于博彩

表1　2016~2018年澳门全部就业人口与博彩业就业人口来源构成

年份	外地雇员			本地就业居民			外地雇员占比（%）	
	合计（人）	博彩业（人）	博彩业占比（%）	合计（千人）	博彩业（千人）	博彩业占比（%）	全部就业人口	博彩业
2016	177638	13338	7.51	276.9	83.9	30.30	39.08	13.72
2017	179456	13815	7.70	279.1	83.0	29.74	39.14	14.27
2018	188480	14830	7.87	283.3	86.6	30.57	39.95	14.62

资料来源：外地雇员数据来自澳门劳工事务局，https：//www.dsal.gov.mo/；本地就业居民数据来自澳门统计暨普查局，https：//www.dsec.gov.mo/。

业者的比重较低。① 其原因在于特区政府坚持荷官不雇用外地人的劳动保护
政策。

（三）职业结构

表2显示，分职业看，2016～2018年，博彩业就业人口中文员占比最
高，为76%左右，即约3/4的博彩从业人员为文员，其中43.34%为荷官。
也就是说，博彩业就业人口中超过四成为荷官。此外，服务及销售人员约占
10%，其他职业的占比则很低。本文把管理人员及经理、专业人员、技术员
及辅助专业人员作为高级人力资本，求和结果显示，2016～2018年该类人
员占比从9.18%略提高至9.54%，该占比远低于全部就业人口中高级人力
资本的占比。对澳门统计暨普查局的数据进行计算显示，2018年全部就业
人口中该占比为22.78%。其中的原因可能在于：第一，博彩企业以大

表2　2016～2018年博彩业职业结构

职业		2016年	2017年	2018年
就业人口数量（人）		55751	56180	56759
占比（%）	合计	100	100	100
	（1）管理人员及经理	4.23	4.47	4.76
	（2）专业人员	0.70	0.63	0.61
	（3）技术员及辅助专业人员	4.25	4.18	4.17
	（4）文员	76.40	76.19	75.98
	#荷官	43.34	43.11	42.97
	#兑换、赌场监场、巡场、投注员等	28.54	28.16	27.94
	（5）服务及销售人员	10.36	10.67	10.65
	（6）渔农业熟练工作者	0.74	0.69	0.58
	（7）技工、机器操作员及司机	1.72	1.83	1.93
	（8）非技术工人	1.59	1.35	1.31
	高级人力资本（1+2+3）	9.18	9.28	9.54

注：为每年6月底和12月底两次调查数据之平均值。
资料来源：澳门统计暨普查局。

---

① 外地雇员加本地就业居民数量并不等于澳门统计暨普查局的就业人口总数，因为后者为澳门常住人口数据，并未包含居住在珠海的大量外地雇员。

企业为主，可以实现规模效应，可能进行扁平化管理，需要的管理人员较少；第二，博彩业为劳动密集产业，技术和资本密集度不高。这虽然符合其作为第三产业的特点，但是如此高的劳动密集度和如此低的技术密集度，削弱了博彩业的竞争力，不利于博彩业的长远发展。

（四）性别结构

2018 年，博彩业就业人口中女性占 57.44%，男性占 42.56%，女性比例高于男性。细分职业看，荷官中女性占比高达 67.31%，非技术工人中女性占比也很高。博彩业是服务业的一个子产业，这符合服务业女性就业人口较多的特点。但是，管理人员及经理、专业人员、技术员及辅助专业人员中男性的占比高于女性，三个职业总计男性占比 58.85%，女性占比 41.15%。也就是说，高级人力资本中，男性占比远高于女性。博彩业男性就业人口中，13.18% 为高级人力资本，而女性中该占比只有 6.83%。另外，服务及销售人员、渔农业熟练工作者以及技工、机器操作员及司机中男性占比也较高。而32884 名博彩业女性就业人口中，有 27665 名即 84.13% 为文员。可见女性主要集中于文员这一职业，而男性的职业则相对较为广泛。具体见表 3。

表 3　2018 年博彩业就业人口性别结构

职业	数量（人）			占比（%）	
	合计	男	女	男	女
总计	57246	24362	32884	42.56	57.44
（1）管理人员及经理	2759	1591	1168	57.67	42.33
（2）专业人员	354	269	85	75.99	24.01
（3）技术员及辅助专业人员	2343	1351	992	57.66	42.34
（4）文员	43583	15918	27665	36.52	63.48
#荷官	24719	8080	16639	32.69	67.31
#兑换、赌场监场、巡场、投注员等	15961	6698	9263	41.96	58.04
（5）服务及销售人员	6067	3612	2455	59.54	40.46
（6）渔农业熟练工作者	285	275	10	96.49	3.51
（7）技工、机器操作员及司机	1123	1071	52	95.37	4.63
（8）非技术工人	732	275	457	37.57	62.43
高级人力资本（1+2+3）	5456	3211	2245	58.85	41.15

注：为 12 月底数据。

资料来源：澳门统计暨普查局。

（五）年龄结构

表 4 显示，与全部就业人口相比，博彩业就业人口中年龄处于两端即 16～24 岁和 55 岁及以上者占比较低，而 25～54 岁的青壮年占比较高。以 2018 年为例，全部就业人口中 6.43% 为 16～24 岁者，17.20% 为 55 岁及以上者，而博彩业这两个年龄段占比分别为 3.94% 和 15.77%。博彩业青少年就业人口占比较低的原因在于澳门有 21 岁以下不得在赌场就业的法律规定，而年长就业人口占比较低的原因则可能在于：一方面，博彩业属于服务业，倾向于雇用年轻人；另一方面，博彩业是垄断产业，工资较高，能够吸引到足够多的青壮年劳动力。

澳门统计暨普查局的数据显示，即便有大量的年轻外劳不断涌入，澳门就业人口的年龄中位数也已经从 1999 年的 37 岁提高至 2018 年的 39.5 岁，本地就业人口的年龄中位数实际上更高。全部就业人口出现老龄化趋势，34 岁以下的就业人口占比降低，而 55 岁及以上就业人口占比提高。博彩业同样出现老龄化趋势，并且其老龄化速度快于全部就业人口，其原因主要在于本地人口占比较高。从表 4 的年龄结构也可得出该结论。

表 4　2016～2018 年全部就业人口与博彩业就业人口年龄结构

项目	行业	年份	总数	16～24 岁	25～34 岁	35～44 岁	45～54 岁	55～64 岁	≥65 岁
数量（千人）	全部就业人口	2018	385.4	24.8	116.8	93.7	83.9	57.2	9.1
	博彩业	2018	96.4	3.8	30.3	25.0	22.2	13.9	1.3
占比（%）	全部就业人口	2016	100	7.13	31.08	23.79	22.86	12.98	2.13
		2017	100	6.58	30.81	23.96	22.54	13.72	2.37
		2018	100	6.43	30.31	24.31	21.77	14.84	2.36
	博彩业	2016	100	4.96	33.55	25.24	24.60	10.68	0.97
		2017	100	4.01	31.85	25.79	25.24	12.24	0.98
		2018	100	3.94	31.43	25.93	23.03	14.42	1.35

资料来源：澳门统计暨普查局。

（六）现职年资构成

表5显示，澳门就业人口的现职年资为1~3年者占比较高，大约占三成，现职年资为1~10年者共约占六成；超过一成就业人口的现职年资短于1年；大约1/4就业人口现职年资长于10年。相比较而言，博彩业就业人口的现职年资更集中于1~10年，尤其是4~10年。2016~2018年就业人口现职年资为3年以下者在全部就业人口中的占比从46.03%下降至40.06%，而在博彩业中的占比则从36.57%下降至28.32%。现职年资为4~10年者的比重，全部就业人口稳定在30%左右，而博彩业则稳定在大约40%。这说明，第一，博彩业就业人口的跳槽频率较低。其中的原因可能在于，同一职位上的工作经验和技能的积累对博彩业非常重要，并且员工很难找到适合他们且工资高于现职的工作。第二，博彩业就业人口现职年资长于10年者的比重较低，主要原因在于博彩业就业人口以青壮年为主，55岁以上富有经验的就业人口占比较低。第三，现职年资总体上呈现增长趋势，博彩业现职年资增长速度快于全部就业人口。其主要原因，如前文所言在于老龄化现象越来越严重，并且博彩业以本地就业人口为主。

表5　2016~2018年全部就业人口和博彩业就业人口的现职年资构成

单位：%

行业	年份	合计	<1年	1~3年	4~5年	6~10年	>10年
全部就业人口	2016	100	13.83	32.20	14.40	15.29	24.25
	2017	100	12.19	29.94	14.59	15.53	27.73
	2018	100	12.58	27.48	14.84	15.75	29.35
博彩业	2016	100	7.34	29.23	19.42	21.90	22.11
	2017	100	6.93	25.57	19.50	21.13	26.98
	2018	100	7.78	20.54	17.84	22.82	30.91

资料来源：澳门统计暨普查局。

（七）学历结构

回归以来，得益于特区政府对各级教育的大力支持，澳门就业人口受教育水平不断提高。从平均受教育年限看，1999～2018 年，全部就业人口从 8.83 年提高至 11.87 年，博彩业就业人口则从 8.97 年提高至 11.33 年，可见，1999 年博彩业就业人口的受教育年限尚略高于全部就业人口，而到 2018 年则低于全部就业人口，说明博彩业就业人口受教育水平提升速度偏慢；从接受过高等教育的就业人口占比看，全部就业人口占比从 11.37% 提高至 36.43%，而博彩业就业人口占比则从 2.92% 提高至 26.24%。说明博彩业中接受过高等教育的就业人口比重一直远低于全部就业人口。与全部就业人口相比，博彩业就业人口受教育水平更集中于初中和高中学历水平。其原因在于博彩业从业人员以荷官以及兑换、赌场监场、巡场、投注员等文员为主，不需要太高学历（见表 6）。

表 6　1999 年、2017 年和 2018 年全部就业人口和博彩业就业人口学历状况

行业	年份	总计（千人）	占比（%）							平均受教育年限（年）
			从未入学/学前教育	小学教育	初中教育	高中教育	高等教育	其他	不详	
就业人口	1999	196.1	10.91	26.36	35.32	16.03	11.37	—	0.01	8.83
	2017	379.8	—	11.69	20.59	29.70	35.52	2.50		11.88
	2018	385.4	—	11.65	20.58	29.06	36.43	2.26		11.87
博彩业	1999	12.5	6.18	20.97	44.32	25.61	2.92	—	0.00	8.97
	2017	92.3	—	10.51	26.87	35.97	24.70	1.95		11.38
	2018	96.4	—	12.24	26.56	33.40	26.24	1.56		11.33

注：（1）"—"表示无数据。（2）1999 年"高等教育"数量等于"高等专科"数量加"大学"数量。（3）原 1999 年数据没有"其他"项，而 2017 年和 2018 年数据没有"从未入学/学前教育"以及"不详"项，因此，2017 年和 2018 年调查数据将原来的这两项合并为"其他"项。又"不详"项数量非常少，因此，可以将"其他"项的值近似看作"从未入学/学前教育"就业人口数量。（4）平均受教育年限系根据不同受教育水平的劳动力数量和相应受教育年限计算得出，受教育年限的赋值为：小学教育 6 年，初中教育 9 年，高中教育 12 年，高等教育 16 年，从未入学/学前教育、不详或其他 3 年。

资料来源：澳门统计暨普查局。

（八）工作时长

2018 年，全部就业人口每周工作时长中位数为 46.1 小时，其中博彩业就业人口为 46.5 小时，高于总体水平。从表 7 可以看出，2018 年全部就业人口中 2.16 万人每周工作时间低于 35 小时，其中 1.97 万人为不选择增加工时者，分别占就业人口的 5.60% 和 5.11%，而博彩业就业人口的相应比例分别为 2.49% 和 2.39%，低于全部就业人口。每周工作 45～49 小时属于工作时间偏长，博彩业就业人口每周工作 45～49 小时者占比高达 77.28%，远高于全部就业人口的 53.74%。而其他时长者占比则低于全部就业人口。可见，博彩业就业人口工作时间总体偏长，但由于博彩业都是大企业，整体上人力资源管理工作较为正规，较少人员工作时间超过 50 小时。

从 2016～2018 年变化趋势看，全部就业人口和博彩业就业人口的每周工作时间中位数基本未变。全部就业人口中每周工作时间超过 50 小时者的占比从 13.99% 下降至 12.45%，其中的主要原因在于澳门就业市场越来越规范。因为近期博彩企业管理一直较为正规，就业人口中每周工作时间超过 50 小时者占比一直较小，所以未出现显著变化。

表 7　2016～2018 年全部就业人口和博彩业就业人口每周工作时间分布

项目	行业	年份	总计	35 小时以下			35 小时或以上（全职工作）			
				小计	不选择增加工时	小计	35～39 小时	40～44 小时	45～49 小时	≥50 小时
数量（千人）	全部就业人口	2018	385.4	21.6	19.7	363.8	30.6	78.1	207.1	48.0
	博彩业	2018	96.4	2.4	2.3	94.0	2.2	13.5	74.5	3.9
占比（%）	全部就业人口	2016	100	5.65	5.11	94.33	8.13	20.63	51.58	13.99
		2017	100	5.13	4.69	94.87	7.42	21.8	52.98	12.66
		2018	100	5.60	5.11	94.40	7.94	20.26	53.74	12.45
	博彩业	2016	100	2.48	2.37	97.63	2.8	16.83	73.57	4.31
		2017	100	2.38	2.28	97.72	2.6	15.49	75.08	4.55
		2018	100	2.49	2.39	97.51	2.28	14.00	77.28	4.05

资料来源：澳门统计暨普查局。

博彩业就业人口不仅工作时间长，而且轮班率高。2018 年，全部就业人口中有 14.10 万人是轮班雇员，占 39.0%；而博彩业 9.48 万雇员中有 7.40 万人为轮班雇员，占比高达 78.1%，远高于全部就业人口（见表 8）。其中的主要原因在于博彩企业大多为 24 小时营业。

表 8   2018 年全部就业人口和博彩业就业人口轮班雇员情况

行业	雇员（千人）	轮班雇员（千人）	轮班雇员占比（%）
就业人口	361.2	141.0	39.0
博彩业	94.8	74.0	78.1

资料来源：澳门统计暨普查局。

（九）收入状况

1999～2018 年澳门就业人口的收入显著提高，全部就业人口月工作收入中位数从 4920 澳门元提高至 16000 澳门元，同期博彩业就业人口月工作收入中位数从 6494 澳门元提高至 20000 澳门元，其增长趋势与全体就业人口基本保持一致，且博彩业就业人口的收入高于总体水平（见图 2）。1999 年，博彩业收入中位数为全部就业人口的 1.32 倍，至 2018 年则降为 1.25 倍，博彩业的收入优势减弱。

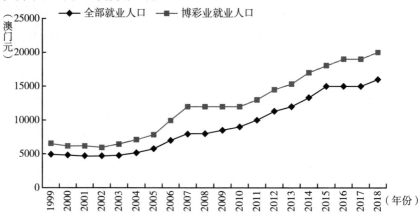

图 2   1999～2018 年全部就业人口与博彩业就业人口月工作收入中位数

资料来源：澳门统计暨普查局。

二 博彩业劳动力潜在供需状况

（一）劳动力与人才供给

人口尤其是劳动年龄人口数量是决定整体经济也是各行业劳动力供给的重要因素，人才供给则主要来自正规院校尤其是高等院校相关专业人才培养，同时，各行业劳动力的相对供给水平还取决于劳动力在不同行业的就业意愿。

1. 人口、就业人口与博彩业劳动力供给

回归祖国以来，澳门总人口数量和就业人员数量均增长较快。澳门统计暨普查局数据显示，2018 年澳门总人口为 66.74 万人，其中劳动年龄人口 50.52 万人。根据澳门统计暨普查局"2011～2036 年澳门人口预测"数据，2021 年澳门人口总数会增加至 70.96 万，其中劳动年龄人口（成年人口）占 72.5%，可以算出劳动年龄人口为 51.45 万人，比 2018 年增加 0.93 万人。同时澳门劳动参与率较高而失业率较低，2018 年的劳动参与率为 70.9%，失业率为 1.8%。并且近年劳动参与率略呈现下降趋势，因此潜在劳动力挖掘的空间较小，近期就业人员数量可能基本持平，澳门劳动力供给保持相对稳定。

2. 博彩业人才供给

表 9 显示，2017/2018 学年，澳门高校全部注册学生和本地注册学生人数分别为 33098 人和 16943 人，其中博彩管理专业的学生分别为 484 人和 416 人，占相应注册学生总数的比重分别为 1.46% 和 2.46%，旅游及娱乐服务专业的学生分别为 6264 人和 3738 人，占相应注册学生总数的比重分别为 18.93% 和 22.06%。可见，就读于旅游及娱乐服务范畴的学生总体占比较高，而博彩管理专业的学生比例很低。就读这两个学术范畴的本地学生是未来几年博彩业人才主要储备，可见总体上博彩专门人才储备较少。并且，与 2016/2017 学年相比，就读博彩管理专业

的学生数量基本持平，而就读旅游及娱乐服务专业的学生数量有较大幅度的下降。其中的原因可能在于：第一，"博彩管理"课程数量较少，招生规模较小；第二，"博彩管理"的就业领域相对狭窄，就读相关学位面临的就业风险较高。

表9　2016/2017学年和2017/2018学年高校注册学生和旅游博彩范畴人数及占比

学年		2016/2017 学年			2017/2018 学年		
学术范畴		总数	博彩管理	旅游及娱乐服务	总数	博彩管理	旅游及娱乐服务
全部注册学生	数量（人）	32750	477	6985	33098	484	6264
	占比（%）	100	1.46	21.33	100	1.46	18.93
本地注册学生	数量（人）	17929	412	4677	16943	416	3738
	占比（%）	100	2.30	26.09	100	2.46	22.06

资料来源：澳门高等教育局。

3. 博彩业就业意愿

笔者未得到全部就业人口在博彩业的就业意愿相关数据，只能用失业人员和高校毕业生的就业意愿替代。失业人员和高校毕业生毕竟都是特殊群体，数量也较少，其就业意愿只能作为参考。2018年失业人员共有7100人，其中，希望在博彩业就业者有1800人，占全部就业人员的25.35%，与博彩业就业人员占全部就业人员的比重接近（见表10）。而2016年的7600名失业人员中，有2300人愿意在博彩业就业，占比为30.26%。可见，劳动力在博彩业就业的意愿已然下降。高等教育局对应届高校毕业生的求职意愿调查显示，在2018年1904名有就业意愿的高校毕业生样本中，有277人愿意在未来投身于博彩业，仅占总数的14.5%，在14个行业中仅排第7位。应届毕业生就业意愿最高的行业是公共行政，有709人（占37.2%）选择了该行业（见表11），该调查开始于2012年，博彩业曾排在第4位，最近三年一直排在第7位。

表10 2016～2018 年按希望从事的行业统计的失业人口数量及其占比

行业	数量（千人）			占比（%）		
	2016 年	2017 年	2018 年	2016 年	2017 年	2018 年
总数	7.6	7.6	7.1	100	100	100
制造业	0.1	0.1	0.1	1.32	1.32	1.41
建筑业	1.1	1.3	1.5	14.47	17.11	21.13
批发及零售业	1.1	1.1	1.0	14.47	14.47	14.08
酒店业及饮食业	1.2	1.2	1.2	15.79	15.79	16.90
运输、仓储及通信业	0.2	0.3	0.4	2.63	3.95	5.63
金融业	0.2	0.3	0.2	2.63	3.95	2.82
不动产及工商服务业	0.6	0.7	0.5	7.89	9.21	7.04
公共行政及社保事务	0.5	0.4	0.1	6.58	5.26	1.41
教育	0.2	0.3	0.1	2.63	3.95	1.41
医疗卫生及社会福利	0.1	0.2	0.2	1.32	2.63	2.82
博彩业	2.3	1.8	1.8	30.26	23.68	25.35

注："水电及气体生产供应业"和"家务工作"两个行业的值为0或接近0。

资料来源：澳门统计暨普查局。

表11 2018 年有意就业的大专应届毕业生毕业后欲投身的行业分布情况

行业	人数（人）	百分比（%）
公共行政	709	37.2
旅游、会展、酒店及餐饮	591	31.0
银行、金融及保险	409	21.5
教育	421	22.1
社会服务	361	19.0
文创及艺术	314	16.5
娱乐博彩	277	14.5
贸易、批发及零售	250	13.1
医疗护理	200	10.5
通信及计算机	134	7.0
新闻传播	124	6.5
自行创业	112	5.9
法律	60	3.2
其他行业	53	2.8

注："大专"是指高等教育及以上学历。调查对象总样本数量为1904 个，回答者最多可选择3个行业。

资料来源：澳门高等教育局：《澳门大专应届毕业生升学与就业意向调查结果（2018）》，2019年4月6日，https://www.dses.gov.mo/。

（二）劳动力需求

本文用职位空缺状况连同前文的每周工作时数分布作为劳动力需求的衡量指标。如果某行业就业人员每周工作时数较多，较大比例就业人员超时工作，或者职位空缺率较高，则说明该行业劳动力需求未得到良好满足，尚有较大吸纳劳动力的空间。

澳门统计暨普查局的数据显示，2018 年下半年，职位空缺最严重的两个行业是酒店及饮食业和批发及零售业，职位空缺数量分别为 4755 个和 3915 个。虽然博彩业的就业人口数量占全部就业人口数量的大约 1/4，居全部行业之首，但是博彩业职位空缺数量仅 1321 个，在列出的 13 个行业中排名第 4 位。从空缺率看，2016～2018 年，博彩业的职位空缺率平均为 1.35%，在 13 个行业中最低，同期保安服务业和制造业则高达 9% 以上。可见，由于博彩业工资较高，具有较强的吸引力，并且刚刚经过 2014～ 2016 年的深度调整期，因此职位空缺率很低（见表 12）。

表 12 2016～2018 年分行业职位空缺率

单位：%

行业	2016 年		2017 年		2018 年		平均
	3 月/6 月	9 月/12 月	3 月/6 月	9 月/12 月	3 月/6 月	9 月/12 月	
保安服务业	10.5	9.4	8.5	8.9	9.3	11.7	9.72
制造业	13.4	8.1	6.8	7.9	9.9	8.5	9.10
批发及零售业	7.8	8	6.7	7.6	7.5	7.3	7.48
运输、仓储及通信业	8.4	6.6	6.8	5.8	6.4	5.1	6.52
酒店及饮食业	5.1	4.8	4.7	5.2	5.1	5.4	5.05
公共污水废物处理业	3.1	4.8	5.4	4.6	6.1	6.1	5.02
银行业	3.8	3.8	3.9	3.7	6.2	4.1	4.25
保险业	3.9	3	3.5	3.1	5.2	4	3.78
金融中介服务业	4.8	2	2.4	2.9	2.4	3.1	2.93
安老服务	1.8	1.7	2.3	1.3	2.1	5.7	2.48
水电及气体生产供应业	3.7	3.2	2	1.7	1.2	1.8	2.27
托儿服务	1.1	1.9	1.7	2.4	1.3	1.4	1.63
博彩业	1	1	1.6	0.8	1.4	2.3	1.35

注：数据来自 3 月还是 6 月，9 月还是 12 月取决于调查月份，不同行业调查月份不同。
资料来源：澳门统计暨普查局。

（三）劳动力供需流量状况

本文用员工雇用率与流失率这两个流量指标衡量劳动力供需相对关系。如果一个产业的员工雇用率较高，说明相对于该产业的职位空缺而言，求职者数量较少，劳动力供不应求；如果一个产业的员工雇用率低，则说明劳动力供给相对充裕。如果一个行业员工流失率高则说明该行业对劳动力缺乏吸引力，未来可能出现产业萎缩或者劳动力不足问题。

表13显示，2016～2018年各行业的员工雇用率与流失率都有所波动，其中员工雇用率最高的两个行业为安老服务和酒店及饮食业，三年的平均值分别为6.65%和5.90%；员工流失率最高的两个行业分别为制造业和批发及零售业，三年的平均值分别为5.77%和5.38%。博彩业这两个指标的平均值分别为2.05%和1.87%，为13个行业中最低。这依然说明，博彩业吸引力较大，因此求职者较多且人力资源流失问题不严重。

表13 2016～2018年分行业员工雇用率与流失率

单位：%

行业	员工雇用率				员工流失率			
	2016年	2017年	2018年	平均	2016年	2017年	2018年	平均
酒店业及饮食业	6.30	5.40	6.00	5.90	5.10	4.75	5.25	5.03
制造业	3.50	4.60	3.90	4.00	6.50	5.15	5.65	5.77
水电及气体生产供应业	3.85	2.10	1.80	2.58	2.70	1.85	1.95	2.17
银行业	3.55	3.85	5.55	4.32	3.15	3.80	4.55	3.83
保险业	4.65	4.10	3.95	4.23	2.65	3.10	3.35	3.03
金融中介服务业	3.30	2.35	4.95	3.53	3.40	2.70	4.30	3.47
托儿服务	5.65	6.10	4.55	5.43	4.40	4.60	4.65	4.55
安老服务	6.40	6.40	7.15	6.65	4.65	4.45	3.50	4.20
博彩业	1.20	2.30	2.65	2.05	1.45	1.80	2.35	1.87
批发及零售业	5.45	5.70	4.65	5.27	5.90	5.25	5.00	5.38
运输、仓储及通信业	4.20	4.85	7.40	5.48	3.85	4.55	4.20	4.20
保安服务业	4.70	4.30	6.05	5.02	4.65	3.90	3.65	4.07
公共污水废物处理业	4.45	1.10	2.25	2.60	2.55	1.55	2.50	2.20

注：年度数据均为3月/6月和9月/12月两次调查的平均值。

资料来源：澳门统计暨普查局。

三　澳门博彩业劳动力的特点、问题与建议

上述分析显示，随着博彩业的迅速发展，博彩业就业人口数量迅速增加，已经占到全部就业人口的1/4。总体上博彩业劳动力存在质量较低、外地雇员占比较低、女性职员过半、荷官占比很高、工作时间偏长、工作收入较高、职位空缺率较低以及雇员流失率较低等特点。同时，博彩业劳动力存在下列问题。

第一，劳动力供不应求。博彩业产值不断提升，对劳动力的需求亦不断增加。但是，澳门的劳动力供给有限，尤其是随着老龄化程度不断提高，劳动力的供给不足问题愈显严重，这已不仅是博彩业单一产业存在的问题，而且引起了总体劳动力供不应求。博彩业收入较高，导致劳动力向博彩业流动，造成博彩业对其他产业的挤出效应，劳动力短缺、劳动成本高成为阻碍其他产业发展的重要因素。近年来，无论是从失业人员还是从高校毕业生来看，劳动力在博彩业的就业意愿都在下降，其中的主要原因可能在于博彩业的收入优势减弱。因此，相比较而言，博彩业的劳动力供给不足问题将比之前更为严重。虽然澳门引进外地雇员作为补充，在一定程度上缓解了劳动力不足问题，但是企业在引进外地雇员过程中受到诸多限制，并不能随时解决企业人手短缺问题。

第二，劳动力质量偏低。博彩业是劳动密集型产业，人力资本和技术密集度低，就业人口以初中和高中教育水平者为主，质量偏低。并且由于博彩业收入水平较高，曾一度吸引青少年辍学去从事博彩业工作。澳门特区第10/2012号法律《规范进入娱乐场和在场内工作及博彩的条件》中禁止未满21岁的人在娱乐场内从事职业活动，此后，澳门的中学生辍学问题有所缓解，但是不少在读的中学生和大学生缺乏学习动机，只等满21岁后去赌场工作。因此，博彩业高工资低学历要求不仅导致博彩业自身劳动力质量偏低，还妨碍了青少年的人力资本投资，不利于澳门整体劳动力素质的提高。高校在校生人数中，学术范畴为"博彩管理"者占比很小，即博彩业专门人才缺乏。同时"旅游及娱乐服务"专业的学生占比较高，可以在一定程度上满足博彩业的部分人才需求。

第三，博彩就业澳门居民升职机会少。博彩企业基本是大公司，管理人员及经理、专业人员、技术员及辅助专业人员等高级人力资本占比较小。特别是有可能从一线岗位升职获得的职位主要是"管理人员及经理"，而博彩公司该职位的占比仅有不到5％。并且，澳门居民主要从事荷官这一受到特区政策保护的职业，该职业对培训、教育等各种人力资本要求不高，因此，总体素质较低，很难获得提升，本地居民的升职机会很小。这样容易打击本地居民的工作积极性，长期看也不利于他们收入和社会地位的提升。

第四，博彩业就业人口工作压力大。博彩业总体收入水平较高，劳动力在博彩业就业的意愿较高，而博彩业职位空缺率低、员工雇用率低、雇员流失率低、就业人口工作时间长、竞争压力大。同时，博彩就业人口的轮班率高，部分员工经常上夜班，因而错过与孩子长期相处的机会。这不利于博彩就业人口的身心健康，亦不利于他们子女的健康成长。近年这一现状有所改善，但是依然存在。

第五，当前博彩业劳动力供给较为充足，但存在与其他产业竞争加剧以及未来劳动力供给不足的隐忧。当前博彩业职位空缺率、员工雇用率与员工流失率都很低，说明劳动力供给很好地满足了劳动力需求。但同时，无论是失业人员所代表的普通劳动力，还是高校毕业生所代表的人才，在博彩业的就业意愿均下降。这预示着未来可能出现博彩业劳动力供给不足问题。

针对以上问题，就如何提升澳门博彩业劳动力质量，本文提出以下政策建议。

第一，提升博彩业的资本密集度。电子化或者说以机器取代普通劳动力是未来发展的必然趋势。博彩企业可以增加角子机或线上娱乐项目研究开发投入，增加角子机数量，尤其是增加如真人百家乐等角子机数量，从而使1位荷官能够服务几十甚至上百位赌客。如此可以降低对荷官等劳动力的需求，解决劳动力供给不足、荷官等低技能劳动力占比过高、就业人口工作时间过长等问题。

第二，加强人才培养。澳门高校已开设博彩专业，但是其规模较小，且缺乏硕士生和博士生。高校应适度增设博彩相关专业，培养高级管理人才和研发人才，提高博彩业的技术含量和娱乐性，提高澳门博彩业的全球竞争力。为在职人员尤其是荷官等提供更多培训机会，除了加强其当前职业技能的培训，还要注重其管理专业知识与技能的培训，或者鼓励现有员工追求更高学位，并为获得就学机会者提供便利。

第三，适度增加外地雇员。外地雇员作为本地劳动力的有益补充，为本地经济的发展做出了重要贡献，特区政府应适当放宽限制，提升行政效率，切实帮助本地企业解决劳动力不足问题。特区政府一直强调庄荷不输入外雇的政策，这是对本地就业居民的有力保护。但是，本文认为，在限制一个很低的比例条件下引入少量外劳可以起到"鲶鱼效应"，有效产生竞争机制，激发本地雇员的学习动机和上进心，通过文化的碰撞和交流，亦可以提升本地雇员的开放度和竞争力。

第四，引入灵活的工作制度。之所以博彩业从业人员工作时间长，主要原因在于赌客主要为外来游客，而游客来澳具有明显的季节性和周期性特点，波动性大。因此，博彩业会出现周期性劳动力不足和周期性劳动力过剩问题，企业宁愿少雇工人，当出现周期性劳动力不足时则要求工人加班。因此，博彩企业可考虑引进兼职工作制或半日工作制，在需求高峰增加对非全职就业人口的雇用，而游客较少时这些劳动力可以有更多时间照顾孩子或者接受培训。当然，这部分员工也需要经过严格的专业培训，可以考虑雇用有相应工作经验者，如退休员工、因升学或生育子女等原因而离职的员工等。

G.15
新加坡博彩业的发展及其
与旅游业的关系

伍向豪*

摘　要：　新加坡在20世纪90年代以后面临传统产业带动经济增长不足的问题。为克服自身国土面积小、资源不足的困难，新加坡当局将博彩业作为首要发展动力的综合旅游业，期望以博彩业为驱动力，发展包括旅游、餐饮和购物在内的综合旅游业，创造更多的就业机会。新加坡当局在开放博彩业的过程中，参考拉斯维加斯和澳门等地的开放经验，配合博彩业的成长趋势，对本国的博彩业发展进行统筹。新加坡博彩业的开放目标并不以增设赌场为主，而规划兴建包括赌场、大型购物商场、会展中心和饭店在内的综合度假村，防止因博彩业独大导致经济发展失衡。实证研究发现，新加坡的博彩税收与GDP呈现显著负向关系，表明近年来新加坡的整体经济发展并不依赖博彩业，博彩业并未如预期一样对新加坡的经济发展产生正向影响，而旅游业的发展与新加坡的整体经济发展具有正向关系。

关键词：　新加坡　旅游业　博彩业

---

* 伍向豪，博士，澳门科技大学商学院副教授，研究方向为数据挖掘与算法在社会科学研究上的应用。

一　新加坡博彩业的发展历程

新加坡在20世纪90年代以后面临传统产业带动经济发展不足的问题。为求克服自身国土面积小、资源不足的困难，新加坡当局通过调研，将博彩业作为重要发展动力的综合旅游业作为发展要点，擘画以博彩业为驱动力，发展包括旅游、餐饮和购物在内的综合旅游业，创造更多的就业机会。

在开放博彩业的过程中，新加坡政府参考了拉斯维加斯和澳门等地的开放经验，规划博彩业的发展。新加坡博彩业的开放方向并非基于赌场的增加，而是以兴建包含赌场、大型购物商场、会展中心和饭店在内的综合度假村（resort）为规划方向，同时明确规定赌场的营运面积不得超过综合度假村营业面积的5%。新加坡当局采用此种规划方式是希望将博彩业作为吸引游客的关键点之一。配合购物商场及休闲旅游景点，刺激旅客消费，并且避免因博彩业一业独大导致经济发展失衡。①

新加坡政府为加强对博彩业的全面管理，成立了隶属于内政部的赌场管理局（Casino Regulatory Authority），负责对赌场经营者进行管理，确保赌场博彩的公平性，防范赌场摧残青少年以及大众，尽量减少博彩对社会的负面影响。赌场管理局设有七个专业委员会：审计委员会、预算审查委员会、纪律委员会、人力资源与薪酬委员会、法律和监管委员会、研究和数据审查委员会、技术咨询委员会。

新加坡当局顾及博彩业对社会可能带来的负面效果，在开放博彩业4个月后，成立全国问题博彩委员会（National Council on Problem Gambling），②该委员会隶属于新加坡社会和家庭发展部，由来自专业心理学、社服和法律等领域的专业人士组成，主要任务是反对病态赌博，建立预防和治疗病态赌

---

① 傅阳、寇剑波：《海南国际旅游岛彩票业发展方向研究：基于新加坡博彩业的开放经验》，《地方财政研究》2014年第6期，第75~80页。

② 官网地址：https://www.ncpg.org.sg/en/Pages/home.aspx.

徒的机制，通过在网站上发布相关知识、信息和广告提高公众对病态赌博的认识，防止病态赌博问题出现，并设立专门的热线帮助问题赌徒。此外，该委员会还通过调查、召开病态赌博研讨会等方式开展赌博成瘾研究，并为政府提供研究成果。

新加坡在开放博彩业时即已制定相关规范，并于 2005 年颁布《赌场管理法案》（Casino Control Act），该法案经过多次修订，共分为 13 章 202 条款。《赌场管理法案》的重点内容如下。

（1）赌场准入采取牌照制。法案明确规定新加坡只允许发放不超过两个博彩经营执照，一个执照只能经营一个赌场，执照不可随便转让。并且赌场运营商的首要股东在契约期间内不得贩卖股权或参与该地区其余赌场的经营活动。新加坡当局对赌场执照的申请、审核、调查、执照延期和违法等方面进行了详细规范。

（2）博彩税收政策。新加坡规定博彩税收的比例是赌场经营毛利收入的 15%，而且在未来 15 年中税收比例不得增长。相较于澳门 36% 和马来西亚 26%，新加坡博彩税率较低。

（3）加强赌场运营管理。法案规定赌场管理局可随时就可能影响赌场运营的情形进行调查，并且要求赌场运营者定期提交赌场运营报告，否则将面临严重处罚。法案也规范赌场的内部管理、经营、游戏与设备规则、赌场运营者和中介、赌场准入许可和博彩中介等。

（4）严格规范赌博成瘾问题。为最大限度地防止国内民众赌博上瘾，同时减少博采对社会的负面影响，法案对本地民众进入赌场采取最高限度管制。新加坡公民进赌场每次须缴纳 100 新元的入场税，或者每年交 2000 新元的会费，而外国赌客则免费。另外新加坡采取赌场禁入制度，凡是财务状况不良、陷入财务危机或领取社会救济金的人不可进赌场。赌场不得借贷给新加坡本地民众，不接受信用卡和远期支票，也禁止设置提款机。赌场广告只限于在机场、游客中心和旅游景点刊登，不得在广播、电视巴士站和公共巴士刊登。在防止赌博成瘾问题上，新加坡政府加强对赌博成瘾者的心理治疗和咨询。赌场也必须为赌客设置"输钱上限"服务。在治安管理上，新

加坡警方成立赌场罪案调查组，并在赌场内设立办公室，以便有效处理相关案件。

二　新加坡旅游业发展状况

新加坡自 1965 年立国以来，受通信产业和运输业快速增长的影响，旅游业在旅游成本降低的基础上迅速成长。为有效率提升新加坡旅游业发展品质，新加坡旅游局将发展目标放在不同形态住宿设施的开发以及对旅客的安全保障上。20 世纪 80 年代后，新加坡的旅游发展重点在于出台促进良好旅游管理的政策，然而受到 1985 年经济衰退的影响，新加坡的旅客人数在 1986 年下降 3.4%。为发展旅游业，新加坡政府提出改进旅游业基础设施的政策，由贸工部提出 2.23 亿美元的发展计划用于开发文化旅游景点，这个政策以"策略成长计划"（Strategic Growth Plan）之名在 20 世纪 90 年代仍持续实行。至 20 世纪 90 年代末，新加坡已经开发出新的旅客来源国，如马来西亚和印度尼西亚。

21 世纪末，新加坡曾努力改变旅游业的发展面貌。随着亚洲新航线的开辟，新加坡已经成为亚洲的旅游中心（tourism hub），新旅游设施的开发尊奉清净和绿色环保的理念。此外，政府也持续提高文化景点对旅客的吸引力，并且通过主办国际重要展览将新加坡开发成地区艺术中心。

由于旅游业对新加坡具有重要战略意义，新加坡当局提出促进旅游业可持续发展的政策。

一是旅游开发支持计划：鼓励旅游公司改善管理，支持创新旅游产品的开发，协助协会吸引国际专业会议组织在新加坡组织国际会议，并不定期组织世界级节日活动。为吸引游客，鼓励和支持不同旅游公司之间的合作，以创造协同效应。该计划适用于在新加坡境内或境外注册的协会和公司，符合条件的协会或公司可以申请旅游局的资金。在实施过程中，部分专业服务、设施和材料、产品成本和开发成本主要通过补偿金来分配。受益公司提出申请之后，政府给予许可费并将其用于专业机构的改革、设备和原材料的购买以及支付营销成本。

二是入境旅游营销双重税务抵减：主要目标是鼓励旅游公司积极参与新加坡旅游局赞助的海外营销活动，以吸引更多的旅客。该项目规定，税收减免限定是新加坡公司，并需致力于发展新加坡未来的旅游业。

三是当地企业参与贸易展览会可享双重税务抵减：通过鼓励新加坡本地企业参加新加坡旅游局举办的国际展览会，达到扩大市场的目的。

四是旗舰店投资津贴计划：目的是鼓励零售店、饮食店和娱乐场所投资旗舰店建设。该计划鼓励有竞争力的企业在法律规定的时间和地区内开设旗舰店以吸引更多客源。

五是新加坡的电影拍摄计划：给予国际性的电影创作者和广播电视公司在新加坡取景拍摄、生产和后期制作的权利，旨在通过节目的制作推广新加坡作为旅游目的地的良好形象。

六是推行旅游业培训计划：当局以奖学金和助学金的形式发放补助，支持旅游公司拓展本身的人力资源。新加坡本地的旅游公司对员工进行培训，政府可以补助50%～70%的费用。

三 新加坡博彩业发展与旅游业的关系

1997～1998年的东南亚金融风暴后，新加坡政府成立了数个有关经济重建的委员会，目的在于增强新加坡的国际竞争力，以及促进经济多元化，将劳动密集产业转变为服务和知识型产业。服务型产业居于新加坡经济的支柱地位，相较于制药业和制造业较少依赖外来资本，风险较小，而且景气循环对服务业的影响也较小。博彩业在产业性质上依赖大量资本投入相关设施，在受到外部经济衰退影响时，博彩业经营者无法立即将资金进行离岸移转，因此在新加坡政府的考虑下，博彩业成为经济成长的支柱产业之一。目前新加坡的产业发展重点已经由制造业转移至金融业，受到外部经济的影响已逐渐减小。

新加坡博彩业的发展从2005年当地政府批准综合度假村的设立开始。

综合度假村的设立对新加坡的经济产生了巨大影响,如对就业的带动。根据
2012 年的数据,两家综合度假村(Resorts World 和 Sands)共聘用 22000 名
新加坡本地劳工,如果将相关产业所聘用的劳工人数计入,则有 40000 名本
地劳工。新加坡两家综合度假村的目标顾客群包括马来西亚和印度尼西亚的
富有华人,以及中国和印度富有中产阶级。快速增长的中国和印度市场导致
出国旅客数的增长和两国富有中产阶级服务需求的增长。综合度假村的设立
对中国和印度富人的投资行为所产生的影响在于富人会选择将子女送到新加
坡留学,而他们可以借由探亲来新加坡的综合度假村娱乐;他们也可以带着
家庭成员来新加坡的综合度假村和旅游景点旅游,进而选择新加坡作为投资
的地点。新加坡的综合度假村对中国和印度富人产生了巨大的吸引力。据新
加坡旅游局统计,2013 年中国旅客在新加坡的平均支出为 1313 新元,而印
度旅客则为 1311 新元。

相较于其他政策,新加坡政府在批准外资进行博彩业运营的竞标时所用
的立法时程较短(2005~2006 年),而综合度假村从兴建到开始运营总共花
费 4 年时间(2006~2010 年)。国际竞争是新加坡政府加速赌牌审批的主要
因素。新加坡政府设立综合度假村的初衷在于增加国际观光客,重塑新加坡
的对外形象,以及提高国内生产总值(GDP),主要锁定的目标旅客群是精
英和中产阶级。除了 2014 年为负增长以外,从 2015 年到 2017 年,海外旅
客人数呈现正增长,如表 1 所示。

表 1　2014~2017 年新加坡海外旅客人数统计

	2014 年	2015 年	2016 年	2017 年
来自海外的旅客人数(千人)	15095	15231	16403	17424
增长率(与前一年相比较)(%)	-3.0	0.9	7.7	6.23

资料来源:新加坡贸工部统计数据。

从 2010 年至 2013 年,新加坡两家综合度假村的博彩收益基本上处于上
升趋势,如表 2 所示。

表 2　2010～2013 年新加坡两家综合度假村的博彩收益

单位：亿美元

	2010 年	2011 年	2012 年	2013 年
滨海湾金沙（Marina Bay Sands）	22.0	29.9	29.4	31.4
圣淘沙名胜世界（Resorts World Sentosa）	23.8	29.5	29.1	29.4

资料来源：D. Ng & I. Austin, "Integrated resorts and hotel (gambling) service enterprises in Singapore, Macau and Australia: The changing policy landscape," *Asian Journal of Political Science*, 24 (2016): 42-62。

四　新加坡博彩业与旅游业的基本特征及存在的问题

（一）新加坡博彩业的基本特征

根据彭博（Bloomberg Intelligence）2017 年第二季度的研究报告，新加坡两家综合度假村的中场收益是博彩收益的主要来源。滨海湾金沙（Marina Bay Sands）和圣淘沙名胜世界（Resorts World Sentosa）的中场收益自 2011 年开始每季为 6.5 亿～8 亿新元。相较于中国澳门，新加坡在 2017 年第二季度综合度假村的中场收益占博彩收益的 56%，而中国澳门只有 43%。显而易见，新加坡已经摆脱对贵宾厅的依赖。圣淘沙名胜世界的中场客源与环球影业主题公园和海洋生物主题公园的带动有关，而滨海湾金沙的中场客源则与其具有亚洲最大的会展中心和大零售卖场有关。这也带动了新加坡海外旅客的增长，2016 年新加坡的海外旅客人数达 1640 万人次。然而如图 1 所示，新加坡两家综合度假村的博彩收益自 2014 年开始即呈现下降趋势。显而易见，博彩业中场的收益在新加坡整体博彩收益占比较高（见图 2）。

对于由云顶国际（Genting Singapore）经营的圣淘沙名胜世界而言，主题公园、酒店和娱乐设施是非博彩收益的来源。非博彩收益在 2017 年第二季度占其总收益的 25.62%。自 2013 年开始，非博彩收益在 1 亿～1.4 亿新元。相较于金沙中国（Sands China），云顶国际企业非博彩收益占其总收益不到 15%。

图1 新加坡两家综合度假村博彩收益

资料来源：Bloomberg Intelligence，"Genting Singapore Company Primer，"2017。

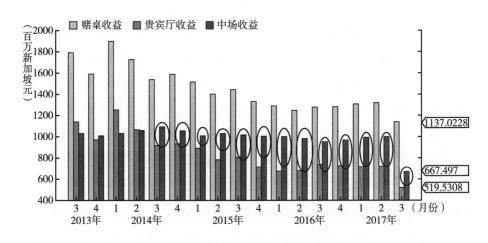

图2 新加坡中场和贵宾厅的博彩收益

资料来源：Bloomberg Intelligence，"Genting Singapore Company Primer，"2017。

（二）新加坡旅游业的基本特征

本文从相关文献归纳得出新加坡旅游业的基本特征为旅游品牌塑造和文化意涵。提升民族文化旅游一直是新加坡推广旅游的策略。在过去50年中，新加坡对外形象的塑造共改变至少五次。在20世纪60～70年代，新加坡以

"速成的亚洲"（Instant Asia）自居，旅客可以在新加坡寻找到亚洲文化的踪迹。20 世纪 80 年代，新加坡则以"令人惊奇的亚洲"（Surprising Asia）自居，把对外宣传的重心放在现代与亚洲文化以及西方与东方文化的交错上。自 1996 年开始则以"新亚洲"（New Asia）作为宣传重心，强调新加坡是个多元种族和谐共存以及传统现代交会的城市。而"独特新加坡"（Uniquely Singapore）则强调多元文化融合，在拥抱现代的同时保留传统。2014 年则以"你的新加坡"（Your Singapore）作为宣传词，主要强调节庆与传统的联结。

新加坡三个主要的民族文化区域包括唐人街（China Town）、小印度（Little India）和马来村（Malay Village）。民族文化旅游中的一个重要方向是文化的显现，旅游的重点在于使旅客能够体验到真实的新加坡多元文化。新加坡的唐人街和小印度以便宜购物区闻名，唐人街遗产中心（Chinatown Heritage Center）呈现早期华人的生活，但似乎隐没在礼品店中。唐人街亦以饮食闻名，而小印度则是提供较真实的民族文化体验，购物并非小印度唯一迎合旅客的项目。①

对旅游目的地而言，提升基础设施品质进而提升旅客认定的服务质量是重要的。新加坡樟宜机场是世界上最繁忙的机场之一，每周有 6000 班次的航班来往新加坡和世界各地。2016 年共有旅客 5870 万人次经由樟宜机场，较 2015 年增长 6%。新加坡也具有良好的道路系统与海路航线，使新加坡的旅游业尽管受到中国和泰国的竞争却可以永续发展。新加坡的旅游市场自 2014 年开始面临困境，来自马来西亚、印度尼西亚和澳大利亚的旅客人数受到数起国际空难事件和新加坡元汇率强势的影响而下降。而中国于 2013 年出台新的旅游法令对旅游团采取较为严格的限制也影响来新加坡的旅客人数。新加坡的旅客人数自 2015 年开始回升，2017 年来新加坡的旅客人数有 1570 万人次。②

---

① V. C. Phua and D. Berkowitz, "Non – Asian tourists' view on Singapore cultural tourism, tourismos: An international multidisplinary," *Journal of Tourism*, 9 (2014): 281 – 287.

② BMI Research, "Singapore Tourism Report," 2017Q2.

从新加坡旅游的客源来看，长期以来新加坡旅游业主要针对全球市场中能够花大钱的旅客，而近年来新加坡的旅游市场已经转移至中国和印度游客。至于新加坡的酒店市场则已经是一个开发良好的市场。尽管国土面积有限，新加坡的酒店设施仍因满足国内外旅客的巨大需求而有所增加。新加坡旅游市场的增长受到高价旅游（Luxury Travel）的推动，新酒店的落成对房价和旅客消费具有带动作用。新加坡的国内旅游面临境外旅游的竞争，原因在于新加坡距离马来西亚和印度尼西亚都不远，这些国家也具有便捷的海空运输网络，这对于境内旅游多少会造成影响。

（三）新加坡旅游业与博彩业存在的问题

新加坡的旅游业和博彩业未来的发展存在以下隐忧。一是博彩业发展下所衍生的治安问题。新加坡政府虽然要求本国公民必须缴费才能进入赌场，但博彩业的开放仍会对新加坡本地的社会治安产生影响。二是对自然环境的负面影响。圣淘沙名胜世界面积有 49 公顷，圣淘沙岛原本属于禁止开发的自然保育区域，但在开放博彩业后转为度假村用途，对环境生态造成负面影响。三是博彩业和旅游业快速发展下的社会问题。新加坡经济高速发展，外来人口增长太快，改变了原来新加坡社会的人口比例，造成原先定居于新加坡的民众产生对工作不保的恐惧，同时移入的诸多外来人口造成居住环境质量的下降，社会基础建设不足以负担涌入的外来人口，未来恐会对社会安定产生影响。

五 新加坡博彩业和旅游业与经济发展的实证分析

为了解新加坡博彩业和旅游业在发展过程中的关系和对整体经济发展的影响，本文建构联立方程组进行验证。研究引用 2011 年第一季度至 2017 年第二季度的相关数据进行建模。本文建立的方程有三个：（1）参考

Purwomarwanto and Ramachandran（2015）的模型[①]，探讨新加坡豪华酒店入住率与来新加坡的旅客人数之间的关系。本研究所验证的第一个方程以豪华酒店入住率作为旅游业绩效的代理变量，因豪华酒店的入住率和酒店的营收有关，酒店经营者通过提升入住率来提高酒店的营收，而且豪华酒店入住率和酒店的营销策略、顾客关系的维系有相关性；（2）验证新加坡博彩税收与豪华酒店入住率、赌桌数量和角子机数量之间的关系，同时验证豪华酒店入住率是否有带动博彩税收的作用；（3）验证新加坡 GDP 与博彩税收和豪华酒店入住率之间的关系。为避免数据大小差异影响建模结果，本文对所有变量均取自然对数处理。建模结果见表 3 至表 5。

表 3　新加坡豪华酒店入住率与各国访新加坡旅客人数之间的关系

应变数（Dependent variable）：豪华酒店入住率

时间：2011 年第一季度至 2017 年第二季度

变量名称	系数	标准误	t 值	p 值	显著性
常数项	3.479	0.170	20.36	<0.001	***
日本旅客	0.213	0.065	3.257	0.003	***
中国旅客	-0.015	0.022	-0.701	0.491	
韩国旅客	0.159	0.045	3.484	0.002	***
亚洲其他国家旅客	-0.049	0.038	-1.273	0.217	
欧洲国家旅客	-0.124	0.066	-1.879	0.074	

$R^2 = 0.656$，*** : $p < 0.001$

为了解模型设置是否有自变量设置过多的情况，本文采取 Hansen – Sargan over – identification test，检验结果发现：$p = 0.3541 > 0.05$，故接受原假设，即工具变量设置符合联立方程组需具备的要件，并没有过度设置工具变量的情况。

---

① Y. L. Purwomarwanto and J. Ramachandran, "Performance of tourism sector with regard to global crisis: A comparative study between Indonesia, Malaysia and Singapore," *The Journal of Developing Areas*, 49（2015）: 325–339.

表4 新加坡博彩税收与豪华酒店入住率、赌桌数量和角子机数量之间的关系

应变数（Dependent variable）：新加坡博彩税收

时间：2011 年第一季度至 2017 年第二季度

变量名称	系数	标准误	t 值	p 值	显著性
常数项	-10.752	11.599	-0.927	0.364	
豪华酒店入住率	0.039	0.8402	0.0467	0.963	
赌桌数量	4.052	1.496	2.708	0.012	**
角子机数量	-1.282	0.575	-2.228	0.036	**

$R^2 = 0.335$，** : $p < 0.05$

表5 新加坡 GDP 与博彩税收和豪华酒店入住率之间的关系

应变数（Dependent variable）：新加坡 GDP

时间：2011 年第一季度至 2017 年第二季度

变量名称	系数	标准误	t 值	p 值	显著性
常数项	9.734	0.761	12.78	<0.001	***
博彩税收	-0.263	0.035	-7.37	<0.001	***
豪华酒店入住率	0.814	0.159	5.11	<0.001	***

$R^2 = 0.70$，*** : $p < 0.001$

从表 3 至表 5 的实证结果得出如下结论。

（1）日本旅客和韩国旅客来新加坡的人数与豪华酒店入住率呈现显著正向关系，显示日本旅客和韩国旅客是近年来新加坡豪华酒店的主力客群。

（2）新加坡的赌桌数量与博彩税收呈现显著正向关系，而角子机数量则与博彩税收呈现显著负向关系，显示新加坡的博彩税收的增加依靠赌桌数量的增加。豪华酒店入住率与博彩税收并无显著关系，表示旅游业的发展对博彩业发展并无带动作用。

（3）新加坡的博彩税收与 GDP 呈现显著负向关系，显示近年来新加坡的整体经济发展并不依赖博彩业，博彩业并未如预期一样对新加坡的经济发展产生正向影响。而豪华酒店入住率与 GDP 呈现显著正向关系，显示旅游业的发展与新加坡的整体经济发展具有关联性。

　　本研究通过计量经济学建模，发现新加坡的博彩业发展与旅游业发展之间并没有显著关系，原因在于新加坡博彩业税收的增加主要依靠赌桌数量的增加。豪华酒店入住率对博彩税收虽有正向关系，但不显著，而且博彩税收与 GDP 之间呈现显著负向关系，显示新加坡的整体经济发展并不依赖博彩业，其中原因可能在于新加坡的旅游业主要以非博彩元素作为吸引物，使得博彩业的客群仅限于专门去博彩的游客。此外，本研究也发现，新加坡豪华酒店入住率与日本、韩国旅客来新加坡的人数呈现显著正向关系，显示日韩旅客为豪华酒店旅客的主力，而中国旅客虽然来新加坡的人数较多，但住宿上不以豪华酒店为主。

　　综上所述，新加坡博彩业和旅游业的发展呈现各自的特征，就整体经济的发展而言并非主力行业，可见新加坡在经济发展上呈现不以博彩为主的多元化发展特征。新加坡的博彩业发展虽然受旅游业带动，但并不显著，旅客并不是因博彩需求而前往新加坡旅游。新加坡已经达到产业多元化的目的，从新加坡博彩税收与 GDP 之间的显著负向关系中更可得到验证。然而，豪华酒店入住率与 GDP 呈现正向关系，说明新加坡的旅游业对经济发展具有正向贡献。澳门可借鉴新加坡的发展经验，促进非博彩元素的旅游产品开发，在产业适度多元上下工夫，推动澳门经济发展上一个新台阶。

G.16
日本赌场合法化前景预测及其
对澳门的影响

董旭阳 *

摘　要：　为推动旅游业发展和促进就业,日本近 20 年来一直在推进赌场合法化。2018 年 7 月 20 日,日本参议院全体会议通过 IR 实施法案,意味着赌博在日本正式合法化,IR 计划自此进入正式的实施阶段。接下来是 IR 实施基本方针的确定以及赌场管理委员会的设立。赌场的选址以及合作运营商的选定也备受关注。预计第一座 IR 将于 21 世纪 20 年代中期建成开业。赌场合法化预计将拉动日本旅游业的发展并带来每家赌场(以建设在大阪或横滨为例)年收入约 300 亿美元的经济效益。日本赌场的开设会分流原本前往澳门的中国内地客源,挤压澳门博彩市场,从而导致澳门本地赌收减少,影响财政收入,带来博彩资金和人才的流失,甚至会影响到中国内地的金融经济安全。因此,澳门需要考虑应对之策,优化博彩结构,支持博彩娱乐业发展的技术创新,加快建设世界旅游休闲中心,增加非博彩旅游元素,以推动经济社会的可持续发展。

关键词：　日本　IR　赌场合法化　澳门

---

* 董旭阳,澳门科技大学社会和文化研究所国际关系专业博士研究生,研究方向为国际关系与全球治理。

安倍政府多年来力推赌场合法化以促进观光业发展与消费，并将其作为拉动日本经济的新亮点。日本开赌会对澳门博彩业带来怎样的影响和威胁？针对亚洲博彩经济格局面临的重大变化，澳门有何应对之策？本文以日本赌场合法化为切入点，援引相关资料和数据对其后续的发展步骤和前景进行预测，分析日本开赌对澳门未来发展的影响，探讨推动澳门经济社会可持续发展、增强博彩经济全球竞争力的必要性、紧迫性及其可行路径。本文的部分内容和数据是基于日本相关政府部门以及专业咨询公司的预测，具体实施过程、产生的经济效益以及对澳门产生的影响等内容和数据有待进一步观察和更新。

一 日本赌场合法化的缘起及法律进程

（一）日本 IR 简介及发展背景

IR 全称为 Integrated Resorts，意思是带有赌场的综合度假区。所谓综合度假区，以日本为例，包括酒店、剧院、餐饮区、购物区、国际会展中心、游乐园、水族馆等设施，以及占地面积不超过一定比例的赌场。①

赌场在日本正式合法化之前是被法律明令禁止的，但能为地方财政带来收入的公营赌博（如赌马等）是合法的，同时还存在一个著名的灰色产业，即小钢珠店。尽管弹珠游戏从严格意义来说也是赌博，但是日本政府对于弹珠馆却网开一面，将其界定为"娱乐"，因此是合法的。

21 世纪初，日本经济持续低迷，失业率继续上升，政府的税收和财政压力也随之攀升。早在 2002 年日本就有议员组成联盟，着手为赌场合法化铺路。安倍政府近年来为实现"观光立国"的目标，吸引海外游客进入日本赌场，在任期间一直致力于推动赌场合法化。安倍晋三从经济角度出发，认为开设赌场可促进观光业发展，希望通过赌场法案为 2020 年奥运会后的经济发展寻

---

① 木曾崇：《日本赌场的一切》，日本实业出版社，2014，第 22 页。2018 年 7 月通过的日本 IR 实施法案中规定，赌场占地面积控制在 IR 整体面积 3% 以下。

找新引擎。

此外，日本需要开设赌场的另一原因是现有的赌博方式已不能满足国内外顾客的需求。若国内不能赌，许多日本人便到国外去赌，使日本外汇流失。尽管支持的人很多，但是反对的呼声也很高，反对者指出赌博可能会带来犯罪、腐败、破坏家庭等一系列问题。尽管如此，赌场合法化的议程在近20年来仍不断推进。

（二）日本 IR 法案的推进过程

日本 IR 法案的推进过程并不十分顺利。1999 年东京都知事石原慎太郎曾建议，日本应该建立赌场以补充日本的旅游观光要素和促进就业。在石原慎太郎的主导下，东京都 2001 年首次将观光提升到产业位置，制订了"观光产业振兴计划"，其一大目标是今后几年要使海外游客的数量倍增，而兴建赌场是实现该目标的一个重要手段。但要兴建赌场，首先需要国会修订有关禁赌的法律。[1]

2002 年自民党内结成了"思考作为国际旅游产业的赌场的议员联盟"。此后，随着对赌场经营合法化问题的讨论不断升级，2010 年 4 月成立"国际旅游产业振兴议员联盟"，成为除共产党和社会民主党之外的超党派国会议员联盟。该组织的目标是，通过赌场经营合法化振兴旅游产业。该联盟 2011 年对外公布了《综合型度假区（IR）建设推进法案》（通称"IR 推进法案"），并于 2013 年 6 月正式向众议院提交 IR 推进法案。2014 年 5 月，安倍晋三首相访问新加坡，考察综合度假村滨海湾金沙酒店，提出"IR 是增长战略的核心"[2]。为实现刺激民间投资的增长战略的目标，安倍提出建设包括赌场在内的综合度假区的建议，认为赌场有望促进旅游业振兴、产业振兴等。在安倍首相的推动下，2015 年 4 月自民党、维新党、次世代党三党联合向众议院再次提交 IR 推进法案。然而，反对派担忧建设赌场会招致赌博上瘾的人增加，因而众议院未予审议。

---

① 曾忠禄：《全球赌场扫描 现状与趋势》，中国经济出版社，2010，第 122~123 页。
② 「カジノも成長戦略 安倍内閣『検討すすめる』と明記」、『しんぶん赤旗』、http：//www.jcp.or.jp/akahata/aik14/2014-06-25/2014062515_01_1.html。

2016 年 12 月，日本国会众议院在激烈的争论声中通过了 IR 推进法案，宣布废除赌场禁令，为赌场合法化铺平了道路。政府和执政党为推进 IR 推进法案的具体化，于 2018 年 4 月 27 日向国会提交了《综合度假区实施法》（又称 "IR 实施法案"，以下简称 "IR 法案"）。2018 年 7 月 20 日，日本参议院全体会议通过 IR 法案，意味着赌博在日本正式合法化。至此，日本的 IR 计划终于从法律上实现了无障碍通行，接下来就是在日本正式进入实施阶段。

（三）日本 IR 法案的主要内容

IR 法案共 251 条，其中，自第 39 条至 230 条全部是有关日本国内博彩业合法化的规定，因此也被媒体称为 "赌博法案"。法案规定，日本在国内开设三个带有赌场的综合度假区，赌场面积不得超过度假村面积的 3%，7 年后可以再次商讨并修改开设上限数。赌场经营者除缴纳法人税以外，还须向地方自治体缴纳赌博收益的 30%。日本人每周可以进入赌场 3 次，每 28 天可以进入 10 次，并要付 6000 日元（约合人民币 360 元）入场费。而对于外国人，完全没有这样的限制和收费要求。

法案的主要内容如下：

（1）IR 在日本全国最多建造 3 处；

（2）赌场占地面积不超过总面积的 3%（不包含餐饮区和公共道路）；

（3）将向日本人收取入场费 6000 日元（约合人民币 360 元）；

（4）赌场运营商将被允许从事向客人放贷的业务；

（5）日本人每周仅可入场 3 次，外国人不限次数入场；

（6）成立赌场管理委员会，负责监督赌场运营是否合法合规，并开展赌博依赖症应对措施研究。

二 日本赌场合法化的前景预测

（一）开业前的步骤及预期时间

实施法案尽管明确了 IR 区域制度、被确定为赌博依赖症的入场次数和

入场费等相关规定的内容，但是，并没有明确实施基准以及与赌场运营相关的具体条件，预计后续会在政省令及重要文件制度中规定具体细节。以此为基础，国土交通大臣将在法案公布一年内公布"基本方针"，同时各自治体也会据此公布"实施方针"。致力于开设赌场的各自治体与相关业者会制订出基于基本方针和实施方针的"区域实施计划"。之后，国土交通大臣将对提交的各"区域实施计划"进行甄别与选定。2019 年夏秋季日本将设立监察机关"赌场管理委员会"，负责管理及监督赌场营运。委员会拥有独立权限，不接受特定大臣的指示，一旦运营方出现违反法令的情况，委员会有权吊销执照等。委员会成立后将着手制定赌场面积、游戏项目类型等相关规则，2020 年以后将对国内最多建设 3 处的赌场展开资格审查。赌场开业后将有职员常驻现场，监督日本人每周上限 3 次的入场限制等是否得到严格执行。

　　IR 的实施流程如图 1 表示，区域实施计划的申请/批准流程如图 2 表示。

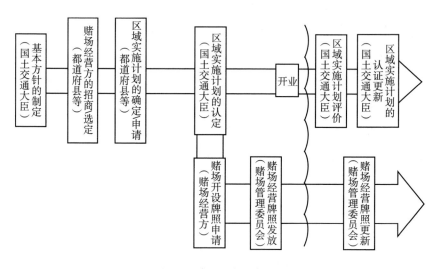

图 1　日本 IR 的实施流程

资料来源：「圧倒的な構造力と実行力で日本型 IR の事業確立を」、『月刊　レジャー産業資料』2018 年第 8 期、96 頁。

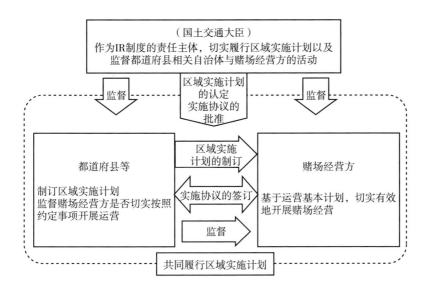

图 2　区域实施计划的申请/批准流程

资料来源：「圧倒的な構造力と実行力で日本型 IR の事業確立を」、『月刊　レジャー産業資料』2018 年第 8 期、96 頁。

此外，预计从 2019 年公布具体规定到赌场开业，需要 6～7 年的时间，相关流程如图 3 表示。

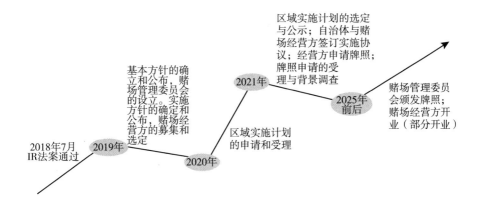

图 3　日本 IR 法案通过后政府、申请自治体及赌场经营方的作业流程

资料来源：「日本型 IR の事業予測とコンソーシアムの方向性」、『月刊　レジャー産業資料』2018 年第 8 期、101 頁。

（二）市场前景预测

根据［キャピタル&イノベーション（株）］公司（Capital & Inovation 股份有限公司）① 发布在『月刊レジャー産業資料』上的文章②，日本赌场将把横滨市、名古屋市、大阪市等大城市打造成世界最高级别 IR，将北海道、和歌山县、长崎县等地方城市打造成世界排名靠前的综合度假区。据估计，大城市 IR 的收益规模将达到年营业额 3000 亿日元、营业利润 1000 亿日元，地方城市 IR 的收益规模将达到年营业额 1000 亿日元、营业利润 200 亿日元（如表 1 所示）。

表 1　日本 IR 的预计收益规模

	大城市 IR （亿日元）	营业额占比 （％）	地方城市 IR （亿日元）	营业额占比 （％）
营业额	3000	100	1000	100
赌博	2400	80	800	80
酒店住宿	250	8	70	7
餐饮	200	7	70	7
购物	100	3	30	3
娱乐	50	2	30	3
EBITDA	1300	43	300	30
营业利润	1000	33	200	20

资料来源：「圧倒的な構造力と実行力で日本型 IR の事業確立を」、『月刊　レジャー産業資料』2018 年第 8 期、99 頁。

在日本众多 IR 候选地中，目前大阪沿海人工岛"梦洲"的呼声比较高。大阪府政府官方网站公开的有关日本综合度假区候选地的调查报告显

---

① Capital & Innovation 股份有限公司成立于 2013 年 9 月，致力于在日本全国各地开展关于推广与实现 IR 商业化的事业，并负责 IR 专业领域政治、经济媒体 "Casino in Japan"（www. casino – ir – japan. com/）的运营。"Casino in Japan" 得到日本国家政府、地方政府以及博彩行业的广泛认可，每个月的用户达到 10 万人左右。

② 「日本型 IR の事業予測とコンソーシアムの方向性」、『月刊　レジャー産業資料』2018 年第 8 期。

示，在大阪梦洲设立赌场预计产生的经济效益（增加的生产总值和创造的雇佣机会）和税收效益如表 2 所示。开业前的土地平整和设施建设将带动巨额投资，开业后的员工雇用和客人在赌场等的消费将继续助力当地经济发展，经济收益主要是由 IR 与 MICE① 的开发和建设带来的直接收益（比如赌场的设备和信息技术、电子产品、钢铁行业及其他生产行业）和运营带来的间接收益（比如餐饮行业、纤维纺织、电力水力消耗等）组成，税收效益主要是 IR 开发与运营拉动的各行业发展且随之带来的国税、府税和市税以及赌场的入场费和博彩税的增加。

表 2　大阪开设赌场的经济效益和税收效益预测

时　　间 \ 效　　益	经济效益		税收效益
	增加的生产总值	创造的工作机会	
开发（开业前的累计）	5600 亿日元	4.1 万个	600 亿日元
赌场运营（开业后每年）	3000 亿日元	3.2 万个	600 亿日元

资料来源：「統合型リゾート（IR）立地による影響調査　調査報告書‐概要版」、http://www. pref. osaka. lg. jp/。

关于赌场的选址，目前大阪、北海道、和歌山及长崎等多个道府县均有意兴建赌场。日本政府会在评估经济效益和各地的经济条件后确定。

日本 IR 开发运营的组织架构将以当地企业、海外赌场运营商、城市建设开发企业为主要股东。当地企业在整个架构中占主导地位，起着协调区域内部、赋予各界对 IR 计划实施以信赖的作用。海外赌场运营商的主要作用包含资金筹措支持、提供海外赌场运营的技术资源和专家网络等。

日方在选择海外赌场运营商时有很多考量基准，其中最重视如下两方面：一是资产负债表的安全性（比如是否存在不良债权和库存以及固定资产的过度投资等）和现金流的净流入产出能力；二是最近几年欧美或者亚

---

① MICE，由 Meetings（会议）、Incentives（奖励旅游）、Conferencing/Conventions（大型企业会议）、Exhibitions/Exposition（活动展览）和 Event（节事活动）的第一个字母大写组成，是会展的英文缩写。

洲大型 IR 的开发实绩。

有研究报告总结了 7 家有意投资日本博彩业的大型海外赌场运营商①的财务和运营状况（见表 3）。

表 3　7 家大型海外赌场运营商的财务和运营分析（2017 年度实绩）

单位：亿日元，%

总部所在国家地区	公司名称（简）	总资产	所有者权益	净有息负债	(A)息税前利润	(B)利息	(A - B)税前利润	净有息负债/经营现金流	D/E 率	所有者权益比率
中国澳门	银河	12120	8023	- 1127	1418	- 81	1499	- 0.6	- 0.1	67
	新濠博亚	10051	3263	2617	682	254	428	2.5	0.7	37
马来西亚	云顶	26023	9394	- 943	1382	17	1366	- 0.6	- 0.1	61
美国	凯撒宫	28829	3644	17846	597	868	- 271	30.9	4.8	13
	金沙	23376	7337	8160	3884	349	3535	1.8	0.9	37
	美高梅	32950	8602	12892	1925	750	1174	5.8	1.0	40
	永利	14330	1071	7523	1184	309	875	5.8	6.2	9

资料来源：「日本型 IR の事業予測とコンソーシアムの方向性」、『月刊　レジャー産業資料』2018 年第 8 期、103 頁。

通过上表数据可看出，亚洲比较重要的几家赌场的资产负债情况相对稳健，收益也较高，美国几家重要的赌场则相反。与之相对，美国赌场数量众多，在某些区域过度集中从而引发激烈竞争。总部在亚洲的银河、云顶以及尽管是美国企业但在亚洲实绩占比较高的金沙的财务状况良好，收益较高。相对而言，美国的凯撒宫和美高梅有息负债较高，财务安全稳定状况有待进一步观察。

关于资产负债表的安全性，主要是看净有息负债（有息负债减去货币资金）、净有息负债与经营现金流的比率两个指标。凯撒宫拥有近 1.8 万亿

---

① 从集团的经营规模考虑，原报告选取了上述具有代表性的 7 家赌场运营商进行分析，这 7 家海外赌场运营商曾公开表示或者被媒体报道有意向投资日本博彩事业。

日元的净有息负债，税前利润也呈赤字。美高梅拥有近 1.3 万亿日元的净有息负债，达到经营现金流的近 6 倍之高，充分说明其债务负担过重。其他 5 家运营商相对而言不存在如此压力的财务状况。

关于开发实绩，除去凯撒宫，近几年其他几家运营商在欧美或者亚洲的开发实绩均有所增长，在此不一一赘述。反观凯撒宫，其运营范围和相关管理经验基本局限在美国本土，也没有对其他国家和地区展开新的投资。此外，澳门赌牌将于 2020 年陆续到期（澳博控股与美高梅中国的赌牌将于 2020 年到期，金沙中国、银河娱乐、永利澳门及新濠国际的赌牌则将于 2022 年到期），赌牌到期后不是续牌，而是重新竞投。最终的竞投结果也会影响到几大赌场运营商参与日本赌场运营的投资情形，相关具体情况有待进一步观察。

三 日本开赌对澳门的可能性影响

（一）分散客源，挤压澳门市场

由于具有得天独厚的地理、政策优势，澳门被认为是博彩者的天堂，博彩业也成为澳门的经济支柱产业。日本赌场合法化后，与澳门博彩业竞争态势明显，主要的客源都来自亚太地区，尤其是中国和韩国游客，对澳门博彩业的冲击是不言而喻的。

从赴澳门的游客来源地所占比例来看，真正的威胁是内地游客在日本开赌后赴澳人数的减少。澳门特别行政区统计暨普查局的统计数据显示，2018 年澳门游客主要来自内地（2281 万人次，占 70.77%）、香港（564 万人次，占 17.52%）、台湾（97 万人次，占 3.0%）等。据日本旅游观光局发表的统计公告，2018 年日本接待外国游客数量超 3000 万人次，其中中国游客最多，超过 800 万人次。日本建设的综合度假村可能规模比澳门更大、功能更全、服务更周到，以吸引大量游客前往，澳门的游客将被日本分流，对澳门市场形成挤压。同时，日本、韩国、美国等国际游客也可能减少，增加澳门实现旅游国际化、建设世界旅游休闲中心的压力。

其次，在签证（注）申请条件方面，尽管日本签证的申请要比澳门签注严格一些，但近年来日本针对中国个人游客的签证政策日趋宽松。比如从 2019 年 1 月 4 日起，符合条件的游客申请签证时不再需要提交证明经济能力的材料。从证件有效期和逗留期限来看，日本更有吸引力。两者对比如表 4 所示。

表 4　中国内地游客赴澳门 vs 日本个人旅游签证（注）对比

澳门				日本			
旅游签注种类	申请条件	有效期	逗留期限	旅游签证种类	申请条件	有效期	逗留期限
3 个月 1 次	无特殊限制	3 个月	7 天	单次	对资产、收入有一定要求	90 天	15 天
1 年 1 次	无特殊限制	1 年	7 天	3 年多次	对赴日目的地、申请人资产、收入有一定要求	3 年	30 天
				5 年多次	对资产、收入有更高要求	5 年	90 天

资料来源：笔者自行整理。

此外，中国旅游研究院发布的《中国出境旅游发展年度报告2018》显示，累计52.4%的游客集中在以北京为中心的环渤海都市圈、以上海为中心的长江三角洲都市圈、以广州和深圳为中心的珠江三角洲都市圈。从空间距离和出行时间来考量，内地华北、华东地区与日本的距离不算远，直航仅需 2~3 小时，与澳门相比，这也会成为日本分流客源的因素之一。

澳门要建设成为世界旅游休闲中心，正是希望吸引更多中高收入人士来澳，内地旅客占访澳旅客总人数70%之高。日本开赌后，内地长三角、京津一带的居民仍然会来澳旅游，但赴澳次数可能会减少，逗留时间可能缩短；相反，他们赴日次数可能会增加，逗留时间可能会较长。由于逗留时间较长，内地旅客在日本的人均消费水平会较在澳门高，因此，在中高收入旅客总人数减少和人均消费水平降低的情况下，澳门旅游博彩收益自然会有所下降。

（二）赌收减少，影响财政收入

根据澳门官方的推算，澳门经济 90% 以上与博彩业有关。由于澳门经济单一依赖博彩业，旅游业围绕博彩展开，倘若游客分薄、赌收减少，将影响特区政府财政稳健及对社会民生建设的投入。

澳门存在的不少潜在民生问题，如贫富差距、楼价高企、交通堵塞等，本可通过快速发展的经济逐步加以解决，但如果博彩业遭受冲击、经济衰退，回归以来所隐藏的社会矛盾、社会问题将马上凸显，有可能会导致社会矛盾的出现与激化。

（三）博彩资金及人才流失

据观察，新濠博亚娱乐公司、拉斯维加斯金沙集团、永利度假村、美高梅国际酒店等博企已表示出对投资日本博彩业的强烈兴趣，有的已进行长时间的实质性接触与调研。如果澳门博企（包括贵宾厅）投资重心转向日本，可能造成澳门博彩资金、人才等的流失。值得注意的是，由于增加了更具吸引力的投资目的地，博企与特区政府就博彩监管、博彩税费、博彩责任的博弈筹码可能也会随之增加。

日本开赌后大部分赌客可能来自我国华北和华东经济带，这将进一步加剧中国内地的资金外流。日本开赌将与中国周边的开赌国家一起，吸引大量中国游客和资金，冲击中国的外汇和金融基础，削弱国家发展战略实施能力、应对贸易战实力，以及捍卫国家安全的能力，对中国金融安全、国家安全构成新的威胁。因此，从战略高度上，中央政府、澳门特区政府应对此保持高度警惕，并及时采取相应策略，以应对由此带来的经济、金融、社会等方面的影响与威胁。

四 澳门的应对策略和措施

从相关分析可以判断，日本发展博彩业显然不是局部的、临时的，而是

具有长期性、全面性及战略性，其度假村可能遍及若干城市（刚开始是3个），其赌博经济规模可能超越新加坡，成为仅次于澳门的亚洲第二大博彩中心，由此将深刻改变亚洲博彩经济的格局。日本将成为澳门最直接、最强大的对手，澳门"亚洲第一赌城"的地位将经受前所未有的考验。澳门应对此保持密切关注，并及时制定策略和采取相应措施，以应对日本赌场合法化给澳门带来的挑战。

（一）完善制度，适时放开互联网博彩相关限制

随着全球电子通信技术和互联网技术的快速发展，传统博彩行业延伸出了新的博彩方式——网络博彩。其将传统博彩游戏从线下搬到线上，打破了地域的束缚，传播范围更广，发展速度也更快。同时，随着计算机编程的不断发展，其游戏模式在不断更新，使得网络博彩吸引人的点不仅限于金钱利益，娱乐兴趣也成为很重要的因素之一。这些因素使网络博彩得到了极大的发展。澳门博彩监察协调局曾表示澳门没有批出任何网络博彩牌照。但近年来，网络博彩的快速发展已形成对传统实体博彩的潜在威胁，适时研究并完善相关制度、探讨开放网络博彩的可行性变得非常有必要。因此，从市场、技术以及监管要求的角度出发，在深入研究各种博彩产品的优劣及其在澳门适用性的基础上，探讨和分析建立互联网在线博彩平台与移动博彩平台（包含区块链技术或非区块链技术），并适时推出新型的、符合市场需求的博彩产品，包括互联网博彩等是非常有意义的。

（二）优化升级博彩结构，扩大中场业务

澳门娱乐场业务主要由中场及贵宾厅构成，其中贵宾厅为澳门博彩收入贡献近七成。目前尚未发现哪个国家或地区对大赌客的经营方式如此独特，以至形成贵宾赌客经营体系，即贵宾厅承包制[①]。但是，结合行

---

① 澳门科技大学社会和文化研究所：《"从行业健康发展及区域竞争角度探讨博彩业（2020年至2035年）适度规模定量分析"研究报告》，2018，第23页。

业趋势判断，澳门各大博彩企业长期持续增长的关键在于中场及非贵宾厅业务的发展。借助日本开赌以及赌牌重新竞投，各大赌场运营商可进行赌场结构、博彩模式的改革。例如，重新界定贵宾厅、中场的方式与游戏规则等，以提升中场业务占比，大力发展以大众休闲游客为定位的度假村。

（三）推进技术创新

博彩业与众多行业有很高的关联度，博彩业的发展可带动交通、旅游、服务、金融、地产等相关行业的协同发展，有巨大的势能和溢出效应。对于澳门博彩业来说，可增强已有的线下优势，增加面向世界和未来的在线业务，实现在线对线下的引流，完善线下对线上的体验，最终形成一个立体的、完整的产业循环。实现博彩业的新发展，离不开现代创新技术的支持。大数据、人工智能、虚拟现实（Virtual Reality）以及区块链（Block Chain）等新技术需要加速应用在全球博彩娱乐业中，以开发创新博彩娱乐方式，提升客户博彩乐趣与满意度，并分析相关方案产生的可能性影响。同时，还需要探讨加入移动支付、跨境支付和加强博彩金融监管等方面的应用场景。

（四）加快建设世界旅游休闲中心，增加非博彩旅游元素

澳门博彩业历经赌权开放后的高速发展、低迷调整及结构优化，已具有"先发优势"。日本开赌，起点可能会高，但毕竟是从零起步。针对日本的赌场合法化，澳门可打"时间差"（6~7年），以优化博彩产业为基础，以经济适度多元为目标，以建设世界旅游休闲中心为定位，围绕"一中心、一平台"方向来谋求更大的发展，加速提高自身的竞争力。转型要具体落实到加快博彩业相关行业与支持产业（包括购物、交通通信业、酒店餐饮业、商务和休闲度假旅游等）的发展。加强对外交通和本地交通两方面的基础设施建设，借鉴拉斯维加斯的经验，大力发展旅游会展业、商务和度假旅游、文化旅游等，带动相关产业的发展和创新。

结　语

澳门回归 20 年来，本地生产总值、特区政府财政收入和社会保障支出均持续大幅度增长，居民失业率逐年下降。然而，澳门经济快速发展的背后也存在着不少隐患：经济地域狭小、人力资源匮乏、旅游休闲业产品单一、服务水平不高、交通体系不完善、贫富悬殊日益突出等①。这些问题的解决除了依靠澳门特区政府自身的努力，更离不开中央政府的支持。

2008 年底国家发改委首次明确澳门要建设"世界旅游休闲中心"的发展新定位。2015 年 6 月，国家旅游局和澳门特区政府签署了《内地与澳门关于建立促进澳门世界旅游休闲中心建设联合工作委员会的协议》，使澳门世界旅游休闲中心建设获得了机制性的有力保障。此外，习近平主席"一带一路"倡议的提出和粤港澳大湾区建设的推动，也为澳门提供了非常宝贵的重大发展机遇。在抓住重大发展机遇的同时，澳门今后可考虑向中央政府申请进一步放开内地居民"个人游"政策，使访澳签注办理更加便捷，延长访澳游客的逗留时间。另外，取得中国人民银行和外汇管理局等相关部门的支持，进一步推进澳门开放人民币清算业务和支付方式的多元化。此外，在旅游会展、金融租赁、跨境电商、智慧城市建设、健康医疗和海洋经济等领域，也要进一步加强与内地的合作，促进澳门经济适度多元可持续发展。

---

① 顾相伟、庄金锋：《澳门博彩业转型发展与世界旅游休闲中心建设》，复旦大学出版社，2017，第 2 页。

案 例 篇

Case Article

Case Article

G.17

澳门国际旅游（产业）博览会的特点、效应及建议

陈思敏*

摘　要：　澳门国际旅游（产业）博览会至今已连续举办7届。在澳门
特区政府旅游局、澳门旅行社协会的大力推动下，旅博会为
世界各地的旅游业及相关业界打造了一个交流合作和共享客
源的平台，形成了"政府主办、市场化运作"的运营模式，
积极展示澳门旅游资源，推动粤港澳大湾区旅游行业、中国
与葡萄牙旅游业交流合作，推广"海丝"旅游文化资源，充
分发挥澳门"一个中心，一个平台"的作用。借鉴香港、广
州和深圳代表性旅游展会的经验，建议旅博会在国际化、品
牌化、专业化方面持续优化，以"互联网＋"打造智慧会展

* 陈思敏，澳门科技大学社会和文化研究所学术助理，研究方向为澳门旅游博彩、企业管理等。

服务平台，不断提升旅博会的商业价值和社会效益，继续朝着"澳门品牌"年度国际旅游展会的方向迈进，助力澳门"世界旅游休闲中心"建设。

关键词： 澳门　旅博会　世界旅游休闲中心

澳门国际旅游（产业）博览会（以下简称"旅博会"）是澳门国际品牌展会之一。旅博会2013年由澳门旅行社协会和澳门旅游商会创立，2016年起由澳门特区政府旅游局主办、澳门旅行社协会承办、多家单位协办或支持，是一年一度在澳门举行的旅游业国际交流与合作的大型盛会，至今已连续举办7届。旅博会规模逐渐扩大，参展业态不断丰富，展会品质不断提升，业界影响日益扩大，已成为会展业知名品牌，是澳门与内地深度合作的平台之一。近年来，旅博会不断做出崭新尝试，推出"一带一路"和粤港澳大湾区主题展区等，体现了澳门旅游业积极融入国家发展的努力。2018年，第六届旅博会获得澳门会展嘉许奖"品牌展览奖"以及亚洲展览会议协会联盟亚洲会展奖（AFECA Asian Awards）"最佳消费展览奖"（Outstanding Consumer Exhibition Award）第二名。

一　旅博会的发展历程及其效应[①]

首届旅博会于2013年10月11～13日在澳门威尼斯人会展中心成功举办，展览面积6300平方米，国际标准展位275个，吸引了葡萄牙旅游局，法国、日本等14个国家和地区的旅游机构和参展商，国家旅游局，广东、四川等15个省（市、自治区）旅游局和相关政府机构，超过百家旅游企

---

① 旅博会发展历程资料主要整理自澳门国际旅游（产业）博览会官方网站、澳门旅游局、《澳门日报》等。

业参展，约 5.2 万人次观众入场观展，达成了 20 余个旅游合作项目意向，涉及旅游投资金额 16 亿澳门元。开幕式上，参展首届澳门国际旅游（产业）博览会的 15 个省（市、自治区）旅游局联合倡议，向消费者做出树立行业新风的宣言。

第二届旅博会于 2014 年 11 月 21～23 日在澳门威尼斯人会展中心举办，展览面积 10000 平方米，国际标准展位 300 个。展会立足搭建同行业间的交流平台，让市民"一站购齐"旅游产品（线路）；更加关注服务细节，为参展商提供更多便利性及人性化服务，以提升展会综合服务水平；以推动澳门历史之旅为重点，展现澳门旅游特色，促进旅游业合作向纵深发展。

第三届旅博会于 2015 年 11 月 13～15 日在澳门威尼斯人金光会展中心举行，由澳门旅行社协会、澳门旅游商会、澳门旅游业议会、澳门创意产业协会和澳门国际旅游（产业）博览会组委会合办，有近 30 个国家或地区参展，展览面积 6000 平方米，设 300 个展位，涵盖吃、住、行、游、购、娱六大旅游核心要素，包括酒店、旅游超市等 9 大旅游板块及 10 个展区。

第四届旅博会由澳门特别行政区政府旅游局首次主办、澳门旅行社协会承办，并获国家旅游局支持，于 2016 年 9 月 2～4 日举办，设展位 370 个，共 28 个国家及地区近 200 家企业和单位，以及逾 70 个内地城市的旅游部门参展，入场观众约 32000 人次，比 2015 年增长 6.7%，300 位来自主要客源市场的专业买家亦有参与。旅博会内容涵盖旅游产业链的吃、住、行、娱、游、购六大要素，亦包括旅游延伸服务、旅游媒体、旅游电商及旅游相关技术等，并设多个亮点项目。其中，首次加入的亮点项目"中国·葡萄牙旅游推介洽谈会"成功为中国及葡萄牙的旅游业界搭建交流平台，方便双方交流洽谈、探讨旅游合作。另一亮点项目为研讨会及推介会，内容包括亚太自助游新趋势分析、智能旅游开发与互联网应用研讨会、高铁沿线地区旅游推介会，以及 2016 年旅游热点推介，并邀请到专业讲者就相关专题分享讨论，业界积极参与互动交流。此外，旅游局于旅博会上设置 144 平方米的澳

门展位，以"感受澳门无限式"为主题，向来自世界各地的业界人士及观众推广澳门，并展示英国车手米高·路达（Michael Rutter）在 2003 年夺得澳门格兰披治电单车赛冠军的座驾，同场设置赛车仿真器增加互动元素，吸引众多参观者。

第五届旅博会 2017 年 7 月 7 ~ 9 日在澳门威尼斯人金光会展中心举行。展场面积 10000 平方米，设有 473 个展位，共有来自亚洲、欧洲、美洲、非洲、大洋洲 45 个国家及地区的 303 家企业和单位参加。本次旅博会内容涵盖旅游产业链的吃、住、行、娱、游、购六大要素，包括旅行社、酒店、景区景点、旅游交通及旅游延伸服务等。六个亮点展区及项目分别为中国海上丝绸之路展区、粤港澳大湾区展区、旅游商品交易会、中国·葡萄牙旅游推介洽谈会、澳门街展区和怀旧文创区。此外，会展期间还设有多场旅游推介会和合同洽谈会。

自 2018 年起，旅博会确定于每年 4 月举行，目的是为业界推广暑假旺季产品提供更好的时机，以提升实质的商业效益。第六届旅博会由中华人民共和国文化和旅游部支持，澳门特别行政区政府旅游局主办，澳门旅行社协会承办，于 2018 年 4 月 27 ~ 29 日在澳门威尼斯人金光会展中心举行。本届旅博会扩大了展场面积，增加了展位及参展单位数量，涵盖更多国家及地区，吸引了 40120 人次的观众入场，同比增长 11%，还吸引了 305 位专业买家参与，并达成了 38 个签约项目。本届旅博会有五大亮点，包括中国·葡萄牙旅游推介洽谈会、"海丝"旅游文化展演、大湾区旅游发展机遇研讨会、澳门"旅游·文创"街及澳门美食之都主题区，较好地发挥了澳门的平台作用及独特优势。

第七届澳门国际旅游（产业）博览会于 2019 年 4 月 26 ~ 28 日在澳门威尼斯人金光会展中心举办，由文化和旅游部支持，澳门特区政府旅游局主办，澳门旅行社协会承办。展场面积增至 22000 平方米，比上一届扩大一倍，重点推动共建"一带一路"和粤港澳大湾区旅游等多个领域的合作，来自 53 个国家及地区的 452 家企业和单位参展，其中，有 74 个参展单位来自粤港澳大湾区的 11 个城市、35 个来自"一带一路"沿线国家或地区、8

个为葡语国家以及 32 个为内地省市旅游部门。[①] 三天的旅博会吸引了 33944 人次的观众入场及 318 位特邀买家、154 位专业买家参与，与展商进行了超过 7000 场商业配对洽谈，并达成了 34 个签约项目。多个国家、城市及旅游相关企业利用这个机会独立宣传，展期内共举行 29 场旅游推介会。本届旅博会恰逢澳门回归祖国 20 周年，展会推出"共庆回归二十载 缤纷多彩澳门游"特展，全方位、多角度地展示了澳门在"一国两制"成功实践下，持续丰富旅游资源和产品、全力建设世界旅游休闲中心的成果，以及旅游业对澳门经济发展的贡献及其所扮演的角色。此外，展会还将重点放在推动共建"一带一路"旅游合作和拓展大湾区"一程多站"旅游发展上，组织来自马来西亚、印度尼西亚、泰国等国家和地区的旅游界人士前往广州、肇庆、江门、澳门及香港进行一程多站考察。

旅博会经过多年的发展，逐步获得业界的认同及广泛参与。旅博会的展场面积由第一届的 6300 平方米扩大至第七届的 22000 平方米，参展商数量增加至 400 多家，涵盖五大洲 53 个国家及地区，观众人次 3.4 万，层次不断提高。

旅游业催生了澳门国际旅游（产业）博览会及世界旅游经济论坛（澳门）等品牌会展，这些会展反过来又推动了澳门旅游业的发展。目前，旅博会已成为促进澳门旅游休闲业发展的重要窗口。一是直接带动澳门零售、餐饮、酒店等行业创收。会展业本身增聘员工、增加收入等是对澳门经济增长的贡献，而对澳门其他产业所产生的带动效应则是对澳门经济增长更为显著的贡献。一些大型展览在澳门举办，吸引了众多境外人士来澳参展，从实际效果来看等于是为澳门增添了新的旅游景点。[②] 历届旅博会平均有 3 万~4 万人次到会参观，除了少数本地居民，大部分是外地客商，他们会对澳门酒店住房、零售、餐饮、娱乐消费及电信、保险等各项销售有明显带动作用，对澳门的零售、餐饮、酒店、娱乐等产业产生正面影响。二是促进不同区域

---

① 《第七届澳门国际旅游（产业）博览会开幕》，http://www.xinhuanet.com/gangao/2019 - 04/26/c_ 1124422623. htm。

② 李晓平：《澳门会展业走到分岔口》，《九鼎》2012 年第 59 期，第 12~17 页。

旅游业交流合作。从第三届开始，旅博会邀请葡语国家旅游业代表参会，积极发挥澳门的中葡平台作用，促进内地省市与葡语国家旅游业界的交流合作，开发旅游特色产品，共拓中葡旅游市场商机。同时举办"一带一路"、粤港澳大湾区旅游旅游资源的推广活动、论坛等，推动了区域旅游业的交流合作。

二　旅博会的主要特点与存在问题

自 2013 年发展至今，旅博会不断进步，并逐渐形成了自己的特色。跳出澳门看旅博会，环顾粤港澳大湾区，香港、广州和深圳也举办了各具特色的旅游类展会①，可与旅博会进行比较分析。香港国际旅游展（简称 ITE）、广州国际旅游展览会（简称 GITF）和深圳国际旅游博览会（简称 SITE）分别是这三个城市最具代表性的旅游展会，其中前两个展会在全球范围内具有一定影响力。旅博会与这三个展会存在一定的竞合关系，将这四个展会进行比较有助于总结澳门旅博会的特点与不足。旅博会还可借鉴其他旅游展会的经验，不断提升办会水平。至本文截稿日期，2019 年部分展会还未举办②，故对 2018 年四个展会的资料和数据进行比较分析（详见表 1）。

表 1 显示，澳门旅博会与其他三个展会的共同之处在于：展会面向全球，规模较大，层次较高，展会客商数量较多，会期活动丰富。它们都发挥着"双平台"的作用，通过旅游交流与交易，既为国际旅游业界获取旅游信息、寻找合作商机搭建了平台，又为当地旅游相关企业及市民搭建了展销平台，达到参与国家、地区，国际业界，以及当地业界与市民均获益的效果。

此外，与其他三个展会类似，澳门旅博会涵盖的旅游业产业链较全，涵

---

① 根据《粤港澳大湾区发展规划纲要》，香港、澳门、广州和深圳是粤港澳大湾区四大中心城市。从产业发展程度而言，这四个城市也是大湾区会展产业的龙头城市。

② 第 33 届香港国际旅游展于 2019 年 6 月 13～16 日举行，第六届深圳国际旅游博览会于 2019 年 11 月 22～24 日举行。

表 1　2018 年澳门旅博会与香港、广州和深圳代表性旅游展会对比

	第六届澳门国际旅游（产业）博览会	第 32 届香港国际旅游展	第 26 届广州国际旅游展览会	第五届深圳国际旅游博览会
组织机构	主办单位:澳门特区政府旅游局 承办单位:澳门旅行社协会	主办单位:汇众展览服务有限公司 承办单位:汇众展览服务有限公司	主办单位:汉诺威米兰展览（上海）有限公司 承办单位:汉诺威米兰展览（上海）有限公司	主办单位:深圳市旅游协会 承办单位:深圳市毅鹏会展服务有限公司
市场定位	立足澳门,面向全球	主要涵盖中国内地和香港两大重要市场,面向全球	立足华南,面向全球	立足华南,面向全球
意义	澳门与国际旅游业交流合作的重要平台;展示澳门旅游资源,推动粤港澳大湾区旅游行业、中国与葡萄牙旅游业交流合作,推广"海丝"旅游文化资源,发挥澳门"一个中心,一个平台"的作用,为旅游业及相关行业的发展带来新机遇	香港与国际旅游业交流合作的重要平台;集休闲旅游和商务会奖旅游展为一体,聚焦主题游等各种业态,吸引更多高端旅客;汇聚全球各地特色旅游线路,助亚洲游客同游世界	展示广州及大湾区旅游资源,是广州加强与国际旅游业界交流合作的重要平台;为业界带来权威的旅游资讯,专业的同期活动和优质的展会服务,满足华南旅游市场的需求	华南地区展示国内外优势旅游资源产品,为业内人士提供交流与合作的重要平台;推动深圳旅游业发展,也让粤港地区的市民更直观地了解国内外旅游项目的特色和享受实惠
展会面积	1.1 万平方米	1.4 万平方米	3.6 万平方米	1.5 万平方米
参会客商	420 家参展单位,共 50 个国家及地区参展。其中,11 个参展单位来自粤港澳大湾区,14 个来自"海上丝绸之路"沿线国家及地区,8 个来自葡语国家,以及 23 个为内地省市旅游部门	666 家参展商,来自 52 个国家,海外参展商占 87.2%	1029 家企业参展,来自 53 个国家,其中波兰、斯洛伐克、卢旺达、澳大利亚、新西兰、塔桑尼亚等国家和地区首次参展	400 多家企业,来自全球 20 多个国家

续表

	第六届澳门国际旅游（产业）博览会	第32届香港国际旅游展	第26届广州国际旅游展览会	第五届深圳国际旅游博览会
成效	40120人次的观众入场参观，达成了38个签约项目	业界及企业观众1.2万人次，公众人次9万人次	参观者17.66万人次	专业观众1.8万人次，普通观众7万人次
相关活动	中国·葡萄牙旅游交流、"海丝"旅游文化巡演、大湾区旅游发展机遇研讨会、澳门"旅游·文创"街及澳门美食之都主题区等	涵盖休闲、商务会奖①和高端FTT（自由行）等，举办20多场的业界/会奖游研讨会，以及公众日近100场旅游讲座，其间举行大湾区旅行社、酒店及餐饮联盟成立典礼，2018"一带一路"国际旅游新商机论坛等	设旅游文化商品馆、国际旅游暨会奖旅游展示馆、国内旅游展示馆、本地旅行社展示馆和主题旅游展示馆五大展馆。2018年邀请巴拿马作为主宾国，展示当地旅游资源	设世界旅游B2B资源展区，房车旅游生活展示区，旅游新媒体专题讲解分享会，葡萄牙推介会，中国房家＆露营地＆俱乐部发布暨粤港澳大湾区发布会等

①商务会奖，英文缩写MICE，是高端旅游形式的一种，包括商务会议和奖励旅游。
资料来源：澳门旅游局、澳门国际旅游（产业）博览会、香港国际旅游展、广州国际旅游展览会、深圳国际旅游博览会官网等。

盖吃、住、行、娱、游、购等要素，汇聚世界各地旅游业的业务，包括旅行社、酒店、景区景点、旅游交通及旅游延伸服务等，致力于为业界打造一个交流合作和共享客源的平台，并为观众提供实用的旅游信息。此外，这些展会往往集展览、洽谈、论坛、目的地旅游推介等于一体，既洽谈合作又销售产品，旅游经济合作和文化旅游交流相互配合，为当地旅游企业和市民搭建了展销平台。

对比其他三个展会，澳门旅博会的特点也很明显。

第一，形成"政府主办、市场化运作"的合作模式。其他三个展会由会展公司或协会主办。澳门旅博会前三届主要由澳门旅行社协会举办，从第四届开始转由澳门特区政府旅游局主办、澳门旅行社协会承办。正如澳门特区政府旅游局文绮华局长所言，政府的角色功能是将展会规范化并指明发展方向，而民间团体则能在展会内容安排上更"接地气"，并恰如其分地加入一些商业元素，吸引更多市民大众参与。[1] 就旅博会的发展情况来看，双方不断磋商协调，在多个领域的合作中渐渐有了默契，让旅博会顺利举办并不断发展壮大。此外，由政府主办，能使展会资金投入更有保障。以第七届旅博会为例，活动总费用2300万元，较2018年增加七成，旅游局负责约1560万元，其余费用来自赞助方和展会收入。[2] 不仅如此，由政府主办，展会的规划更为贴近澳门在国家战略中的定位，也更容易邀请到其他国家的旅游政府部门参展，加强与澳门的合作。

第二，围绕国家战略设置展会内容。其他三个展会也都加入了"一带一路"和粤港澳大湾区的元素，但澳门旅博会相关内容的特色尤为显著。旅博会彰显中葡平台的特色，对接澳门参与国家"一带一路"建设和粤港澳大湾区城市群发展规划等工作，围绕国家战略设置展会内容。第六届澳门旅博会开幕式上，旅游局局长文绮华与圣多美和普林西比民主共和国财政、贸易和蓝色经济旅游与酒店局局长 Mírian Solange Barroso Daio 签署旅游合作

---

① 《文绮华：旅博会打造澳门品牌旅游展会"双平台"》，《澳门会展经济报》2018年5月3日，http://www.macaucee.com.mo/content.asp? id=57487。

② 《旅博会月末举行扩容增展位》，《澳门日报》2019年4月10日。

谅解备忘录，进一步开展澳门与葡语国家的旅游合作。① 会展中 8 个来自葡语国家的代表参展。此外，旅博会汇聚"海上丝绸之路"沿线 14 个国家及地区的参展商，介绍各地风俗民情及人文特色；还举办大湾区旅游发展机遇研讨会，探讨粤港澳旅游发展的机遇，进一步探索粤港澳大湾区城市群的合作模式。

第三，推介澳门旅游文创及美食文化。第 26 届广州国际旅游展览会设置了城市文化品牌推广区，推广广府文化产业和广州的旅游业。澳门旅博会的亮点之一也是推介本土的旅游文创产品及美食文化。第六届澳门旅博会设置澳门"旅游·文创"街，集合澳门本地旅游纪念品及文创产业相关的展商，融合旅游与文创元素，展现澳门独有的文化特色，加深参会者对澳门旅游及文创产业发展的认识。2017 年澳门成功获评联合国教科文组织"创意城市美食之都"，"美食"也成为澳门旅博会的一个重要亮点。第六届旅博会设置澳门美食之都主题区，设有特色美食传统手工艺表演、现场演示及品尝美食等与观众互动的环节，并讲述有关澳门特色食品的故事，推广澳门源远流长、糅合中西文化精粹的多元美食文化，让参会者体验澳门作为"创意城市美食之都"的魅力。

对比其他展会，旅博会面临参展商及观众规模有待提升的问题。2018 年旅博会的参展商为 420 家，远落后于广州国际旅游展览会的 1029 家和香港国际旅游展的 666 家。旅博会参展观众约 4 万人次，落后于香港国际旅游展的 10.2 万人次，广州国际旅游展览会的 17.66 万人次及深圳国际旅游博览会的 8.8 万人次。分析其中原因，一是受展会面积（仅有 1.1 万平方米）所限，二是其知名度和影响力还有待提升。根据官方数据，2019 年旅博会已将展会面积扩大一倍，达到 2.2 万平方米，但观众规模仍仅有 3.4 万人次，人气稍显不足。此外，旅博会还面临以下问题：部分展品品质有待提升；受国际交通及本地人力资源所限，外地参展商及观众参会的成本比较

---

① 《澳门与圣多美和普林西比民主共和国签署旅游合作谅解备忘录》，澳门特别行政区政府网站，2018 年 4 月 27 日，https：//www. gov. mo/zh - hant/news/238715/。

高；市内交通承载力不足，货物通关运作欠畅顺。这些都可能直接影响展会的可持续发展。如何提高旅博会的质量和知名度，吸引更多参展商及观众参展，澳门旅博会主办方任重而道远。

三 旅博会的发展趋势与若干建议

展望未来，旅博会正面临前所未有的发展机遇。首先，澳门积极参与国家粤港澳大湾区发展战略及"一带一路"倡议，积极推动"一个中心，一个平台"建设，为旅博会发展提供了有利的外部条件。其次，国家大力支持澳门发展会展业，国家"十三五"规划提出支持澳门"积极发展会展商贸等产业，促进经济适度多元发展"，《粤港澳大湾区发展规划纲要》提出支持澳门培育一批具有国际影响力的会议展览品牌，澳门提出"会展为先"策略并出台一系列政策扶持会展业，这都为旅博会发展提供了新动力。最后，港珠澳大桥、粤澳新通道、澳门轻轨等大型交通基础设施的建成和启用，为旅博会的发展提供了强有力的基础支撑。

旅博会在面临机遇的同时也面临着挑战。外部方面，近年来珠三角地区会展业发展迅猛，广州、深圳等地新办的旅游类展会较多，加上香港拥有世界领先的会展业，旅博会不可避免地面临着激烈竞争。内部方面，旅博会面临着办会成本相对较高、人力资源不足等问题，这些都是短期内不易解决的难题。

在上述条件下，若能抓住机遇，直面挑战，突破瓶颈，发展特色，旅博会必将上一个新台阶。为实现这一目标，参考旅游产业的最新动向，借鉴香港、广州和深圳代表性旅游展会的经验，对旅博会提出以下建议。

第一，推动澳门更积极主动地融入国家发展大局。旅博会需进一步突出澳门作为中葡平台和海上丝绸之路重要节点的优势以及粤港澳大湾区"中心城市"的角色，在各项重大机遇的叠加优势下，强调区域及国际的协同联动发展，促进旅游与相关产业的深度融合，创新及丰富展会内容，着力促成多元合作、提升实质的商业效益，配合构建旅游休闲大业态，为海内外旅

游及相关业界缔造多元商机。继续发挥澳门的中葡平台优势,为中国及葡萄牙以及来自其他葡语国家的参与业者搭建交流合作平台,拓展旅游合作。在今后的展会中,可结合《规划纲要》提出的大湾区"一程多站"旅行行程、大湾区海洋休闲旅游、澳门打造粤港澳大湾区旅游教育培训基地等内容设置论坛或开辟专题展览,与大湾区其他城市相关旅游展会广泛交流合作,推动产业发展。

第二,以会展活动配合强化澳门作为"美食之都"的内涵。广州、深圳的代表性展会也展现当地的旅游特色。澳门美食独具特色,已有众多高级食府及地道食肆,土生葡菜更自成一家。旅博会可完善这一类型的展览内容,打造澳门城市美食品牌,使国际酒店及餐饮业界更乐意利用旅博会作为平台进行交流,以展会推动"美食之都"的建设,助力"世界旅游休闲中心"建设。此外,旅博会也应加大力度推广文创产品,展现澳门中西文化共生共荣、和睦相处的特色,助力澳门建设"以中华文化为主流、多元文化共存"的文化交流合作基地。

第三,在国际化、品牌化、专业化方面持续优化。可借鉴香港、广州代表性展会的经验,逐步增加来自主要客源市场,如日本、韩国、泰国等国家,以及"一带一路"沿线如马来西亚、俄罗斯等国家的参展商。除增强创新品牌意识和专业化程度,加强展区展馆、会议活动及服务内容的设计创新之外,还要对参展商进行优化升级,增加优质供给,如委托政府设在目标市场的经贸机构加大招展、招商、宣传力度,鼓励与澳门有直接航班的国家与地区的大中型企业参展等,努力培育澳门优良且稳定的参展商队伍。

第四,以"互联网+"打造智慧会展服务平台。以第五届深圳国际旅游博览会为例,直播间全程在线直播开幕式及现场情况,在线观看人数达到20多万人次。可借鉴深圳、广州代表性展会的经验,运用大数据、云计算构建虚拟展览,与实体展会结合,打造永不落幕的展览会。利用当前新媒体的新颖方式,布局好移动化现场服务,展前搭建"网上展会""移动展会""微展会"平台,展中多终端进行立体撒网,展后整合媒体资源进行全方位报道。利用自身的客户管理系统,让观众和展商在这个系统中实现互动。同时，完善高标准、高规格的会展行业数据库和买卖家数据库建设。旅博会可将往届旅博会的数据库部署到云实现存储整合，通过对云数据库的建设，对旅博会整体数据进行细致收集、管理和分析，完成对旅博会数据库管理系统的智慧化升级。

第五，提升旅博会的商业价值和社会效益。设立现场元素评价机制，结合专业中立机构现场问卷、主办方现场考察、现场公众投诉和网上问卷等方式设立评分标准和淘汰制度。对展览现场所有元素进行评分，在保留优质元素的同时，淘汰部分无吸引力、长时间空场、不能提升旅博会社会效益和商业价值的展区及活动。逐步剥离现场销售区，增设产品设计专区，协助本地中小企业改善产品设计和营销模式。

结　语

会展业作为促进澳门经济适度多元发展的重要元素，能带动上下游产业链，具有对整体经济的拉动效应，并在推动"世界旅游休闲中心"和"中国与葡语国家商贸合作服务平台"的建设中发挥积极有效的作用。作为澳门最具代表性的展会之一，旅博会应努力修炼好"内功"，并善于借助外力，不断提升展会规模和层次。修炼"内功"就是在区域竞争中找准定位，突出特色，提升参展产品质量和服务水平，朝专业化、品牌化、国际化方向发展，争取获得 UFI 展会认证，跻身全球国际顶级展会行列。借助外力，就是针对区域空间较小、办会成本相对较高、人力资源不足等问题，推动区域合作或区域联动，在制度创新、横琴－澳门一体化的情境下，可将旅博会的链条延伸到横琴，与横琴乃至其他大湾区地区会展业发挥区域联动效应，促进资源共享和客源互引。可以预期的是，通过多管齐下，旅博会定能提升其作为"澳门品牌"国际旅游展会的作用和效益，在规模、层次和效益等方面更上一层楼，为推动澳门经济适度多元发展和"世界旅游休闲中心"建设做出更大贡献。

G.18
澳门休闲科技展的现状、问题与建议

刘瑛妮*

摘　要： 澳门回归以来，博彩业蓬勃发展，也带动了博彩设备市场的增长。澳门博彩设备大多数由海外设备制造商供应，本地仅有极少量的博彩设备研发及生产商。澳门休闲科技展是了解澳门博彩设备供应的重要窗口，吸引了世界各地著名的博彩设备制造商齐聚澳门，各制造商借此机会互相交流行业最新动态。展会具有由本地业界人士举办、涵盖元素广泛、着重展现陆地赌场的博彩科技元素等特点，同时亦面临本地博彩设备参展商数量少、招商遇阻、财政资助不足等问题。随着全球博彩业的迅速发展，博彩设备市场潜力不容忽视，发展本地博彩设备制造业可以考虑作为澳门实现产业适度多元发展的一个新尝试。建议强化展会多元发展和科技元素的特点，鼓励本地博彩设备制造商发展，并且整合区域资源，推动博彩产业链发展。

关键词： 澳门　休闲科技展　博彩设备　经济适度多元

澳门休闲科技展（MGS）原名为澳门娱乐展，至 2018 年已成功举办六届。MGS 既为供货商提供了展示最新产品和技术的舞台，也为业界搭建了

---

* 刘瑛妮，管理学博士，澳门科技大学酒店与旅游管理学院助理教授，研究方向为博彩管理、组织行为学。

交流合作的平台，是了解澳门博彩设备（主要是博彩机）供应的重要窗口。博彩机是指进行纯粹运气或部分有技巧的博彩游戏，并支付金钱或代币的设备[①]，如角子机、电子赌桌、直播游戏系统等[②]。2017 年 *The World Count of Gaming Machines* 报告指出，全球共有 789679 台博彩机。澳门 2017 年共有 16310 台博彩机，以赌台游戏为重点经营项目。与美国比较，澳门博彩机和赌台游戏的比例较低（约 2.4∶1），这可能与中国及其他东亚地区赌客（澳门赌场的主要客源）喜欢与人对赌、对博彩机缺乏信任或认为博彩机输赢金额小等有关。尽管如此，澳门的博彩机数量整体上仍呈增长趋势，2017 年的数量是 2002 年（808 部）的 20 倍，从长远看有很大的发展潜力。然而，澳门的博彩设备长期主要依赖外来供应，真正意义上的本土研发机构很少。本文拟通过分析澳门休闲科技展（MGS）的现状、问题与趋势，进而分析澳门博彩设备制造业的发展情况，并提出相关建议。

一 澳门休闲科技展的发展历程

澳门娱乐设备厂商会于 2013 年首次举办 MGS，旨在为澳门创办一个以博彩为主题的展会，搭建商业平台，提供沟通渠道，吸引众多博彩设备制造商和买家参与，为国际博彩设备制造商、中小企业、企业家及专业人士于澳门、亚洲乃至世界其他地区寻求更多开拓业务的机会。而该展会的举办也贯彻了主办方"通过澳门娱乐设备的技术交流和贸易推广平台，提高娱乐设备'澳门制造'的国际地位与市场份额，促进产业多元化发展"的宗旨。展会期间，世界各地著名的博彩设备制造商齐聚澳门，借此机会互相交流行

---

① S. Ziolkowski, " The world count of gaming machines," Gaming Technologies Association, http：//gamingta. com/wp – content/uploads/2018/08/World_ Count_ 2017. pdf.

② 根据澳门特别行政区第 26/2012 号行政法规定义，博彩机（EGM）指用作进行结果纯粹或主要靠运气的博彩而构思、改装或编程的完全或部分利用电子、电子及/或机械操作的任何装置，包括博彩程式及与之相连的软件、记忆体槽、随机数字产生器及博彩程式储存媒体，以支付现金、博彩代币、可兑换成现金的代金券，又或可兑换成博彩机代币、现金或等价品之物，作为在博彩机投注的彩奖。

业最新动态。MGS引入新科技元素，为各大制造商提供了技术升级的良机，同时又可享受一站式服务。通过四年的不懈努力和发展，MGS于2017年获得国际展览业协会（UFI）的认证①。这标志着MGS已跻身国际高品质展会行列。同时，MGS已从单一的展览发展成"展览＋会议"模式，其高峰论坛邀请政府部门和业界精英共聚一堂，分享对政府政策及行业发展趋势的见解，让相关行业人士和公众充分交流。

过往五届MGS由澳门娱乐设备厂商会主办。2018年，澳门南光文化创意产业有限公司与中国机械国际合作股份有限公司加盟MGS，与澳门娱乐设备厂商会联合主办第六届MGS。随着旅游业的涵盖范围日益广泛，除娱乐设备外，综合度假村的设备需求越来越大，科技元素也逐渐融入综合度假村的休闲项目。为了使展会更加顺应包括澳门在内的整个亚洲地区综合度假村（Integrated Resorts）的发展趋势，需要将娱乐、休闲、科技三方汇聚。因此，MGS由原来的单纯娱乐导向向休闲科技导向转型，在过去几届的展品范畴基础上增加休闲、旅游、度假及科技等元素，并改名为"澳门休闲科技展"。MGS每年均有不同的主题，第六届MGS的主题"智慧休闲、创新荟萃"顺应了社会发展的趋势。澳门娱乐设备厂商提供的资料显示，过去六届MGS的展览面积、参展商数量、与会人次、各地区参展人数、展出规模和影响力等均有所增加或提高。其中，与会人次的增长尤为明显，由图1可见，与会人次由第一届的8634人次，增加至第六届的16800人次，增长率达到94.6%，可见MGS的知名度和受欢迎程度均与日俱增。刚结束的第六届MGS展览面积为15437平方米，共163家参展商参展，来自54个国家及地区的16800名专业人士参观了展会，其中68%的访客为行业买家，88%的访客拥有采购权限，180位国际新闻界人士入场。MGS的高峰论坛邀请了来自10个国家和地区的88名演讲嘉宾及主持人，共2502名与会者出席论坛。随着博彩设备越来越先进，参展商展示的产品融入了更多的科技元

① UFI是国际权威机构，经其认证的展会代表着服务品质、国际化水平、认受性和规模等都达到一定的标准，受到整个行业的认可。

素，如机器人荷官、混合直播游戏机和游戏 IP 与博彩设备的结合等。MGS 成为澳门博彩娱乐业具有影响力的一大盛事。

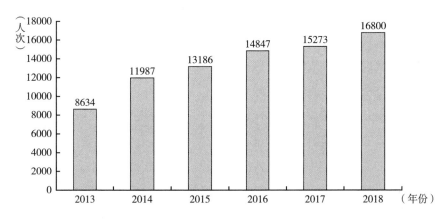

图 1　2013～2018 年六届 MGS 与会人次

资料来源：澳门娱乐设备厂商会。

二　澳门休闲科技展的特点和存在的问题

总体来看，澳门休闲科技展有以下特点。

第一，这是唯一由本地机构举办的专业展会。目前在澳门举办的与博彩相关的展会共有两个，分别为澳门休闲科技展（MGS）和亚洲国际娱乐展（G2E）。MGS 由澳门娱乐设备厂商会主办，该组织是澳门本地的非营利协会，以"澳门设计"、"澳门概念"和"澳门制造"为口号，为整个娱乐行业供应链服务。G2E 则由美国博彩协会（AGA）和励展博览集团联合主办，在澳门和拉斯维加斯均有办展。除此之外，博彩行业中达到规模的展会还有英国国际博弈产业展（ICE），该展会由 Clarion Events 集团举办，与 G2E 一样是由展览公司举办的。由此可见，MGS 是迄今为止唯一一个由本地业界人士举办的博彩展会，不以营利为目的，旨在推动本行业的进步，为参展商制造商机。

第二，内容多元，覆盖面广。不同于展会 G2E 以展示博彩产品和服务为主，MGS 顺应地区的发展趋势，由起初的博彩娱乐导向转为休闲科技导向，

除了展示博彩产品和服务外，还涵盖了休闲、科技、度假、文创等元素，覆盖面更广。澳门娱乐设备厂商会基于两方面的考虑做出转型的决定。一方面，虽然博彩设备一直是 MGS 的主打项目之一，但随着旅游业涵盖的范围越来越广，综合度假村（Integrated Resorts）对博彩娱乐设备以外的设备需求越来越大，科技元素也逐渐融入综合度假村的休闲项目中。新型娱乐休闲活动与科技的关系日益密切。为使展会更好地适应包括澳门在内的整个亚洲地区综合度假村的发展趋势，集娱乐、休闲、科技于一体，提供一站式服务，从 2017 年开始，MGS 逐渐提高休闲、电子科技与文创类参展商的比重。另一方面，自国家"十二五"规划中提出支持澳门建设"世界旅游休闲中心"起，澳门便坚定不移地朝此方向发展，顺应此发展潮流。MGS 汇集游戏、娱乐、科技、度假、酒店、环保、安全消防及服务行业等，努力为澳门娱乐行业、信息科技、文创产业发展做出贡献①。从 2017 年起，MGS 与新浪游戏签署协议，成为战略合作伙伴，于展会期间同时举办以电子竞技、区块链及 AR/VR 科技最新信息、游戏 IP 与电子游戏设备结合等为主要议题的"全球数娱未来高峰论坛"，体现对科技和休闲元素的重视。

第三，主要展现陆地赌场的博彩科技元素。随着科技和互联网的发展，目前博彩科技元素主要体现在博彩设备的推陈出新和线上赌博等方面。MGS 的大多数博彩设备参展商为陆地赌场（Land - Based Casino）的供应商，其着重于陆地博彩设备的科技元素创新，如博彩机、游戏 IP 和博彩设备的结合等。而 G2E 逾半数参展商则面向线上赌场（Online Casino）。澳门现有的赌场均为合法的陆地赌场，澳门及其周边地区并不支持线上赌博。因此，无论从推广合法博彩还是从增加来澳游客消费的角度来看，面向陆地赌场的MGS 更符合本地需求。

不过，MGS 也面临以下问题：

一是本地博彩设备参展商数量少。2018 年 MGS 的娱乐设备区共有 40 家参展商，除去部分海外制造商在澳门设立的子公司或办事处外，仅有 4 家

---

① 本资料由澳门娱乐设备厂商会提供。

本地博彩设备供应商或经销商，分别为汇科（澳门）股份有限公司、蓝科技股份有限公司、亚太贤盟（澳门）股份有限公司、超群科技集团有限公司（澳门）。这与澳门博彩设备行业现状有关。澳门博彩设备长期依赖进口，市场占有率高的博彩设备商多为美国和澳大利亚企业，如 International Game Technology（IGT）、Aristocrat Technologies 等，本地博彩设备供应商数量很少。据澳门娱乐设备厂商会陈捷会长介绍，提供传统赌桌、台布、赌具等的供应商有 2~3 家，而获许可的博彩机制造商仅有一家。虽然目前获得政府许可的博彩机制造商或代理商有 11 家[1]，但更多的是海外公司在澳门注册成立的子公司或办事处，如 SG 游戏亚洲股份有限公司、ICON 博彩科技股份有限公司、Aruze Gaming 澳门股份有限公司等。虽然每年也有大量的博彩机出口，如 2018 年出口 3507 部角子机和 1017 张赌台[2]，但出口的设备主要为二手设备，并非澳门制造的产品。随着新赌场的建成和机器的更新换代速度加快，澳门博彩设备需求有一定的增长空间，特别是博彩机的部分，但是目前仅占博彩毛收入的 4.3%[3]，远低于欧美国家，市场潜力并未挖掘出来。博彩设备符合全世界的技术标准并不容易，行业的进入门槛高。尽管目前澳门已有少量澳门品牌的本地博彩设备制造商，但澳门博彩设备制造业仍处于起步阶段，在相关博彩娱乐展会中本地力量较小，这是澳门博彩设备行业和 MGS 共同存在的问题。

二是展会招商面临阻碍，部分国际参展商无法参与。主办方介绍，刚开始办展的时候，基于行业保护考虑，现有的博彩展会不希望有新兴地区进入该领域，招商方面遭到 G2E 主办方美国博彩协会和励展博览集团的打压。博彩业是澳门的一大经济命脉，而博彩展会则是重要的产品展示平台，如果被外来主办方控制的话，行业难以发展，因此 MGS 坚持自主办展，支持本

---

① 《获发许可的博彩机制造商名单（2018）》，澳门博彩监察协调局网站，http://www.dicj. gov. mo/web /cn/egm/regulation/supplier/supplierlist – 2018/index. html。

② 澳门统计暨普查局，澳门对外商品贸易统计数据库，查询编码：95043012，95049081，https://www.dsec. gov. mo/ncem. aspx。

③ 澳门统计暨普查局：《2017 年统计年鉴》，第 184 页。

土展会发展。为了解决招商问题，MGS 以优惠的价格吸引参展商，相对于美国展会只有会员才能享受优惠政策来说，新公司更愿意来 MGS 参展。MGS 一直致力于突破这个阻碍，向澳门博彩设备的供应商分析利弊，希望吸引更多的参展商参展。

三是财政资助有待提高。MGS 得到澳门基金会、澳门特别行政区政府博彩监察协调局、经济局、贸易投资促进局、旅游局、文化局、教育暨青年局、澳门生产力暨科技转移中心等单位在不同层面上的支持与指导，亦是休闲娱乐产业唯一获得相关部门认可的展会。整体来说，政府部门给予展会有效的支持，但财政资助相对于其他澳门展会来说较少。MGS 花费大量人力财力积极筹备展会，并于 2017 年获得国际展览业协会（UFI）认证。作为非营利组织的主办方希望能够得到更多的财政资助，让展会得以可持续发展。

三 关于澳门休闲科技展发展的若干建议

（一）强化展会多元发展和科技元素丰富的特点

除展示博彩产品外，MGS 应提高休闲、科技、度假和文创等元素所占比例。随着博彩业朝健康化和娱乐化方向发展，越来越多的赌场酒店添设非博彩元素项目，强调综合度假村（Integrated Resorts，IR）概念。而综合度假村的相关配套设施，如购物商场、餐饮、会展设施和娱乐项目等，能够给游客带来多元化的体验。以澳门为例，《澳门特别行政区五年发展规划（2016～2020 年）》提出："充分利用现有的现代化、大型博彩旅游建筑群，推进非博彩元素增长，鼓励融入更多休闲、舒适、康体、商贸、会展、多元文化体验等的服务形态。力争到 2020 年，将非博彩业务收益比例从 2014 年的 6.6% 上升至 9% 或以上。"除此之外，博彩监察协调局局长陈达夫亦提出在赌牌续牌的检讨过程中会考虑博彩公司是否增加非博彩元素[1]。除了非博

---

① 《博监局：赌牌检讨工作进行中》，《明报财经》，2018 年 5 月 16 日，https：//www. mpfinance. com /fin/instantf2. php？ node = 20180516。

彩元素外，科技元素亦是未来发展的方向。大家对科技产品的需求和追求不断增加，特别是千禧年代出生的年轻人，对科技及个性化产品有更高的要求。未来综合度假村设施的规划中少不了以高科技元素来迎合客人的需求，如高科技的娱乐设施、电竞、创新的博彩机等。因此 MGS 应继续强化多元化发展和科技元素丰富的特点。

（二）鼓励发展本地博彩机制造商

目前，博彩业的电子化程度越来越高，围绕本土的经济支柱博彩业进行科技研发，将是未来的一大趋势，更是澳门实现产业多元发展的可考虑方向之一。2006 年澳门博彩毛收入超过拉斯维加斯，成为世界第一赌城，2017年博彩毛收入更是达到 838.47 亿澳门元①。全球著名的电子博彩机制造商 Ainsworth Game Technology Limited、Aristocrat Technologies 和 International Game Technology 等在澳门设立分部，看中的估计就是澳门及亚洲地区日益蓬勃的博彩机市场。在这样的大环境下，澳门的博彩设备却长期依赖海外企业供应，只有少量的本土博彩机制造商，这与澳门博彩业的繁荣景象形成反差。随着全球博彩业市场的扩大，博彩机的需求潜力将进一步加大，本土制造商汇科（澳门）股份有限公司收益甚佳。该公司主席表示，汇科在澳门博彩机市场占有率达到三成，其他收益主要依靠出口美国和澳洲市场，目前海外市场的占有率仍在增长。由此可见，鼓励发展本地博彩机制造商具有可行性。博彩设备制造产业属于高科技产业，且服务对象为博彩业，利润水平较高，面对博彩业市场的扩大和丰厚的回报，不发展本土企业而长期依赖海外企业实在可惜。澳门政府自回归以来一直提倡推动澳门产业适度多元发展，而博彩机制造业则可作为其中一个切入点。世界著名博彩技术供应商国际博彩科技公司（IGT）总部所在地雷诺（Reno）曾为赌博之城，随着拉斯维加斯博彩业的崛起，雷诺的博彩业逐渐萎缩，2010 年 10 月失业率更高达13.4%。随后雷诺政府通过积极转型，利用地理优势和税收政策吸引了谷

---

① 澳门统计暨普查局：《2017 年统计年鉴》，第 184 页。

歌、特斯拉、亚马逊和苹果等高科技企业入驻，成为美国重要的科技中心之一。发展多元经济，使得雷诺摆脱了对博彩业的依赖，在当地的博彩设备需求不大时，将产品卖到其他国家或地区，最终扭转了经济衰退的局面，2018年10月失业率仅为3.3%[1]。20世纪70年代，美国赌场的博彩机占地面积占比约为40%[2]，随着大量新颖的博彩机出现，自1984年起博彩机的收入已超过赌台收入[3]。21世纪美国赌场的博彩机占地面积占比上升至约70%[2]，2017年美国内华达州的博彩收入中约64%来自博彩机[4]。可见，博彩机已经成为美国赌场的重要经营项目。

（三）培养和储备专业人才

博彩设备产业对科技应用和检测技术要求高。以博彩机为例，游戏设计需要大量技术型人才，包括精准计算、软件硬件设计、音乐设计等。游戏设备需要进行大量的测试，以确保没有程序错误（bug），并获得国际认证公司（如GLI、BMM、SIQ）认可后才能推向市场。此外，博彩机从研发到制造涉及多方面的技术，如软件开发、音乐设计、文创、数学统计、游戏设计、工业制造等，这些技术属于多用途技术，目前，澳门相关科技型人才不多，人力资源成本高，厂房或写字楼等企业营运场所租金高。在这种情况下，政府的支持显得至关重要。可考虑成立澳门博彩设备研发及生产孵化器，提供政策、融资和法律等支持，鼓励企业进入市场，并与高校合作培养

① U. S. Bureau of Labor Statistics, "Unemployment rate in Reno, NV（MSA）［RENO932URN］," retrieved from FRED, Federal Reserve Bank of St. Louis, https：//fred. stlouisfed. org/series/RENO932URN, March 4, 2019.

② 《澳门发展博彩机产业的建议》，澳门娱乐设备厂商会网站，http：//www. mgema. org/common/static/upload/banner/img_ 14924 855974467. pdf。

③ S. Boylan, "Nevada gaming revenue：A comparative analysis of slots and tables," Center for Gaming Research, University of Nevada, 2016, https：//digitalscholarship. unlv. edu/cgi/viewcontent. cgi？article = 1040&context = occ_ papers.

④ David G. Schwartz, "Nevada gaming revenues 1984 – 2017：Calendar year results for selected reporting areas," Center for Gaming Research, University Libraries, University of Nevada Las Vegas, 2018, https：//gaming. unlv. edu/reports/NV_ 1984_ present. pdf.

和储备相应人才,从博彩机制造业出发,适度推动产业多元发展,为澳门吸引和培养统计、软件、硬件、网络、文创、游戏设计、大数据、工业设计、工业制造等领域的人才。相关人才就算不继续在博彩机行业发展,亦能进入其他产业,如电竞游戏、数据分析、银行系统制造商(点钞机、网上银行系统)、文创企业、网页设计等,推动澳门经济适度多元发展。

(四)整合区域资源以推动博彩产业链发展

澳门博彩产业链以博彩业务为核心,可分为上中下游三个部分。上游为博彩设备供应商,生产赌台和博彩机等设备销售给赌场,并提供维护保养服务;中游为赌场实体,为客人提供博彩游戏的中场或贵宾厅;下游为博彩以外的相应配套如住宿、餐饮、购物和休闲娱乐等衍生业务[1]。目前,澳门博彩业的发展侧重于中游和下游业务,其中中游业务已成为澳门的经济支柱,下游业务在赌场的带动下也得到相应的发展。而博彩产业链的上游[2]部分似乎被忽略,博彩设备长期依靠进口。虽然现有少量本土设备制造商,但澳门博彩设备市场有很大一部分被海外制造商占有。澳门应利用自身博彩业兴旺的优势,对博彩产业链做整体规划,延伸现有博彩产业链,发展上游设备供应商产业,保障自给,同时拓展海外市场。在国家推动粤港澳大湾区发展的战略中,以澳门市场为导向,借助湾区其他城市的优势,如深圳的科技创新、东莞的制造业、中山的灯饰产业、广东省其余城市较为充足的土地和人力资源等,由澳门负责研发、设计、整合和销售等环节,整合区域资源,将设备的零部件制造环节设于内地,降低生产成本,使澳门制造的博彩设备相比海外市场的博彩设备更具价格优势。依托区域合作,降低生产成本,提高市场竞争力,从而推动澳门本地博彩设备供应产业集群的发展壮大。

---

① 长江证券赵刚团队:《博彩行业研究:以史为鉴,看澳门博彩业的"生意经"》,www.tripvivid.com/ articles/ 19200。

② 业务主要在欧美、澳洲和中国台湾等地。

结　语

从澳门休闲科技展的现状可见，博彩设备呈现科技化和电子化发展趋势。作为世界四大赌城之一澳门本地电子博彩设备生产力量非常单薄。由于亚洲多个国家和地区正在或计划兴建赌场，因此未来博彩机市场具有很大的潜力①。顺应博彩机市场发展的前景，利用澳门得天独厚的博彩业背景，发展本地博彩制造业，可作为推动澳门产业适度多元发展的一个新尝试。然而，在现有的竞争环境下，想扩大行业规模，让更多人进入此行业，仅凭市场前景和地理优势是难以实现的。现有的本土博彩机企业也存在技术、人才、价格和品牌效应等短板。发展本地博彩制造业并非易事，政府的扶持显得尤为重要。可尝试成立澳门博彩设备研发及生产孵化器，提供政策、融资和法律等支持，整合区域资源，鼓励企业进入市场，并与高校合作培养和储备相应人才。政府可考虑加强对本土制造设备的检验和监管，提供技术支持和保障，增强赌场采购的信心。在此基础上，要求本地赌场优先采购本土制造设备，或者规定采购的比例，有助于本土博彩制造业的成长。建议一是实施利润分享政策，政府可考虑将现有的博彩税收制度调整为赌场在扣除购买博彩机的成本后再纳税；二是以租赁模式供应博彩机，赌场与供应商签订合作协议，无须直接买断机器，而是在后续的使用中，以净赢额的一定百分比支付租金。除了对产业提供政策扶持之外，人才的培养也不可忽视。一方面要鼓励高校增设相关课程培养技术人员，另一方面政府可考虑制订人才留澳计划，让一些非本地学生毕业后有机会留澳门发展，弥补本地技术人员的不足。或许有人会担心以上提议过度倾向于扶持博彩设备制造企业。针对此担忧，长远来看可以考虑收取部分博彩机收益作为澳门产业多元发展的基金，扶持更多其他的产业。不管从产业多元发展的角度还是科技人才储备的角度来看，发展本地博彩设备产业都是一个不错的选择。

---

① 左小德：《世界博彩机产业：现状与趋势》，《博彩与旅游休闲研究》2013 年创刊号，第 56 ~ 66 页。

银河娱乐集团：企业社会责任的规划、
管理及其效益

陈 平*

摘　要：　银河娱乐集团是澳门六大幸运博彩营运商之一。该集团秉持"取诸社会，用诸社会"的理念和"心系澳门，坚守承诺"的宗旨，在共建澳门和谐社会、协助特区政府建设"世界旅游休闲中心"、推动社区可持续性发展、促进经济适度多元发展等方面，持续善用企业、社会资源及汇聚团队力量，以行动落实社会公民责任、回馈社区。在这个过程中，该集团适时调整价值观并不断丰富其内涵，合理规划社会责任专项战略及其重要任务，建立社会责任治理体系并明确其主体责任，重视利益相关者参与、沟通与评价，信息披露公开透明，在雇员关怀、环境及可持续发展、经济适度多元发展、负责任博彩和社区贡献等责任议题上表现突出，具有上下一致和内外一致、资源投放和社会期望相符、地域传统和企业实践融合等特点，其持续性、贡献度、社会参与度等效益明显，是认识和评价澳门博彩企业社会责任的典型案例。

关键词：　澳门　企业社会责任　博彩业　社区

---

* 陈平，澳门科技大学社会和文化研究所国际关系专业博士研究生，研究方向包括国际关系、企业社会责任、博彩经济等。

企业社会责任是企业按照社会的目标和价值，基于相关政策，做出相应决策、采取具体行动和履行义务。① 企业应当承担其决策和行动对社会造成影响的责任，② 尽到保护和改善社会的义务，③ 包括社会对企业在经济、法律、伦理和慈善等方面的期望。④ 顾名思义，企业社会责任就是企业与社会复杂的适应过程，是基于多利益相关者关于企业经营行为对社会影响的复杂规划和管理的结果。企业社会责任的规划和管理存在不同的作用机制，决定了企业社会责任行为的组织实施方式。作为六大幸运博彩营运商之一，银河娱乐集团（下称"银娱"）根据澳门和博彩业发展的实际情况，对其企业社会责任进行创新性的规划和管理，使其业务经营与国家、澳门的政策相符，与澳门的法律法规相符，与澳门经济社会健康稳定可持续发展的实际需要相符，具有鲜明的地区和行业特征，是认识和评价澳门博彩企业社会责任的典型案例。

一 银娱企业社会责任的规划与管理

企业社会责任治理是一个复杂且困难的多主体动态治理过程，其主体的复杂性和快速演变性，各利益主体的差异性，决定了责任与社会达成实质的完全一致实属不易。银娱企业社会责任治理不断形成澳门模式和博彩行业模式。在此过程中，银娱致力于协助社区的发展和成长，支持特区政府各项社会计划和措施，持续投放大量资源用于企业社会责任事务，为澳门和谐社会建设适时调整企业社会责任价值观、规划、策略和治理体系，在此过程中重视建立利益相关者参与和沟通机制，严格遵守相关准则，公开发布其企业社会责任的理念和管理成效，在企业社会责任的规划和管理中形成适应企业实际和澳门社区的经验模式。

① Bowen, H. R. , *Social Responsibilities of the Businessman*, New York：Harper, 1953, pp. 23 – 30.
② Davis, K. , *Bloomstrom R. L. Business and Its Environment*, New York：McGraw Hill, 1966, p. 121.
③ Griffin, M. , "The corporate social performance and corporate financial performance debate twenty – five years of incomparable research," *Business Society*, 36 (1997)：5 – 31.
④ Carol, A. B. , "Managing ethicaly with global stakeholders：A present and future challenge," *Academy of Management Executive*, 18 (2004)：114 – 120.

（一）适时调整价值观并不断丰富其内涵

银娱根据澳门经济社会发展的现状，适时认识、理解、总结并公布符合企业发展战略的社会责任价值观。银娱企业社会责任的主要理念由"良好企业公民"发展为"取诸社会，用诸社会"；目标由"作为经营业务所在社区的一分子，有责任履行社会责任，并鼓励雇员参与当地社区活动"，进一步明确为秉持"心系澳门，坚守承诺"的宗旨，"共同建设澳门和谐社会、协助澳门特区政府建设'世界旅游休闲中心'、推动社区可持续发展、促进澳门经济适度多元发展、关注团队成员全人发展"；履责活动由"致力于持续为居住、工作和服务的社区带来正面的改变"，发展为"持续善用企业、社会资源及汇聚团队力量，以行动落实社会公民责任、回馈社区"。其具体内涵不断丰富扩展，以进一步适应澳门经济社会及博彩业发展的新阶段和新特点（见表1）。

表 1　2018 年银娱企业社会责任价值观及其内涵

理念	宗旨	目标	内涵
取诸社会,用诸社会	心系澳门,坚守承诺	共同建设澳门和谐社会	支持及配合澳门特区政府依法施政
			负责任博彩
		协助澳门特区政府建设"世界旅游休闲中心"	发展非博彩元素
			推动本地文体发展
		推动社区可持续性发展	赞助慈善公益活动
			青少年人才培训
			社区护理
			儿童教育
			环境保护
		促进澳门经济适度多元发展	支援中小企业发展
			扶持澳门青年创业
		关注团队成员全人发展	扶持本地员工向上流动和横向发展

资料来源：整理自银娱《企业社会责任工作年报（2018）》。

（二）合理规划社会责任专项战略及其重要任务

银娱通过开展义务社服、动物关注、本地人才培育、国情教育、员工服务、环境保护、负责任博彩推广、关爱共融、本地中小企支援、回收计划、康体活动、青年发展、实习计划、艺文活动、慈善捐赠，从而实现惠泽社群，① 逐渐形成以"爱·社区、爱·传承、爱·员工、爱·地球、爱·阳光"为主题的专项企业社会责任规划，对应的重要任务分别是"银娱献关怀、银娱创多元、银娱助培育、银娱护环境、银娱负责任"，具体从"体育文化发展和社区关爱、青少年教育与成长、员工关怀、环境及可持续发展、负责任博彩"等方面展开，据银娱《企业社会责任工作年报（2018）》统计，在上述方面分别举办了33个、17个、20个、6个、8个活动，平均每月7个，体现出连续性和丰富性特点。

（三）建立社会责任治理体系并明确其主体责任

银娱自上而下建立相对健全的社会责任治理体系，集团有"环境、健康及安全委员会"，负责监察各项监控与优化措施，检视所有在工作场所发生的意外事故。该委员会暨各部门的高级管理层应用系统化框架，以识别及检讨各物业的安全责任及表现。2006年，银娱成立了"薪酬委员会"，直接向董事会负责，定期检讨、制定及厘定公平兼具竞争力的薪酬方案，以吸引、挽留及激励公司董事。

在项目和子公司，"澳门银河TM"成立"环境委员会"及"能源管理委员会"，负责规划管理制度政策及指引，推动制度落实。同时，成立"废料管理委员会"，对食物、废料、娱乐纸牌和食用油等做出减废措施指引。嘉华建材有限公司成立"企业社会责任委员会"及"同乐会"，以提升澳门的社会资本，推动关爱文化。

---

① 林志成：《博彩企业的社会责任——银河娱乐集团的探索与实践》，http：//www.uqkfbe.site/iscr/news/25732 – article12041033。

　　此外，集团各部门在日常运作和管理中积极践行社会责任，除公共关系部直接进行社区投资和提供服务外，人力资源及行政部制定薪酬和福利政策以吸引、激励及挽留能力出众的雇员，并设立团队成员服务中心，以解答员工疑问，处理医疗开支申索、退休金、投诉或建议等，每个物业、办公室均设有人力资源专员负责协助员工，人力资源及行政部还受理举报违反防止清洗黑钱及打击恐怖主义融资活动的法律的行为和线索；为帮助员工充分挖掘潜力，提供结构化的培训课程，协助员工晋升及横向流动，组织发展及培训部设计全面的培训课程；采购部门提供"厂商采购包"为本地中小企创造商机，协助供应商加深了解银娱的采购程序及政策，向员工提供处理中小企业和本地企业的业务指引。

　　员工层面则是以"义工队"为主体，义工队成员来自不同部门，2011年成立以来，已筹办近200项义工活动，服务超过120个慈善团体，为社区提供超过10000个小时的服务。此外，义工队还成立了员工康乐会及员工关系组，举办多项社交及联谊活动，如"银娱保龄球挑战赛""银娱羽毛球比赛""银娱足球嘉年华"及节庆游戏摊位等，以促进员工身心健康发展。

　　除此以外，2014年银娱宣布以13亿港元成立"银河娱乐集团基金会"①，致力于澳门及中国内地的青少年教育及发展，为区内未来的繁荣和谐做出贡献。基金会的成立为银娱的重大企业社会责任活动保驾护航，提供方向指引和资金支持，已实施"银娱公益创投基金""银娱青创计划商业顾问服务""银娱社区护理计划""银娱手语双语共融教育先导计划""银娱读写支持先导计划""银娱日本澳门综合度假村管理启蒙先导计划"等。银娱社区关系部门和义工队服务公益团体和社区，践行阶段的、普遍的、适时的社会责任活动，而基金会着眼于长期的、重大的、社会亟须解决的议题和尚未开展的公益事业，相互配合，形成互补。

---

　　① 根据《银河娱乐集团基金会章程》，基金会财产为13亿港元，启动资金为3亿港元，其余金额由银娱以每年1亿港元拨给基金会。

（四）重视利益相关者参与、沟通与评价

银娱安排内部及外部利益相关者参与其企业社会责任的治理，主要包括雇员、行业团体、非政府机构、慈善机构、供货商及业务伙伴。除进行网上问卷调查外，还定期在员工之间安排项目小组，以讨论及收集意见。通过这些举措，银娱找出利益相关者的关注点，从而调整其业务方式以及可持续发展目标和举措。

为持续为顾客提供卓越的体验，银娱亦提供不同平台让顾客提意见，积极优化其营运环境，主要包括通过神秘顾客活动评估服务素质、判断客人满意度、评估遵守法律和程序的执行情况以及消费者在银娱旗下物业的整体体验；通过意见表、电邮及各类社交媒体平台等不同渠道，了解客人反馈与评价；设立电话服务热线和委任质量保证经理，以适时监察及解决客人投诉。

在遵守劳工准则进行雇员关怀方面，银娱定期从不同渠道收集意见，包括内部项目小组、申诉制度、外部会议及媒体报道。

（五）公开透明的社会责任信息披露

作为上市公司，银娱按照香港联交所颁布的《主板上市规则》附录二十七《环境、社会及管治报告指引》编制《环境、社会及管治报告》，随其上市年报进行公开披露。该报告提供了银娱博彩及娱乐业务（即"澳门银河TM""澳门百老汇TM"及澳门星际酒店）的可持续发展表现，并概要说明了嘉华建材有限公司（即银娱的建筑材料业务）的表现。此外，报告亦更广泛地披露了社区方面的信息，以反映集团的可持续发展表现，从而提高集团行动上的透明度和问责性。除上市年报，银娱亦在其企业官方网站设置"企业社会责任"栏目，该栏目包括"社会贡献""环境保护及可持续发展""负责任博彩""支持本地中小企""社区活动""报告"等若干板块，披露其社会责任的理念、履责行为和重要活动。此外，银娱还在《澳门日报》等主流新闻媒体和企业官方网站用新闻稿及时报道社会责任履责活动。2019年，银娱汇编发布了《企业社会责任工作年报（2018）》，对银娱2018

年的企业社会责任工作进行了系统整理，包括纸质版和电子版，其中电子版公布于其官方网站。

二　银娱企业社会责任的现状与特征

在利益相关者多种形式的参与下，银娱将博彩企业的特殊产品及经营行为视为社会可持续发展的有机构成单元，在澳门政治、经济、社会和文化的特殊情景中，用企业社会责任来适应和参与社区发展，具有鲜明的澳门特色和博彩业特征，而认识其现状及特征应当从现阶段澳门经济社会亟待解决的责任议题及其利益相关者维度出发，主要包括雇员、环境、经济适度多元发展、负责任博彩和社区。

（一）雇员关怀

银娱的雇员关怀主要体现在多元化、工作环境、劳工准则、员工健康及安全、人才管理等方面。第一，银娱奉行多元化策略，确保在招聘过程中广泛吸纳不同性别、年龄、资历及经验的人才。银娱现有雇员21000人，其中从性别上看男性雇员占49.6%，女性雇员占50.4%；从年龄上看30岁以下雇员占22.4%，30~50岁占57%，50岁以上占20.6%。这说明银娱充分确保工作均等，也说明雇员团队年富力强。第二，银娱努力推动员工的作息平衡，提供舒适的工作环境，推行如沟通、薪酬及福利、工作便利及健康、弹性上班计划、员工嘉许等措施。2018年银娱员工流失率仅为14.4%。第三，银娱遵行澳门特区政府劳工事务局颁布的相关指引以及香港特区政府劳工处订立的相关规则及规例，制定的劳工政策、指引和程序包括《商业行为守则》《处理投诉及申诉》《员工手册》《纪律程序》等。第四，银娱遵行健康及安全法律规定，确保按健康及安全管理标准，除设立环境、健康及安全委员会外，银娱还与劳工事务局通力合作维持和谐的工作环境，除因工作需要向员工提供充足的个人防护设备外，银娱亦持续确保符合各项健康及安全措施与规定，举办"工作健康及安全周"，开展"酒店及饮食职业职安卡"

培训，增加"危害及险失事故报告 QR"检查站数量，提升员工诊所的服务质量等。第五，注重管理及培育人才，包括个人发展计划、目标设定、辅导及指导，旨在推动本地员工的横向发展及增加晋升机会，支持本地人员向上流动及发展多元化技能。有关课程如"核心基础课程""主管、经理及领导课程""顾客服务课程""管治课程""博彩及酒店营运与工作技能课程""销售及业务发展课程""业务流程""人才管理课程""潜在危险及险失事故报告计划"构成全面的人才培训体系。2018 年银娱总培训时数 1102541小时，平均每名雇员培训时数 53 小时。

（二）环保及可持续发展

银娱积极遵行现有环保法规，并明确落实各项政策，务求有效减少温室气体排放、厨余量等，并有效善用能源和水等资源。在采购供货商货品和服务时，审慎挑选具有共同价值观的供货商，清楚传达其对社会及环保事宜的期望。2017 ~ 2018 年银娱在环保及可持续发展方面的表现如表 2所示。2018 年，银娱净收益按年增长 14%，业务量的增加带来资源消耗的增加，能源消耗和耗水量分别增长 1.3% 和 4%，但资源消耗增长低于业务增长，且温室气体排放量下降 6%，可见银娱在环保领域做出了积极努力。

表 2　2017 ~ 2018 银娱环保及可持续发展的主要表现数据

指标	单位	2017 年	2018 年
温室气体排放量	吨二氧化碳当量	320919	301446
能源总耗量	千兆焦耳	1436890	1455818
能源总耗量密度	千兆焦耳/平方米	1.15	1.17
耗水量	立方米	3921084	4079589
耗水量密度	立方米/平方米	3.15	3.27

注：银娱自 2017 年度起在上市年报中披露环保表现数据。

资料来源：整理自银娱《上市年报（2017）》《上市年报（2018）》，以上数据仅为银娱的博彩及娱乐业务，即"澳门银河 TM""澳门百老汇 TM"及澳门星际酒店。

（三）经济适度多元发展

根据《澳门经济适度多元发展统计指标体系分析报告》，经济适度多元发展是指维持产业结构的适度多元和均衡，培育新的支柱产业及经济增长点，促进澳门经济社会的可持续发展。① 经济适度多元发展是中央政府及澳门特区政府的期望和要求，是博彩企业社会责任指标体系的重要指标。对于博彩企业而言，主要包括博彩企业业务多元化；依托企业资源和优势，支持和发展"以会议为先"的新兴产业；支持本地中小企业发展等议题。

在业务多元化方面，银娱调整经营管理方式和业务重心，聚焦非博彩业务。② 2018 年，银娱集团非博彩收益增长 7.1%，占集团收益的 9.6%。"澳门银河 TM""澳门百老汇 TM"、星际酒店的酒店、餐饮、商场及其他收益增长 7%，占三个项目净收益的比例为 10.14%。中场及角子机收益增长 18.22%，占三个项目博彩收益总额的比例由 2017 年的 43.98% 增长至 44.59%，占博彩净收益的比例由 60.6% 增长至 61.87%。③

在旅游业和新兴产业发展方面，"澳门银河 TM""澳门百老汇 TM"、星际酒店分别拥有 3600 间、320 间、500 间酒店客房，占澳门酒店客房数的 11.6%。"澳门银河 TM"零售空间超过 100000 平方米，包括 200 个时尚生活品牌，另外还有约 120 家餐饮店，在娱乐休闲方面，除博彩以外还开发超过 75000 平方米的主题乐园，以及 10 家独立影院。"澳门百老汇 TM"拥有 3000 个座位的"百老汇舞台"。银娱持续推进的三、四期项目还将提供合计约 4500 间酒店客房、37161 平方米的会议展览万、46451 平方米并设有 16000 个座位的多用途场馆、餐饮、零售以及娱乐场等。

作为首家推出"以大带小"业务模式的博彩企业，银娱重视本地企业及中小企业的发展，其"百老汇美食街"举办"地道文化美食节"就是采

---

① 澳门统计暨普查局：《澳门经济适度多元发展统计指标体系分析报告（2017）》。
② 银河娱乐集团《上市年报（2018）》之《主席报告》：《稳健的佳绩全赖集团以中场业务为重心，推动各项业务增长，并持续调配资源以达至最高及最佳用途效益》。
③ 资料来源：整理自银河娱乐集团《上市年报（2018）》。

用龙头行业与中小企业携手合作的"以大带小"模式。银娱定期检讨并在适当时候提供支持服务，助力本地企业及中小企业与银娱之间的业务发展，以不断维持及发展银娱与本地企业及中小企业的业务关系。目前，银娱的供货商大多数为本地企业及中小企业。

（四）负责任博彩

银娱积极支持特区政府的负责任博彩措施，2008年率先设立澳门首个24小时"负责任博彩热线"，同时在娱乐场入口设置指示牌，防止未成年人士进入娱乐场；在娱乐场周围放置有关宣传负责任博彩信息及博彩规则的单张，包括在娱乐场内的自动柜员机上张贴有关信息；于"澳门银河TM"娱乐场、星际娱乐场、利澳娱乐场和华都娱乐场安装负责任博彩信息站及信息亭，提供全面的信息和支持。为实践银娱发展和落实负责任博彩的长期承诺，银娱与多个协会、博彩业监管机构、行业组织、研究及学术机构通力合作，制定多元化的措施，加强向员工和客人灌输澳门的负责任博彩文化。此外，银娱亦与圣公会澳门社会服务处合作，为员工提供亲身、热线、即场及网上辅导服务。自2013年以来，银娱举办了培训、工作坊、路演、参观、宣传等多项活动，参与员工接近47000人，2018年就有逾6000名员工参与各类相关活动。银娱亦是首家参观澳门义务青年会位于石排湾的新服务中心的博彩企业。

（五）社区贡献

除义工队、银河娱乐集团基金会，银娱亦持续贡献人才、技能和财产资源以帮助有需要的人士，推动澳门社会和谐发展，主要包括慈善活动、教育及文化、体育发展等。银娱慈善捐赠金额在六家博企中名列前茅，2011～2017年捐赠总额为4.3亿港元，占总慈善捐赠额的27.6%，位居第二名，其中有4个年度名列前三。① 为响应特区政府培育青年和人才的计划及政策，银娱与不同的教育、艺术及文化协会和机构合作，帮助年轻人为未来事

---

① 澳门科技大学社会和文化研究所：《2011～2017澳门博彩企业慈善责任发展报告》，2018。

业建立稳固的教育基础。此外，银娱还与特区政府合作主办多项大型国际体育及文化盛事，助力推动澳门体育与文化发展。

以上是银娱企业社会责任重点践行的领域，同时也是回归以来澳门社会的广泛期望。银娱持续投放资源于相关企业社会责任事务，为澳门的长远发展制定可持续发展的策略，尊重每一位利益相关者，总体呈现以下特征。

第一，上下一致和内外一致。银娱从上到下重视企业社会责任，通过履行社会责任以取得澳门社会的支持和认同。银娱规划和投入资源、员工践行和参与治理，自上而下保持良性企业文化和价值观，与供货商一同推动可持续发展，积极履行对澳门经济社会的承诺。这样一来，银娱做出的重大企业社会责任、慈善捐赠决策，很容易获得利益相关者的支持和认同。

第二，资源投放和社会期望相符。现阶段，银娱致力于反馈社会，支持特区政府的"负责任博彩"宣传、青年与人才培育、体育和文化发展、环保及爱国教育工作，支持澳门发展成为"世界旅游休闲中心"。其社会责任的理念和重点任务不断调整，体现出澳门经济社会发展进入新阶段、呈现新特点。

第三，地域传统和企业实践融合。澳门拥有悠久的公益传统，形成诸多具有影响力的公益团体和公益项目品牌，为银娱规划社会责任打下基础。澳门是社团社会，社团借着政府和社会的资源从满足社会需要出发扩展其社会服务的功能，这对银娱企业社会责任方向、资源配置、行为和内容等方面的管理产生了重要影响，推动社会责任澳门特征的形成。

三　银娱企业社会责任的效益与建议

除积极履行《批给合同》和《转批给合同》外，各博彩企业在取得赌牌以来，持续调配资源以获得社区投资的最佳效益，取得显著的成果。此效益并不是资金投入与产出的财务效益，而是企业社会责任本身的效益，主要包括持续性、贡献度、社会参与度等。

（一）持续性明显

自 2002 年进入澳门市场以来，银娱企业社会责任的持续性明显，特别

体现在体育、教育和文化等方面，持续多年赞助相关活动，形成广泛的影响力。如连续 15 年冠名赞助"澳门银河娱乐国际马拉松"，连续 13 年冠名赞助"澳门银河娱乐国际排联世界女子排球联赛"，连续 8 年冠名赞助"银娱关爱特奥乒乓球赛"并提供义工服务，自 2012 年起每年赞助国家金牌运动员到访澳门。特别是自 2009 年起，银娱连续 10 年冠名赞助青少年国情知识竞赛，每年结合国家发展的主题开展知识竞赛、拜访交流、国情讲座，提升澳门青少年对国情知识的认知和了解，强化其民族自豪感和爱国热情。

（二）贡献度较高

首先，银娱聚焦于社会亟须解决的议题，如本地员工向上或横向流动、环境及可持续发展、中小企支持、负责任博彩和社区投资，均是澳门经济社会和博彩业发展到新的阶段所亟须加大资源投入力度予以解决的社会问题。其次，银娱在中小企支持、负责任博彩等责任议题上率先垂范，同时也是澳门首家运行电动巴士的博彩企业。再次，银娱的履责获得社会的认可，如澳门劳工事务局认同及支持银娱在建立职业安全文化方面的贡献，另外银娱获得的由澳门社会和社团颁发的企业社会责任奖项，直接体现出其对社会的贡献获得社区的认可（详见表 3）。

表 3　2018 年银娱主要企业获得的社会责任奖项

获奖机构	奖项	主办单位
银娱	最佳环境、社会及管理/社会企业责任指标	《机构投资者》杂志
	团体捐血推动奖	澳门卫生局
	杰出企业社会责任奖	《镜报》
	澳门优秀企业义工队	澳门义务工作者协会
	关怀活动项目奖	澳门中华总商会青年委员会及澳门中华青年工商联会
"澳门百老汇 TM"	"环境绩效大奖"优秀奖	Project Asia Corporation 及澳门商务读者慈善会

资料来源：整理自银娱《上市年报（2018）》，不含嘉华建材有限公司。

（三）社会参与度较高

社会认知度是社会对银娱企业社会责任行为的认识、了解及参与，银娱具有持续性的公益项目较容易帮助研究其社会责任的社会认知度。自2004年起银娱冠名赞助澳门国际马拉松赛事以来，截至2018年共吸引全球12000名选手报名参赛，15年间报名人数增长2倍，完赛人数增长1.3倍，澳门选手人数增长4.9倍，占比由11%增长至22%，外国选手人数增长1.7倍，参赛国家和地区由24个扩至40个。自2004年以来，澳门国际马拉松参与人数不断增加，参赛选手的来源范围不断扩大，其中澳门社会参与度的增长最为显著。银娱冠名赞助的澳门青少年国情知识竞赛迄今已有7万多名澳门学生参与，10年间参赛学校数量增长1倍多，参赛人数增长近2倍，2018年参赛人数约占澳门中学和大专院校在校生人数的15%①。以上两个项目充分说明银娱企业社会责任具有广泛的社会认知度和参与度，且影响力不断扩大（详见图1、图2）。

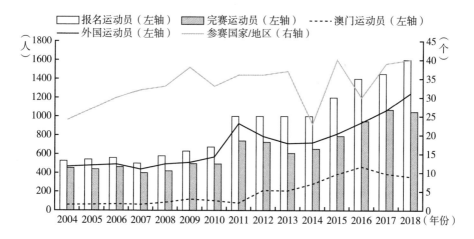

图1　澳门银河娱乐国际马拉松历年参赛情况

资料来源：整理自澳门国际马拉松官方网站。

---

① 澳门青少年国情知识竞赛的参赛者是中学生和大学生，澳门高等教育局和澳门教育暨青年局2017/2018学年统计数据显示，大专院校注册人数为33098人，初中及高中学生注册人数为26608人，合计59706人。

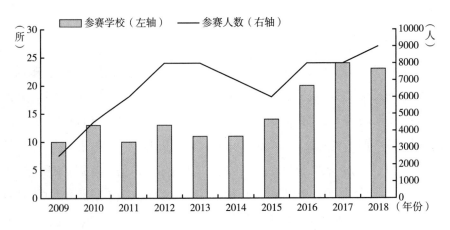

图2　银娱"澳门杯"青少年国情知识竞赛历年参赛情况

资料来源：整理自国情教育（澳门）协会官方网站"国情网"。

随着澳门经济社会的发展，建设世界旅游休闲中心，促进经济适度多元发展，解决博彩问题，助力中小企业发展，推动澳门文化、体育、教育的发展等成为博彩企业未来需要面对的责任议题。在为推动澳门和谐社会建设做出努力的道路上，银娱企业社会责任治理仍有不断发展和进步的空间。具体建议如下。

第一，持续健全企业社会责任治理体系。银娱自上而下在多个层面建立了多个企业社会责任治理主体，其工作职责明确，为推动企业可持续发展和履责发挥了重要作用。然而，在这些治理主体之中，未能形成一个专门的、工作职责全面的企业社会责任治理主体以统筹管理和配置资源。因此，建议银娱在顶层设计上成立"企业社会责任委员会"，工作职责为"负责指导及监督集团发展及推行有关企业可持续发展、环保、慈善及社区投资方面的企业社会责任工作"。

第二，持续完善利益相关者参与机制。根据银娱现有的利益相关者参与评价机制，2018年在银娱"环境、社会及管治"层面中，利益相关者认为最重要的是"反贪污以及清洗黑钱之内部监控、客人隐私、客人健康及安全"，但根据澳门经济社会及博彩业发展实际，此评估结果略显偏颇或略显滞后。因此，若要有科学、合理的利益相关者评估意见以指导企业业务发展和资源配置，需要进一步完善利益相关者参与机制，特别是将专家学者纳入利益相关者参与机制中，或支持第三方学术机构的研究，促进企业社会责任标准、定义和定位的建构，这样将有利于平衡利益相关者的价值，推动企业社会责任的科学规划和管理。

第三，持续规范信息披露制度。银娱现有的企业社会责任信息公开渠道有《上市年报》、企业官网和《企业社会责任工作年报》。一方面，《上市年报》中的《环境、社会及管治报告》主要采用香港联交所的报告指引准则，该准则并没有涵盖所有披露事项，也没有明确各个关键效能指针的定义；另一方面，银娱《企业社会责任工作年报》并不是规范的《企业社会责任报告》或《可持续发展报告》，这些对于观察和认识银娱企业社会责任的履责行为和效益带来一定的困难，极易造成其社会责任的社会认知程度不高、评价不客观。因此银娱应当持续规范企业社会责任信息的公开披露程序，在香港联交所指引的基础上，对标国际标准 ISO26000 和 GRI，编制《企业社会责任报告》或《可持续发展报告》专项报告，同时可考虑编制如《中小企支持》《负责任博彩》之类的单项报告。另外，在银河娱乐集团基金会的信息披露方面也应当加大力度，进一步提升其社会认知度。

第四，持续发挥华资的特色，重视内地社区投资。未来，银娱应当重视配合国家战略，参与和推动国家和谐社会建设、"一带一路"建设、大湾区建设等，并结合自身资源和优势，在已积极参与内地捐资助学、灾后重建等公益事业的基础上，积极参与内地"精准扶贫"工作，建立长期、可持续的机制，进一步履行对内地的社会责任。作为一家华资企业，银娱本着爱国爱澳的精神，秉持"取诸社会，用诸社会"的理念，积极以多元方式履行企业社会责任，在协助推动澳门社区全面发展的基础上，加大向内地社区投资力度和提供更多服务。

G.20

澳门百老汇：博彩企业非博彩业务的探索与发展

王 茜[*]

摘　要： 在澳门特区政府推动经济适度多元发展的背景下，2013年澳门百老汇被纳入银河娱乐集团的规划，于2015年开业，至今发展成为银娱集团第二大非博彩业务板块。澳门百老汇三大业务项目为百老汇酒店、百老汇美食街、百老汇舞台。百老汇酒店平均每年入住率高于99%；美食街目前有40余家美食门店进驻，其中有不少是澳门本土百年老店；百老汇舞台仿照美国百老汇舞台而建，平均每月有1~2台演出。目前，百老汇非博彩业务呈现以下特点：增长迅速但体量较小，非博彩收益比重逐渐超过博彩收益，酒店和餐饮是非博彩业务重点，注重扶持本地中小微企业，易受外围因素影响等。百老汇可抓住内地游客入境量逐年增加等机遇，开发更多迎合内地游客的旅游项目及餐饮类型；重视客户意见，提升和优化客户使用体验；合理利用闲置空间举办活动以吸引客流，并不断提升非博彩业务的质量和效益。

关键词： 博彩企业　澳门百老汇　非博彩业务　中小企业

---

* 王茜，澳门科技大学社会和文化研究所国际关系专业博士研究生，研究方向为国际关系、澳门旅游博彩等。

目前，学者并未对"非博彩元素"形成统一的定义。本文采用吕剑英、龚永珩对非博彩元素的解释，即"指与博彩业相依附的行业，如酒店业、零售业、餐饮业和会展业等，并能够带动目的地旅游业健康发展，令本地居民及外来旅客在旅游目的地有不同的活动体验，同时能够从以博彩业为核心的经济结构，转变成多元的经济机构"①。博彩活动与非博彩元素有协同效应，因此在实践中，澳门博彩企业也乐于发展非博彩业务。经过十几年的发展，澳门博彩企业的非博彩业务经历了一个从无到有的发展过程②，这既是由于博企致力于降低自身过度依赖博彩收入、产品和服务种类过于单一的风险③，也是因为中国中产阶层迅速增长，对非博彩元素的旅游需求更大，逐步改变澳门博彩业务结构。本文分析澳门百老汇的非博彩项目发展现状、经营特点、面临的问题，并结合时代背景提出未来发展建议。

一 澳门百老汇非博彩业务的发展现状

澳门特区政府在 2001 年提出"以旅游博彩业为龙头、服务业为主体、带动其他行业协调发展"的施政理念。④ 多年来，为了实现经济适度多元发展的目标，使澳门经济朝着可持续方向发展，特区政府不断鼓励及推动博彩企业增加非博彩元素。在《澳门特别行政区五年发展规划（2016～2020年)》中，澳门特区政府提出，将使非博彩业务收益占博彩企业总收益由6%增长至9%以上。

澳门百老汇（Broadway Macau）是位于澳门路氹城的一个附设赌场及舞

---

① 吕剑英、龚永珩：《澳门博彩企业非博彩元素的发展现状、效益与趋势》，载林广志、郝雨凡主编《澳门旅游休闲发展报告（2017～2018)》，社会科学文献出版社，2018，第 39～40 页。

② 刘爽：《博彩企业非博彩元素的培育与发展》，载吴志良、郝雨凡主编《澳门经济社会发展报告（2017～2018)》，社会科学文献出版社，2018，第 114～131 页。

③ 刘爽：《博彩企业非博彩元素的培育与发展》，载吴志良、郝雨凡主编《澳门经济社会发展报告（2017～2018)》，社会科学文献出版社，2018，第 114～131 页。

④ 中央人民政府驻澳门特别行政区联络办公室：《澳门经济适度多元发展情况》，http://www.zlb.gov.cn/2014－11/15/c_ 127214595.htm，最后浏览日期：2019 年 5 月 7 日。

台的娱乐项目，由银河娱乐场股份有限公司持有及营运，于 2015 年 5 月 27 日开业。百老汇占地面积约 10 万平方米，主要由百老汇酒店、百老汇舞台、娱乐场、百老汇美食街等构成。其非博彩业务分为百老汇酒店、百老汇美食街和百老汇舞台，收益来源是酒店、餐饮、商场等板块。百老汇在 2015 年的非博彩收益为 1.2 亿港元，而 2018 年的非博彩收益则为 2.9 亿港元，在扣除通胀因素后，2018 年的非博彩收益是 2015 年的两倍有余。百老汇是为了配合特区政府打造世界旅游休闲中心而设立的①。银娱方面表示，百老汇的定位，除了要为到访旅客提供最地道、最具澳门特色的全新旅游地标之外，更加希望协助本地中小企业的发展，提升澳门品牌在国际上的知名度，并且达到经济适度多元发展的目标。②

（一）百老汇酒店

百老汇酒店前身为金都酒店，定位为路凼区唯一一家四星级酒店，以吸引不同消费层次的客户群体，目前拥有普通房、河景房以及套房三种房型共 320 间。开业至今，酒店平均入住率一直维持在 99% ~ 100%。根据携程、Booking 两大酒店订房网站顾客点评，百老汇酒店分别获得 4.6 分（满分 5 分）和 8.2 分（满分 10 分），地理交通、房间清洁程度、性价比、免费 Wi-Fi 等设施和服务质量获得了顾客的认可。客人在网站上点评其不足之处主要在隔音效果不佳、前台服务态度质量不高、设备陈旧、房间小等方面③。据了解，银娱集团的服务质量评估部门会收集用户的入住体验反馈，提升服务质量。

作为银娱集团子公司之一，澳门百老汇积极参与酒店业的可持续发展。2017 年，在澳电及能源业发展办公室举办的《澳门知悭惜电比赛 2017》

---

① 《银娱"澳门百老汇"下月开幕》，《文汇报》，http：//paper. wenweipo. com/2015/04/29/FI1504290022. htm，最后浏览日期：2019 年 1 月 5 日。
② 《澳门银河二期及百老汇正式开业 商业版图扩至 110 万平方米》，赢商网，http：//news. winshang. com/html/048/3696. html，最后浏览日期：2019 年 1 月 5 日。
③ 数据整理自携程网。

中，获得节能概念大奖（酒店组），同时成为酒店 B 组冠军。2018 年，在 *Macau Business Magazine* 举办的澳门商务大奖评选中，澳门百老汇获得"环境绩效大奖"优秀奖。[①]

（二）百老汇美食街

百老汇美食街是澳门首个集街头表演和开放式店铺于一体的美食街。超过 40 个餐饮及 20 个零售品牌进驻，当中超过六成属于本地中小企业。2016 年美食街共有 5 家餐饮品牌获得米其林推荐餐厅荣誉，1 家餐厅获得深受游客欢迎澳门最具特色顺德菜美食品牌；2017 年共有 8 家商户获得"星级旅游服务认可计划"星级服务商户奖，5 家商户上榜米其林指南，3 家商户获得携程"美食林"风味餐厅奖项。[②] 2018 年，3 家商户获澳门旅游局"星级旅游服务认可计划"，8 家商户获携程"美食林"风味餐厅认可，1 家商户入选《米芝莲指南香港澳门 2019》[③]。

银娱集团在引进本地中小微企业入驻美食街的过程中带动了美食街的发展，也为本地美食提供了推广平台。据介绍，在开业之前，银娱集团将澳门本地中小微餐饮企业（尤其是一些在澳门本岛的百年老店）引进美食街，同时邀请本地青年到美食街创业。在引进的过程中，该集团还在多个层面协助中小企合作伙伴，如提供管理、维修、保安、清洁、财务、人员培训和市场宣传等支持，提供顾客可两小时免费泊车等服务，使得各中小微企业可以放心经营，对传统烹饪技艺进行传承及保护，共同推广澳门本土品牌。百老汇也借助 2018 年 5 月澳门获得联合国教科文组织评定为"创意城市美食之都"的机遇，在美食街举行"地道文化美食节"，积极推动本地美食文化、宣传澳门本地美食品牌和百老汇这一美食平台。

---

① 《银河娱乐集团有限公司年报》（2018 年）。
② 《银河娱乐集团有限公司年报》（2015～2018 年）。
③ 《银河娱乐集团有限公司年报》（2018 年）。

（三）百老汇舞台

百老汇舞台借鉴美国百老汇舞台理念，在澳门搭建类似高水平表演场地，成为百老汇三大非博彩业务之一。百老汇舞台设置 3000 个座位，平均每月至少举办一次舞台表演，同时举办电竞比赛或发布会等，基本座无虚席。在这里举办演唱会的主要为亚太流行音乐歌手，其中以来自韩国、中国香港者居多。韩国与澳门之间签证较为便利，此外香港娱乐文化也对澳门影响较大，而受到"韩流"及香港音乐影响的内地游客也较为容易进入澳门，这使得澳门能汇聚该区域演艺明星及其追逐者。在大众点评对于百老汇舞台的 69 条评论中，好评 54 条，集中在环境优雅、价格实惠、性价比高等优点上；中评和差评分别有 13 条和 2 条，差评率极低。

二　百老汇非博彩业务的特征

（一）非博彩业务发展迅速，但体量较小

近年来，澳门百老汇的非博彩收益在不断增长，但在银娱乃至整个澳门收益中所占比例都较小。百老汇 2015 年 5 月 27 日投入使用，2015 年录得 1.2 亿港元的非博彩业务收益，2016 年 1.97 亿港元，2017 年 2.21 亿港元，2018 年则升至 2.9 亿港元。[①] 百老汇经营至今，其各项收益在银娱集团中占比微小，在澳门非博彩业务中占比更是微乎其微。从 2015 年开业到 2018 年，银河娱乐集团非博彩收益总额为 126.08 亿港元，而百老汇仅 8.28 亿港元，星际酒店为 11.95 亿港元（见表 1）。以 2018 年为例，澳门非博彩业务达到 159.645 亿港元，其中银河娱乐集团贡献 52.98 亿港元，但百老汇只有

---

① 《银河娱乐集团有限公司年报》（2015～2018 年）。

2.9亿港元①，只占银河娱乐集团的5.5%，占澳门非博彩业务收入的1.8%。通过观察银娱集团内部三大项目的非博彩业务策略发现，经营内容对非博彩收益产生了一定的影响。澳门银河非博彩业务的高收益主要来自旗下多个酒店品牌、零售、餐厅食肆、影厅以及娱乐户外活动设施等业务内容。而百老汇受其占地面积影响，其非博彩业务的运营范围局限在酒店、餐厅及舞台活动等方面。

表1 2015~2018年银河娱乐集团三大旗舰公司的非博彩收益

单位：亿港元

	2015年	2016年	2017年	2018年	总额
银河	23	28	30	45.08	126.08
星际酒店	2.75	2.08	2.12	5	11.95
百老汇	1.20	1.97	2.21	2.9	8.28
总额	26.95	32.05	34.33	52.98	146.31

资料来源：《银河娱乐集团有限公司年报》（2015~2018年）。

（二）非博彩收益比重逐渐超过博彩收益

澳门百老汇非博彩收益逐年攀升并于2018年超过博彩收益。如图1所示，澳门百老汇2015年的非博彩收益约占总收益的1/4；2016年非博彩收益发展平稳上升，占总收益的1/3。2017年该比例为43%，非博彩收益几近占总收益的一半。这年在台风"天鸽"影响下，百老汇酒店及娱乐场关闭接近一个月，于9月25日重开，非博彩业务却仍能快速发展。到2018年，非博彩收益开始超过博彩收益，达到51%，非博彩收益按年增长31%。② 值得注意的是，百老汇并无贵宾厅业务，主要是发展中场业务及非博彩业务。其非博彩收益逐年攀升并超过博彩收益，表明百老汇发展非博彩业务取得了较好的成效。

① 数据来源于Bloomberg Intelligence。
② 数据来源于《银河娱乐集团有限公司年报》（2015~2018年）。

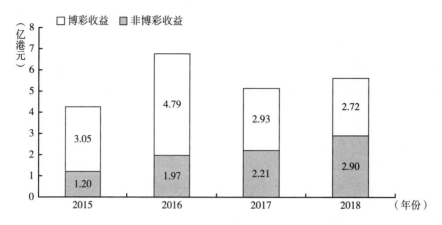

图1 2015～2018年百老汇的非博彩与博彩业务收益

资料来源:《银河娱乐集团有限公司年报》(2015～2018年)。

(三)酒店餐饮业务是非博彩收益的重点

从历年非博彩业务收益表现来看,租金并不是百老汇收益的重头戏,酒店、餐饮及其他业务才是收入的主要支柱(见图2)。2016年的租金收入相较于2017年及2018年略高,而其酒店、餐饮及其他业务收入低于2017年及2018年,说明人流逐渐聚拢百老汇,使其餐饮酒店业收益攀升。而零售店铺和食肆数量的逐年减少导致了租金收益的节节走低。从2015年约20家零售店铺,到2016年大约只有10家,而如今零售商铺及摊贩数量已不足10家。2016年,百老汇拥有逾40家食肆,到2018年只有30余家。

百老汇酒店的高入住率是百老汇酒店、餐饮及其他业务收益的重要基础。百老汇酒店于2015年第二季度开业至今,酒店平均入住率一直维持在99%以上,高入住率说明百老汇酒店的人流量较为稳定,只是在受台风"天鸽"影响后,2017年第三季度酒店入住率降低为61%,若不计算酒店关闭时日,其入住率为93%[①]。

---

① 数据来源于《银河娱乐集团有限公司年报》(2015～2018年)。

图2　2015～2018年百老汇各非博彩业务收益

资料来源：《银河娱乐集团有限公司年报》（2015～2018年）。

（四）非博彩业务注重扶持本地中小微企业

为协助推动澳门的经济多元及可持续发展，百老汇非博彩业务三大项目中，美食街积极与澳门本地中小微企业合作保护和推广本地美食品牌。百老汇通过减免租金、免费提供员工服务培训、把控门店卫生条件、提供两小时免费泊车、免费推广及宣传等措施，将深藏于澳门旧区的美食名店带到人流较多的游客区，这一模式被媒体称作"以大带小"①。也有媒体评价，"美食街已成澳门多元发展、扶持本地中小企业的成功项目之一，亦开创了博彩营运商与多家本地中小企餐饮品牌联营合作的先河。此平台让本地餐饮老字号获扩充机会，并与集团共同成长，分享经济成果。三年试验反映集团与中小企业共融性强，此合作模式可行，属三赢局面，值得推广。有进驻百老汇商户指，联营合作模式有助创新、增客源及知名度，以及支持老字号品牌的中小企发展，开拓商机"②。另

---

① 《地道文化美食节冀人流增五成》，《澳门日报》，http：//www.macaodaily.com/html/2018 - 05/12/content_ 1265163. htm，最后浏览日期：2019年5月16日。

② 《地道文化美食节下月举行》，《澳门日报》，http：//www.macaodaily.com/html/2018 - 04/ 20/content_ 1259712. htm，最后浏览日期：2019年1月5日。

外，从百老汇历年非博彩收益占比来看，租金收益一直落后于其他业务可以从侧面佐证，百老汇通过减免租金以扶持本地中小微企业。

（五）非博彩业务收益易受外围因素影响

非博彩业务极易受到博彩及旅游政策、极端天气等外围因素的影响。由于非博彩业务依附于博彩项目发展，外围因素在影响赌场收入的同时，也波及非博彩业务的经营。如赌台重新调配，赌场中的吸烟限制政策[①]等。此外，一些相关政策或措施也会影响非博彩业务，如中国内地及澳门特区政府推行反腐运动、货币转移管制及新的边境货币申报系统等措施，2015年第四季度开始对博彩中介人在财务会计、反洗黑钱报告及会计记录存置等方面加强管理，2016年5月开始禁止在贵宾博彩区赌台使用移动电话等。[②] 这些变动尤其影响博彩收益，进而辐射到非博彩业务的运营。[③]"天鸽"到来期间，百老汇酒店及娱乐场关闭接近一个月，第三季度中场及电子博彩收益下滑25%，酒店入住率仅为61%，非博彩业务收益增速随之下跌，百老汇第三季度亏损400万港元。[④]

三 关于百老汇发展非博彩业务的建议

面向未来，百老汇可从以下几个方面提高非博彩业务的质量与效益：

一是把握市场动向，适时推出吸引客流的项目。近年来，由于内地中产阶级人数增加，相应前往澳门旅游的消费者亦逐年增加，在路氹城区各博企营造的激烈竞争环境下，百老汇应把握契机，开发更多符合中产阶级消费水平的非博彩项目，推出更多酒店房型、符合中产阶级消费水平的餐厅以及娱

---

① 2014年10月引入并实施适用于中场博彩区的吸烟限制；自2018年1月1日起将吸烟限制由中场博彩区扩展至贵宾区。

② 《美高梅中国控股有限公司年报》（2018年）。

③ 《银河娱乐集团有限公司年报》（2018年）。

④ 《银河娱乐集团有限公司2017年第三季度之财务数据简报》。

乐项目。澳门旅客统计资料库显示，内地入境游客主要来自广东、福建、浙江、湖南、江苏、河南、四川、北京、上海、天津等省市。百老汇可发展多样餐厅，以迎合来自不同客源地游客的口味。

二是总结客户评价，提升服务质量。对于内地网络平台上游客对百老汇的评价，公司应予以重视并完善不足之处。携程网上顾客对百老汇酒店的投诉显示酒店可能存在隔音效果不佳、前台服务态度不好以及房间设施设备陈旧等问题，酒店管理层应给予重视，并及时提升酒店质量，巩固客流量，投入资金用于改善酒店硬件设施，从而改善用户体验。

三是合理利用空间举办活动，增加客流量，提升品牌形象与知名度。百老汇处于路氹区最西边，尽管有人行天桥连接澳门银河，但客流量相对比不上路氹其他度假村。百老汇可利用美食街的空间，通过多举办大型活动，打响百老汇品牌，吸引更多游客白天到百老汇活动。百老汇还可结合澳门特区政府制定的文化创意产业的政策，积极推出文创摊位，以带旺美食街。百老汇舞台大楼里仍有大量空间，可举办展览或小区公益活动。例如 2019 年 2 月 1 日，银娱集团邀请近百名来自澳门小区的长者，前往美食街参加"金猪贺岁——银娱爱心千岁宴"新春联欢午宴活动，并在百老汇舞台欣赏表演。[①]

四是发展多元的非博彩业务板块，提高项目竞争力。以金沙中国为例，由商场租金、酒店、会展、渡轮、食品和饮料、零售等多元业务构成的非博彩元素使其非博彩收益在澳门独占鳌头。百老汇可在提升原有非博彩业务质量的同时，借鉴这一发展模式，开发多元业务板块，达到提高非博彩业务收益的目标。

澳门百老汇的非博彩业务经过三年多的发展，已逐渐成为该公司主要的

---

① 《银娱办特色盆菜宴　与百位长者联欢庆新春》，《巴士的报》，最后浏览日期：2019 年 4 月 2 日，https://www.bastillepost.com/hongkong/article/3923733 - % E9% 8A% 80% E5% A8% 9B% E8% BE% A6% E7% 89% B9% E8% 89% B2% E7% 9B% 86% E8% 8F% 9C% E5% AE% B4 - % E8% 88% 87% E7% 99% BE% E4% BD% 8D% E9% 95% B7% E8% 80% 85% E8% 81% AF% E6% AD% A1% E6% 85% B6% E6% 96% B0% E6% 98% A5。

收益板块。随着粤港澳大湾区建设的不断深入，港珠澳大桥等大型交通基础设施互联互通，人流、资金流来往更加紧密，为百老汇乃至整个澳门的非博彩业务提供了巨大机遇。但非博彩业务发展仍面临旅客停留时间较短、旅客平均消费水平较低、相关人才不足、发展载体不足等问题。百老汇应抓住机遇，直面挑战，充分利用澳门中西融合的文化特色，创新非博彩项目，丰富娱乐设施和休闲活动，吸引更多高端客群，加强与其他博企的沟通，实现资源共享和协同效应，提升旅游服务质量，营造旅游休闲氛围，同时在发展非博彩业务的过程中继续注重扶持澳门中小企业。政府有必要在重新发放博彩牌照的过程中，考虑竞投公司发展非博彩项目的能力，研究并合理制定博企经营各类非博彩业务的指标，出台鼓励政策，进一步完善交通基础设施配套，与社会各界共同努力，推动澳门非博彩业务发展，促进经济适度多元发展，使澳门"世界旅游休闲中心"建设迈上新台阶。

附　　录

Appendix

G.21

澳门旅游休闲产业大数据（2017～2018）*

其木格 整理

一　概况

地理	2017 年	2018 年
陆地面积（平方千米）	30.5	32.9
海域面积（平方千米）	85	85
澳门半岛（平方千米）	9.3	9.3
凼仔（平方千米）	7.6	7.9
路环（平方千米）	7.6	7.6
路凼填海区（平方千米）	6.0	6.0
新城 A 区（平方千米）	—	1.4
港珠澳大桥珠澳口岸人工岛澳门口岸管理区（平方千米）	—	0.7
海岸线总长度（千米）	51.1	76.7
道路行车线（千米）	427.5	448.9

资料来源：澳门地图绘制暨地籍局。

---

* 除特别注明外，数据来源于澳门统计暨普查局，货币单位为澳门元，数据为2019年9月前最新数据，"—"表示数据暂缺。

天气	2017 年	2018 年
平均气温（摄氏度）	23.0	22.9
平均相对湿度（%）	81.0	81.0
总雨量（毫米）	1783.2	1795.6
总日照时间（小时）	1775.1	1744.4
盛行风向	北	东北
平均风速（米/秒）	10.7	11.1
引致悬挂风球的热带气旋数量（个）	8	7

资料来源：澳门地球物理暨气象局。

环境	2016 年	2017 年
人均耗水量（立方米/天）	0.36	0.37
人均耗电量（千瓦/小时）	8.11	8.35
焚化固体废料（吨）	517076	525727

人口估计	2017 年	2018 年
总数（人）	653100	667400
男性（人）	307000	312800
女性（人）	346100	354600
平均预期寿命（岁）	83.4	83.7
人口密度（人/平方千米）	21400	21100
澳门半岛（人/平方千米）	56100	56700
氹仔（人/平方千米）	13600	13000
路环（人/平方千米）	3500	3500

医疗服务	2016 年	2017 年
医生（人）	1726	1730
护士（人）	2342	2397
医院床位（个）	1591	1596

医护场所	2016 年	2017 年
医院/日间医院（家）	5	5
卫生中心（个）	10	10
西医/牙医诊所（家）	225	210
中医诊所（家）	120	118
卫生护理服务场所（个）	319	346

二 交通

客轮出境	2017 年	2018 年
总班次	69440	65874
外港客运码头班次	46435	42640
内港客运码头班次	—	—
氹仔客运码头班次	23005	23234

客轮入境	2017 年	2018 年
总班次	69446	65866
外港客运码头班次	45895	42295
内港客运码头班次	—	—
氹仔客运码头班次	23551	23571

巴士及的士	2017 年	2018 年
巴士路线总数（条）	82	82
新福利（条）	28	28
新时代（条）	34	—
澳巴（条）	20	54
巴士车数量（辆）	897	910
普通的士数量（辆）	1497	1498
特别的士＊数量（辆）	91	100
旅游车	2954	3053

＊特别的士于 2017 年 4 月 1 日投入运作。
资料来源：澳门特别行政区政府交通事务局。

商业班机	2017 年	2018 年
总数班次	54842	62048
入境班次	27415	31016
出境班次	27427	31032

直升机班次	2017 年	2018 年
总数班次	12744	13089
入境班次	6366	6546
出境班次	6378	6543

三　旅客

入境/出境旅客	2017 年	2018 年
入境旅客(人)	32610506	35803663
留宿旅客(人)	17254838	18492951
出境旅客(人)	32528051	35708935
旅客总消费(百万元)	61324	69687
旅客人均消费(元)	1880	1946
留宿旅客人均消费(元)	2883	3041
不过夜旅客人均消费(元)	754	777

旅客累计逗留时间	2017 年	2018 年
累计平均逗留时间(天)	1.2	1.2
留宿旅客累计平均逗留时间(天)	1.2	2.2
不过夜旅客累计平均逗留时间(天)	0.2	0.2

旅客逗留时间	2017 年	2018 年
平均逗留时间(天)	1.2	1.2
留宿旅客(天)	2.1	2.2
不过夜旅客(天)	0.2	0.2

四　酒店及公寓

酒店及公寓数	2017 年	2018 年
总数(家)	111	116
酒店总数(家)	78	82
五星级酒店数(家)	33	35
四星级酒店数(家)	17	17
三星级酒店数(家)	16	16
二星级酒店数(家)	12	14
公寓总数(家)	33	34

酒店及公寓客房数	2017 年	2018 年
总数（间）	36682	38809
酒店客房总数（间）	36037	38078
五星级酒店客房数（间）	22348	24494
四星级酒店客房数（间）	7723	7724
三星级酒店客房数（间）	5186	4987
二星级酒店客房数（间）	780	873
公寓客房总数（间）	645	731

酒店及公寓床位数	2017 年	2018 年
总数（个）	97165	103272
酒店床位总数（个）	95892	101811
五星级酒店床位数（个）	60755	67165
四星级酒店床位数（个）	20076	20080
三星级酒店床位数（个）	13401	12720
二星级酒店床位数（个）	1660	1846
公寓床位数（个）	1273	1461

酒店及公寓入住率	2017 年	2018 年
总入住率（%）	87. 2	91. 1
酒店总入住率（%）	87. 7	91. 6
五星级酒店入住率（%）	87. 8	92. 4
四星级酒店入住率（%）	89. 4	91. 3
三星级酒店入住率（%）	86. 2	91. 5
二星级酒店入住率（%）	75. 1	73. 2
公寓入住率（%）	59. 5	62. 1

酒店及公寓累计入住率	2017 年	2018 年
总累计入住率（%）	87. 2	87. 7
酒店累计总入住率（%）	87. 7	91. 6
五星级酒店累计入住率（%）	87. 8	92. 4
四星级酒店累计入住率（%）	89. 4	91. 3
三星级酒店累计入住率（%）	86. 2	91. 5
二星级酒店累计入住率（%）	75. 1	73. 2
公寓累计入住率（%）	59. 5	62. 1

酒店及公寓住客数	2017 年	2018 年
总数(人)	13155173	14106751
酒店住客总数(人)	12977661	13895065
五星级酒店住客数(人)	7064884	7883760
四星级酒店住客数(人)	3630414	3632263
三星级酒店住客数(人)	1981897	2008695
二星级酒店住客数(人)	300466	300347
公寓住客数(人)	177512	211686

经旅行社安排住客数	2017 年	2018 年
总数(人)	5787669	5957018
酒店住客总数(人)	5759949	5928808
五星级酒店住客数(人)	2737845	2890953
四星级酒店住客数(人)	2139605	2101108
三星级酒店住客数(人)	755229	778609
二星级酒店住客数(人)	127270	158138
公寓住客人数(人)	27720	28210

五 饮食业

饮食业统计	2016 年	2017 年
场所数目(家)	2265	2309
在职员工数目(人)	32551	32749
员工支出(千元)	3753941	3846967
经营费用(千元)	2895430	3043255
购入做出售的商品(千元)	3834775	4119075
收入(千元)	10632810	11215198
增加值总额(千元)	3928324	4061864

六 商场购物

商场购物类统计	2017 年	2018 年
大型购物商场(家)	10	10
购物分区数(人)	6	6
购物类别(类)	10	10

七　旅行社

旅行社统计	2016 年	2017 年
场所数目(家)	209	210
在职员工数目(人)	4250	4500
员工支出(千元)	720058	732078
经营费用(千元)	855908	859750
购货及佣金支出(千元)	4775771	6017852
收入(千元)	6624910	7997988
增加值总额(千元)	992169	1120057

经旅行社安排旅客数	2017 年	2018 年
参团旅客总数(人)	8622769	9130432
随团入境(人)	7919330	8752436
本地参团(人)	703439	377996
使用旅行社服务的外出居民(人)	1391151	1578526

八　博彩业统计

博彩毛收入	2017 年	2018 年
总数(百万元)	266607	303879
贵宾百家乐(百万元)	150673	166097
百家乐(百万元)	84283	102397
角子机(百万元)	13164	15048
骰宝(百万元)	7480	8251
廿一点(百万元)	2662	2714
互相博彩及彩票(百万元)	864	1033

博彩相关资料	2017 年	2018 年
博彩税收(百万元)	99845	113512
互相博彩及彩票投注额(百万元)	8917	9716
承批公司(家)	6	6
娱乐场(个)	40	41
赌台(张)	6419	6588
角子机(部)	15622	16059
博彩中介人准照(个)	126	109

九　会议及展览

会议	2017 年	2018 年
会议总数（个）	1285	1342
政府会议（个）	80	92
协会或组织会议（个）	405	426
公司会议（个）	764	794
大型会议（个）	36	30
举行时间在 4 小时或以上总数（个）	868	904
举行时间在 4 小时以下总数（个）	417	438
会议总数（人次）	245779	296130
政府会议（人次）	7404	8503
协会或组织会议（人次）	46981	48991
公司会议（人次）	169273	214788
大型会议（人次）	21121	23848
举行时间在 4 小时或以上总数（人次）	207190	259945
举行时间在 4 小时以下总数（人次）	38589	36185
使用面积（平方米）	1208525	1697778

展览	2017 年	2018 年
展览总数（个）	51	60
政府主办（个）	7	7
非政府机构主办（个）	44	53
展览（总人次）	1608075	1769127
政府主办参与（人次）	289326	283103
非政府机构主办参与（人次）	1318749	1486024
使用面积（平方米）	301604	347307

十　观光景点

景点类别	2017 年	2018 年
澳门非物质文化遗产数（个）	15	15
澳门世界遗产（个）	25	25
公园（家）	17	17
炮台数（个）	5	4
博物馆及展览厅数（家）	31	36
教堂数（个）	18	17
庙宇数（个）	8	8
其他景点（个）	11	12

十一　米其林指南澳门2019名单

星级	餐厅名称
三星(3家)	8
	誉珑轩
	天巢法国餐厅
二星(5家)	御膳房
	风味居
	京花轩
	泓(澳门)
	杜卡斯餐厅
一星(11家)	大厨
	桃花源小厨
	永利轩(永利酒店)
	帝皇楼
	帝影楼
	金坂极上寿司
	皇雀
	紫逸轩
	8 1/2 Otto e Mezzo
	玥龙轩
	丽轩
必比登推介餐馆*(9家)	旅游学院教学餐厅
	老记(筷子基)
	濠江志记美食
	六记粥面
	祥记
	陶陶居
	鼎泰丰(新濠天地)
	O Castiço
	陈胜记

* "必比登"（Bibendum）是米其林吉祥物轮胎先生的名字，同属于米其林推荐，评选的是较为大众化的平价美食。

资料来源：《米其林指南香港澳门2019》，https://guide.michelin.com/sg/zh_CN/article/news-and-views/michelin-guide-hong-kong-macau-2019-selection。

G．22
2018年澳门旅游休闲大事记*

其木格 整理

1月

1 日　政府及各大社团、多家博彩企业等在除夕夜举办迎新倒数活动。

17 日　"2018 澳门美食年"启动仪式在西湾湖广场举行，社会文化司司长谭俊荣与联合国教科文组织副总干事格塔丘·恩吉达（Getachew Engida）及众嘉宾主持启动仪式，为美食年的连串推广及庆祝活动拉开序幕，并按序推行四年建设"美食之都"的工作计划，让城市以美食做动力促进本地文化保育，向世界展现澳门"美食之都"的魅力和创意，全面迈向可持续发展，扩大国际合作。同场举行了联合国教科文组织"创意城市美食之都"授牌仪式，由联合国教科文组织副总干事格塔丘·恩吉达颁授，社会文化司司长谭俊荣接受。联合国教科文组织创意城市网络于同期在澳门召开两项内部会议，欢迎新加入的美食范畴成员城市，促进成员彼此交流，共探合作新机。

旅游局举行年度记者招待会，文绮华在会上回顾 2017 年的旅游业情况，并介绍 2018 年旅游局四大重点工作为：（1）积极参与"一带一路"旅游建设工作；（2）发挥澳门独特优势，共建大湾区旅游目的地；（3）贯彻"全局旅游"理念，优化提升旅游环境；（4）推广文体美食产品，创建海上旅游品牌。

---

* 资料来源：《澳门日报》，http：//www.macaodaily.com/；澳门旅游业界网站，http：//industry.macaotourism. gov. mo/；澳门特别行政区政府旅游局：《澳门旅游》，http：//mtt. macaotourism. gov. mo/；澳门特别行政区政府文化局，https：//www. icm. gov. mo/。

18日 旅游局举办的"澳门国际美食论坛2018"开幕,论坛主题为"美食的潜力"。论坛吸引约300位与会者出席,包括来自世界各地的17个联合国教科文组织创意城市美食之都、中国烹饪协会、澳门特区政府旅游发展委员会及文化产业委员会成员、中国澳门申报联合国教科文组织创意城市网络工作委员会代表及本地美食范畴的商会、学者和业界代表等。

30日 "澳门创意城市美食之都"工作会议举行,出席会议的包括旅游局及相关政府部门代表以及院校和业界团体代表等。社会文化司司长谭俊荣在会上提出六点要求及工作方向,致力于结合美食与创意,并通过培训及传承等,全力建设实至名归的"美食之都"。

2月

2日 澳门旅游局与广东省旅游局和香港旅游发展局在澳举行粤港澳旅游推广机构第七十八次工作会议,以加强信息交流、深化区域合作和商讨今年的联合推广项目。

6日 为配合航空企业增加运力应付春节航空运输需求,澳门民航局今年审批80个加班和包机航班,来往澳门与内地、中国台湾、越南、日本和泰国。

中山、珠海、澳门旅游部门领导在澳门举行年度工作会议,总结去年旅游合作并制订今年的市场推广目标及合作计划。澳门特区旅游局局长文绮华、中山市旅游局局长何杰斌、副局长邓淑玲、珠海市文化体育旅游局局长王玲萍、旅游发展中心主任钟国怀及三地旅游局推广部门代表等出席会议。轮值主席澳门特区旅游局总结2017年三地旅游合作情况,随后举行轮值主席交接仪式,由珠海市文化体育旅游局担任今年的轮值主席。

9日 为配合澳门成功申办"创意城市美食之都"以及迎接农历新年,2月9日到3月4日,澳门国际嘉年华协会在旅游塔户外广场举办"澳门美食之都飘雪迎新岁"活动,主办单位希望借助活动,以创意、创新方式,增加更多旅游休闲元素,助力澳门打造"世界旅游休闲中心",推动"美食

之都"名片深入人心。

16 日　旅游局联同民政总署于农历新年大年初一在大三巴牌坊前及议事亭前地举行新春庆祝活动，与澳门市民和旅客欢度春节。

18 日　"华丽盛宴旺财年狗年花车巡游汇演"大型贺岁活动开幕，节目包括花车巡游、大型汇演、烟花表演、花车展览及手机游戏等。

23 日　经初步统计，内地春节黄金周内到访澳门旅客（除外地雇员及学生等）超过 96 万人次，较 2017 年春节黄金周内访澳门旅客数量（90 万余人次）上升 6.5%。

3月

5 日　旅游局局长文绮华、旅游局旅游推广厅厅长霍慧兰一行于 3 月 5~6 日在北京分别与文化和旅游部、北京业界及媒体会面，就两地旅游工作计划进行交流。另，文化和旅游部与中国国际文化传播中心就"澳门国际影展暨颁奖典礼"签署合作备忘录，以促进文化交流，并以文化推动澳门旅游业的发展。

8 日　旅游局在澳门旅游学院举行"青年与局长真情对话"交流会，以"共建世界旅游中心　打造美食之都"为题与澳门的青年大专生畅谈澳门旅游业的发展，学生们分别就智慧旅游、旅客分流、"美食之都"、旅游推广、会展及交通等问题提出意见。旅游局局长文绮华、副局长程卫东、组织计划及发展厅厅长许耀明及来自六所澳门大专院校的师生代表等出席活动。

10 日　由澳门庙宇节庆文化推广筹委会主办的"二〇一八戊戌年澳门庙宇节庆文化宣传庙会"在康公庙前地开幕。庙会主任冯健富致辞称，筹委会希望庙宇节庆文化庙会未来能在各区举办，发掘各社区潜在旅游资源，有效分流旅客到不同区域，借此推动区内经济，促进社区旅游发展。

12 日　澳门特别行政区政府旅游局联同中国与葡语国家经贸合作论坛（澳门）常设秘书处开展本年度的旅游培训计划，为来自葡语系国家的旅游部门人员提供培训。今年的培训计划于 3 月至 7 月，分三期举行，每期为期两周，期间将有约 30 位来自葡语国家的政府旅游部门人员来澳参与培训实习。

19 日　为促进澳门与国际影视业界的交流、宣传澳门为理想的电影拍摄目的地、加强澳门国际影展暨颁奖典礼的宣传推广，旅游局及文化局于 3 月 19～22 日参加在香港会议展览中心举行的第 22 届香港国际影视展（FILMART），设立"澳门馆"并组织澳门影视业界参展。旅游局局长文绮华、文化局副局长杨子健、旅游局旅游推广厅厅长霍慧兰和旅游局旅游产品及活动厅厅长司徒琳丽等出席活动。

27 日　由威廉·里德商业传媒（William Reed Business Media）主办、澳门特别行政区政府旅游局支持的 2018 年度"亚洲 50 最佳餐厅"颁奖典礼在澳门举行。

4月

16 日　澳门特别行政区政府旅游局与福建省旅游发展委员会一行于 16～18 日分别在澳洲墨尔本及悉尼举行联合推广活动，通过推介会及晚宴宣传闽澳"一程多站"旅游。

20 日　"粤港澳大湾区城市旅游联合会"在广州召开第一次成员大会，落实推进多项重点工作。澳门特别行政区政府旅游局将与联合会的成员单位加强合作，携手打造世界级旅游目的地。

27 日　由澳门特别行政区政府旅游局主办、澳门旅行社协会承办的第六届澳门国际旅游（产业）博览会于 27～29 日举行，博览会于 27 日早上在澳门威尼斯人金光会展中心 D 馆揭幕。今年的旅游博览会扩大了展场面积，提升了展位及参展单位数量，涵盖更多国家及地区，吸引了 40120 人次的观众入场及 305 位专业买家参与，并达成了 38 个签约项目。此届旅游博览会规模为历届最大，打造五大亮点。在彰显澳门作为中葡平台和海上丝绸之路重要节点的优势，以及在粤港澳大湾区合作的角色，并推广澳门文化创意产业及"美食之都"内涵，展现旅游结合文化创意与美食的新动力方面，

取得预期成效。

澳门特别行政区政府旅游局与圣多美和普林西比民主共和国财政、贸易和蓝色经济部签署旅游合作谅解备忘录，冀为双方旅游业发展营造互利共赢的环境。

由旅游局主办、文化局及文化产业基金协办的"澳门旅游吉祥物"设计比赛举行颁奖礼，颁发冠、亚、季军及十名优异奖。

5月

3 日　旅游局辖下的大赛车博物馆及葡萄酒博物馆将联同澳门 15 家博物馆举办"2018 澳门国际博物馆日嘉年华"，主题为"流动的博物馆——龙环葡韵 X 氹仔故事"。

18 日　文化和旅游部公布第五批国家级非物质文化遗产代表性项目代表性传承人名单，全国各地共有 1082 人上榜。其中，澳门 4 名申报者均获选成为国家级非物质文遗代表性项目代表性传承人，分别是"南音说唱"的区均祥、"妈祖信俗"的陈键铨，以及"哪吒信俗"的郑权光和叶达。

30 日　旅游局赴泰国曼谷出席第四届世界旅游组织美食旅游国际论坛。论坛首次在亚洲举办，来自世界各地的旅游及美食专家探讨利用科技推动美食旅游的可持续发展。旅游局局长文绮华出席论坛并担任高层次圆桌会议的主讲嘉宾。

6月

1 日　民政总署推出"市政设施 EasyGo"手机版的网站，用户只需使用手机扫描分别设置于澳门 30 个古典式指示柱及 30 个公厕指示牌上的二维码，即可快捷地取得民政总署辖下各市政设施，如市政街市、街市熟食中心、小贩区、公共厕所和公园的资讯，提供资料包括设施的地理位置、地址、开放时间及历史简介等，用户更可对相关公厕进行满意度评分。

2 日 旅游局应"美食之都"意大利帕尔马市邀请参与本月 2～3 日在当地举行的"City of Gastronomy Festival"活动,借此宣传澳门获评为联合国教科文组织"创意城市美食之都",并与国际慢食协会代表会面交流,加深了解国际慢食文化。旅游局副局长程卫东出席有关活动。

5 日 由澳门科技大学社会和文化研究所、澳门旅游学会、澳门民航工会及澳门旅游从业员协会主办的 2018 澳门旅游休闲论坛暨《澳门旅游休闲发展报告(2017～2018)》发布会举行。中联办经济部副部长级助理王家宝、旅游局代局长许耀明、澳门科技大学副校长庞川、社会科学文献出版社社长谢寿光、华南师范大学副校长朱竑、澳门大学社会科学学院院长郝雨凡、澳门科技大学社会和文化研究所所长林广志等超过四十位嘉宾、学者出席。澳门科技大学副校长庞川表示,该报告专业、系统、客观地反映了旅游业现状及趋势,可供决策部门参考。

12 日 澳门出席在波兰开幕的联合国教科文组织(UNESCO)创意城市网络(UCCN)第 12 届年会。会议由克拉科夫与卡托维兹合办,两市分别是创意城市文学之都和音乐之都。澳门特别行政区政府旅游局局长兼联合国教科文组织创意城市网络澳门特别行政区主要联络人文绮华代表澳门出席年会,并且向与会者介绍澳门作为美食之都的工作计划。会议聚集来自全球各地的 7 个创意范畴的网络成员城市。此次为澳门获评为创意城市美食之都后首次参与网络的年度盛事。

"2018 大众点评黑珍珠餐饮指南——中国澳门颁奖发布会"举行。美团点评将澳门作为"2018 大众点评黑珍珠餐厅指南"发布的第二站,并为入选的十三家澳门黑珍珠餐厅颁发认证奖牌。美团点评高级副总裁、新到店事业群总裁张川表示,活动响应"澳门美食年"推广计划,期望把澳门美食介绍给全世界,让中国美食文化成果发扬壮大。发布会在巴黎人三楼凡登广场举行。社会文化司司长谭俊荣,中联办副主任姚坚,旅游局代局长许耀明,博彩监察协调局副局长梁文润,美团点评高级副总裁黄海、张川,影视明星张亮、佘诗曼等出席。

15 日 新濠天地第三期发展项目——摩珀斯(Morpheus)酒店开幕。

酒店以希腊神话中的"梦之神"命名，是全球首座采用自由形态外骨骼结构的摩天大楼，出自已故传奇建筑师札哈·哈蒂（Zaha Hadid）爵士之手。摩珀斯酒店耗资11亿美元打造，内部装潢由知名设计师 Peter Remedios 担纲设计，设有772间客房、套房及别墅、行政酒廊、离地130米的空中泳池、时尚品牌及零售店铺、水疗服务、贵宾厅娱乐场及别墅等。新濠博亚娱乐为此提出摩珀斯项目赌台申请，特区政府经过综合考虑，批准该博彩企业在2018年自其辖下其他赌场向摩珀斯移转40张赌台。

18 日　澳门今年首次参与推广6月18日的可持续美食烹调日。旅游局通过不同渠道向市民和旅客推广此国际性日子的意义，以及宣传澳门于去年被评为联合国教科文组织"创意城市美食之都"，同时，鼓励业界传承及创新澳门的美食文化，共同为澳门旅游业以至全球的可持续发展做出贡献。联合国大会在2016年12月21日通过决议，将每年的6月18日设立为可持续美食烹调日。

22 日　第47届国际顺风会亚洲区年会在澳门开幕，来自亚洲各地旅游界的国际顺风会分会成员参会。年会由澳门国际顺风会主办，获澳门特别行政区政府旅游局支持，并以美食旅游为主题，凸显澳门获评为联合国教科文组织"创意城市美食之都"。开幕仪式在澳门渔人码头会议展览中心举行，社会文化司司长谭俊荣致开幕词。

27 日　由世界休闲体育协会主办，澳门休闲体育协会、中国文体旅游产业（澳门）投资策划有限公司承办的"第二届世界休闲体育（澳门）产业发展论坛"举行。负责人表示，休闲体育作为澳门旅游文化的具体内容，是澳门建设世界旅游休闲中心的重要部分。该会将充分发挥平台作用，积极推进休闲体育产业发展，为把澳门建设成世界旅游休闲中心献力。论坛在万豪轩酒家举办，中联办宣文部副处长刁鹏、经济财政司司长办公室顾问张作文等嘉宾出席。

文化局于本年初开展了《澳门历史城区保护及管理计划》第二阶段公开咨询，并于6月底公布《澳门历史城区保护及管理计划——公开咨询意见总结报告》。文化局在1月20日至3月20日公开咨询期间，举行了4场公众咨询会及 6 场咨询专场，约 300 人次出席，共收集到 1790 份合计 2050 条意见。

7月

7 日 "中国与葡语国家文化论坛"在澳门旅游塔会展娱乐中心举行。澳门特别行政区行政长官崔世安，中央人民政府驻澳门特别行政区联络办公室主任郑晓松，葡萄牙文化部部长文德思，外交部驻澳门特别行政区特派员公署特派员叶大波，社会文化司司长谭俊荣，葡萄牙驻澳门及香港总领事馆总领事薛雷诺，中葡论坛（澳门）常设秘书处秘书长徐迎真，文化局局长穆欣欣，旅游局局长文绮华，葡萄牙书籍、档案馆及图书馆总局局长拉萨尔达及国家文化和旅游部部长代表李健钢等主礼开幕式。

10 日 由海南联合航空旅游集团有限公司主办，海南乐航文化传媒有限公司承办的三亚—澳门直飞航线新闻发布会举行，该航线于 7 月 9 日从三亚首航直飞澳门，海南岛已有澳门—海口航线，但三亚—澳门航线是第一次直航。

24 日 旅游局局长文绮华、旅游产品及活动厅厅长司徒琳丽及澳门国际影展暨颁奖典礼筹备委员会副秘书长兼财务总监李素茵等一行在北京先后与中国国际文化传播中心及中国电影制片人协会会面交流，介绍本届影展最新的筹备情况；其中，旅游局与中国电影制片人协会就"澳门国际影展暨颁奖典礼"签署合作备忘录。旅游局期望通过与不同单位的合作提升澳门举办影展的吸引力、增加成效，从而推动澳门旅游业的发展。

8月

2 日 年度体育盛事"2018 武林群英会"于 2 ~ 5 日在澳门多个地点举行，活动邀请来自澳门及世界各地的武术运动员同台竞技，为市民及旅客呈现不同的武术项目及多彩多姿的武术汇演。

15 日　澳门航空股份有限公司在青岛国际会议中心举办青岛—澳门航线开航新闻发布会。澳门航空副总经理廖寒西宣布青岛—澳门于 8 月 29 日开通两地直航。青岛—澳门航线运营初期每周直飞四班，逢周一、三、五、日直飞，航班号为 NX021，具体时间为 19：40 从青岛起飞，23：05 抵达澳门；澳门—青岛航线每周直飞四班，逢周一、三、五、日直飞，航班号为 NX022，具体时间为 15：20 从澳门起飞，18：35 抵达青岛。

28 日　为充分发挥"促进澳门世界旅游休闲中心建设联合工作委员会"机制作用以促进澳门世界旅游休闲中心建设，联委会在北京召开 2018 年度工作会议。澳门特别行政区政府社会文化司、文化和旅游部及中央人民政府驻澳门特别行政区联络办公室等约十个相关单位的领导及代表出席，会上各代表就多个议题进行沟通和工作磋商。

地图绘制暨地籍局与交通事务局、土地工务运输局、运输基建办公室、旅游局、民政总署及文化局合作，于去年年底及今年 8 月，分别推出中文、葡文以及英文版本的专题网站，结集近年不同政府部门介绍的旅游步行路线信息，方便市民及旅客了解澳门的步行系统及步行路线地图。

9月

1 日　第 29 届澳门国际烟花比赛汇演开幕。旅游局与澳门街坊会联合总会合办的"2018 火树银花嘉年华"于每个烟花比赛日晚间举行，旅游局局长文绮华及一众嘉宾主持开幕仪式。10 支参赛队伍分别于 9 月 1 日（菲律宾、韩国）、9 月 8 日（日本、比利时）、9 月 21 日（法国、葡萄牙）、9 月 25 日（德国、奥地利）及 10 月 1 日（意大利、中国）在澳门旅游塔前海面上演。每晚两场烟花比赛于 9 时整及 9 时 40 分举行，各场表演时间约 18 分钟。

15 日　超强台风"山竹"来袭，澳门特区政府开放 16 处避险中心。晚上 11 时开始，澳门赌场史上首次全面暂停运作。

航港局宣布，受强烈台风"山竹"影响，往离岛、内地共 12 条航线、

58 航次船班停航。

16 日 超强台风"山竹"登陆澳门超 24 小时，气象局发出十号风球。"山竹"风力强劲，夹带暴雨，引发海水倒灌，最高级别黑色风暴潮警告同时生效。对外口岸及海陆空交通瘫痪，内港及低洼地区大面积遭受严重水浸。民防中心录得 180 多宗事故，共 18 人受伤，两所医院及卫生中心共接收 17 名伤者，有 15 人为本地居民，2 人为内地居民。机场方面，160 个航班取消，14 个航班延误，有约 40 名旅客滞留于机场客运大楼非禁区范围内。

18 日 旅游局局长文绮华在韩国首尔出席第七届联合国世界旅游组织（UNWTO）世界城市旅游高峰会，并于会后与首尔市观光体育局局长朱容台会面交流，加深两地联系与旅游合作。

23 日 旅游局与联合国教科文组织创意城市网络（UCCN）美食范畴众成员赴土耳其参加第一届加济安泰普国际美食节，了解加济安泰普市深厚的美食文化传统，并参加同期举行的创意城市网络美食之都的小组会议。

25 日 澳门新旅游休闲项目"海上游"推出，由粤通船务营运内港客运码头的海上游航线。观光船从内港客运码头出发，沿途游览妈阁庙、西湾大桥、澳门旅游塔、科学馆、友谊大桥、新填海区，眺望港珠澳大桥。"海上游"票价为澳门币 85 元，每日 2 个航次，分别为下午 2 时及晚上 7 时，每次历时约 2 小时。

27 日 9 月 27 日为"世界旅游日"，今年的主题是"Tourism and the Digital Transformation"（旅游与数码转型）。为响应此项全球旅游盛事，旅游局于当日举办系列活动，包括接待幸运旅客、传统托盘比赛及世界旅游日晚宴，促进社会认识旅游业的重要性，宣扬旅游业的社会、文化、政治和经济价值。

28 日 文化局主办的第三十二届澳门国际音乐节于 9 月 28 日至 10 月 28 日盛大举行，以"及时行·乐"为主题，寓意公众把握当下，举办 16 项共 22 场精彩多元节目。

10月

11日 旅游局首次与旅游业界共同举办前线服务人员的培训项目。本次与金沙零售学院合作举办的"星级导师"系列专题讲座,目的是提高澳门零售人员的服务素质,从而提升市民及旅客购物的满意度。

15日 澳门中华妈祖基金会主办的"第十六届澳门妈祖文化旅游节"15~18日举行,内容包括主题展、旅游推介会、开幕式、澳门天后宫妈祖绕境、妈祖驻驾佑汉公园及荆楚文化专场演出等。

23日 港珠澳大桥上午在珠海口岸三楼出境大厅举行开通仪式,中共中央总书记、国家主席、中央军委主席习近平宣布大桥开通并巡视大桥,澳门特别行政区行政长官崔世安率团陪同出席仪式。大桥澳门口岸管理区及相关连接路,除边检大楼以外的区域、区内的西停车场也同步开放使用。

"世界旅游经济论坛"在澳门美狮美高梅举行开幕典礼。本届论坛以"新时代战略伙伴 新动力互利共赢"为主题,欧盟、广东省分别为合作地区及主宾省,分别探讨中国与欧盟双边关系的新动力及聚焦粤港澳大湾区合作。来自全球多个国家及地区逾1500位旅游及相关部长级官员、业界领袖、专家学者及嘉宾出席,包括欧盟28个成员国及广东省的代表团,逾120位海内外及本地传媒代表到场采访。

24日 港珠澳大桥正式通车,"港澳快线"正式启运。快线每日行驶3条往返港澳市区巴士路线,共62班次,发车间隔半小时至两小时不等,首阶段投入8台车辆、16位司机,未来将按配额调整班次,优化服务。

11月

2日 第八届中国(澳门)国际汽车博览会于澳门威尼斯人金光会展中心举行。车展面积达6.5万平方米,设有中国制造、超级豪车和进口汽车3大主题展馆,并设有9大展区。来自20多个国家和地区超过200家知名汽车及相关企业参展，展出超过 400 辆车。现场还举办了 10 多场专业论坛，20 多场汽车文化主题活动，让观众深入体验汽车文化。车展同期还举办了"2018 第三届中国汽车及船舶用品（澳门）展览会"。

在澳门渔人码头举行的第八届中国（澳门）国际游艇进出口博览会，有近 50 个游艇品牌参与，展示规模近 3 万平方米，组织了一系列潮流产品展示、行业发展论坛、高端酒会、专业对接、文化推广、出海体验及帆船赛事等活动。

第七届澳门公务航空展设有 2 个展区，室内展区位于澳门会展中心，室外飞机静态展示区位于澳门机场南翼停机坪，吸引来自庞巴迪、达索、德事隆、本田等国际知名公务机制造商和内地及港澳地区的公务机运营商参展。展览同期继续举办"澳门公务航空发展论坛"，以及以直升机为主题的"一小时航校"模拟机体验活动。

9 日 由澳门餐饮业联合商会主办的"第十八届澳门美食节"，9 日起至 26 日在西湾湖广场举行。本届以"百变心情好煮意、美食之都誉全球"为题，设有超过 150 个美食摊位，其中以"新加坡村"为亮点，23 家当地著名餐饮店呈现南洋特色风味。

15 日 太阳城集团第六十五届澳门格兰披治大赛车于 11 月 15～18 日举行。本届大赛车共 6 项赛事，包括 4 项主要赛事（其中 3 项为官方国际汽联世界杯）以及 2 项支持赛事，34 个国家及地区 158 名车手参加。本届大赛新增太阳城集团大湾区莲花杯，进一步推广大湾区内的赛车活动和普及赛车知识。

22 日 澳门国际机场开通"西安—澳门"航线，首个航班从西安咸阳国际机场飞抵澳门。全新的直飞航线由浙江长龙航空有限公司执飞，每周三班，逢周二、四及日出发。

28 日 澳门旅游业议会第六届理监事就职、澳门休闲旅游服务创新协会创会成立典礼举行，理监事在社会文化司司长谭俊荣监督下宣誓就职。澳门旅游业议会会长、澳门休闲旅游服务创新协会创会会长胡景光表示，未来将集两会之长，互补互助，推动休闲旅游产业发展。

12月

1日 亚洲航空从12月1日起开通澳门直飞泰国喀比每周4班的航线，逢周一、二、四及六，上午9时由喀比出发，下午1时25分抵达澳门；于下午1时50分从澳门出发，下午4时30分抵达喀比。

2日 由旅游局主办，民政总署、文化局和体育局合办的"2018澳门光影节——时光澳游"，开幕式在南湾湖水上活动中心举行。本届澳门光影节路线串联多个新地点，有本地及海外团队制作的灯光表演，并继续带来灯饰装置及互动游戏，首设光影美食车及美食夜市配合"2018澳门美食年"，还有新增的虚拟实境（VR）游戏和文化创意夜市等丰富内容。

7日 旅游局举行第二十九届澳门国际烟花比赛汇演摄影比赛、学生绘画比赛、奖杯设计比赛及歌曲创作比赛颁奖典礼。

8日 第三届澳门国际影展暨颁奖典礼8～14日隆重举行。为期一周的第三届澳门国际影展暨颁奖典礼在文化中心开幕，以"银幕盛宴戏象一新"为主题呈献系列精彩节目，并为观众带来54部优秀电影和14部充满特色的澳门短片作品，吸引约800名国际级导演、影星、电影业界人士及嘉宾出席。

16日 文化局庆祝澳门回归祖国十九周年之"二〇一八澳门国际幻彩大巡游"在大三巴牌坊开幕，大巡游的主题为"VIVA任务：打开神秘密令"。今年有76支队伍参演，包括57支本地团队及19支外队，分别来自法国、西班牙、俄罗斯、哥伦比亚、意大利、德国、荷兰、阿根廷、日本、马来西亚、韩国、中国内地及中国香港等；葡语系国家中，有葡萄牙、巴西、几内亚比绍、莫桑比克等团队，沿途吸引15万观众欣赏。

18日 中国东方航空开通昆明来往澳门，一周三班定期航线的直航服务，为旅客提供更便捷的出行选择。来往澳门及昆明的航班逢星期二、四及六20：25到达澳门，于当地时间凌晨00：10抵达昆明，每程的飞行时间约为2小时45分。

Abstract

Annual Report on Development of Travel & Leisure in Macau (2018 – 2019), proposed by the Institute for Social and Cultural Research of Macau University of Science and Technology and Macau Tourism Society, is jointly created by the scholars and intellectuals from Macao and Mainland China, consisting of twenty-two reports in seven parts, respectively General Report, Personages, Hot Topic, Comments, Monograph, Case Article and Appendix (with "The Big Data of Macao Tounsm in 2017 – 2018" and "Chronicles of Events of Macao Tourism in 2018" attached). The report systematically analyzes the history, status quo and trend of development of tourism and leisure industry over the past 20 years since Macao's return to China, which includes the gaming industry in observation and assessment and is devoted to exploring and establishing relevant evaluation systems and standards for tourism and leisure industry.

In the past 20 years since Macao's return, under the support of the central government, the tourism and leisure industry in Macao has been developing rapidly, with remarkable achievements in infrastructure, supporting policies, industry environment and industry scale. Under this background, this report comprehensively reviews and analyzes the characteristics, problems and trend of Macao's tourism and leisure industry, selects the most valuable people of Macao's tourism and leisure industry after the return ("20 People in 20 Years"), summarizes the structure, behaviors and performance of Macao's gaming industry since the liberalization of the gaming industry, and carries out the research on corporate social responsibility of Macao's gaming companies and reputation index of hotel. It places emphasis on the status quo and characteristics of Macao's tourism and leisure industry in 2018 and the trend in 2019, analyzes Macao's tourism and leisure industry and gaming economy, and arranges special topics on tourist structure, tourist consumption, tourist tax, work on responsible gaming, condition of gaming labours and

development of Macao's local cuisine. It also concentrates on the influence of tourism in the surrounding areas, including the construction of Hengqin International Tourism Island, development of gaming industry in Singapore, legalization of casino in Japan and gaming tax systems around the world, and analyzes their influences or referential significance on Macao. Meanwhile, it makes a comment and outlook on the development of Macau International Tourism (Industry) Expo and MGS Entertainment Show, condition of Galaxy Entertainment Group's social responsibility, and non-gaming business of Broadway Macau.

Through the above observation and analysis, this report suggests that besides great achievements, there are still some problems with Macao's tourism and leisure industry, including insufficiency of resources, poor infrastructure, single structure of tourist source, shortage of human resources and inadequate urban carrying capacity. Facing the future, Macao shall focus on both external development and self-improvement on the present basis. Establish multilateral mechanisms for tourism cooperation, explore the paths to carry out tourism investment cooperation along the Belt and Road, strengthen the force and accuracy of external propaganda, and expand international tourism resources; co-construct and co-share world tourism and leisure center with Hengqin under the background of construction of Guangdong-Hong Kong-Macao Greater Bay Area, and promote institutional innovation and connection of facilities; improve infrastructure, service quality and living environment, and achieve the balance of tourism adaptability and livability; excavate resources, and increase the supply of non-gaming tourism products; enhance cooperation in tourism education, and release the potential of Macao's high-quality tourism education. As a "central city" in the Greater Bay Area, under the support of the central government, Macao shall seize the opportunity and act actively, promote the livable and tourism-adaptable city construction and even adequate diversification, and exert the leading role of World Tourism and Leisure Center.

Keywords: Macao; Tourism and Leisure Industry; Gaming Industry; World Tourism and Leisure Center

Contents

I General Report

Abstract: Tourism and Leisure Industry, standing on an eminently strategic position in the overall pattern of global economy and modern service industry in the developmental history process of the global economy entering the 21st century, are currently being a driving force behind the development of global economy. As an essential element of national development strategy, implementation of developing Macao into a World Centre of Tourism and Leisure, macroscopically benefits sustainable development of Macao economy and society. After the return to the motherland, spectacular achievements of Development of Macao Tourism and Leisure Industry manifest its superiorities and characteristics and, of course, problems and challenges. As the central city in the Greater Bay area, Macao should seize the opportunity and accomplish something to some extent in the context of the Belt & Road Initiative and Guangdong-Hong Kong-Macao Greater Bay Area implementation, also, shares World Centre of Tourism and Leisure with Hengqin for driving implementation of Macao becoming a livable and tourist city, promotes moderate pluralistic development of economy under the support of the central government, and exerts the driving and boosting function of World Centre of Tourism and Leisure.

Keywords: Guangdong-Hong Kong-Macao Greater Bay Area; Macao; Hengqin; Tourism and Leisure Industry; World Centre of Tourism and Leisure

Ⅱ Personages

G. 2   "20 People in 20 Years": The Most Valuable People of Macao's
Tourism and Leisure Industry after the Return

The "Macao Leisure and Tourism Industry Study" Group / 021

Ⅲ Hot Topic

G. 3   A Discussion on "Tourist Tax" in Macao: Reasons,
Comparisons and Trends

Lin Guangzhi, Lou Shiyan and Huang Jihua / 030

Abstract: Since the return, Macao's gambling industry and tourism industry have continued to grow strongly. The rapid increase of visitors to Macao has made great contributions to Macao's development, but it also has some negative externalities. Local residents in Macao benefit from an increment on the numbers of visitors to Macao, but also, suffer the pressures brought by the rapid development of tourism industry, thus, a voice of tourist tax among the natives has gradually arisen. International experience shows taxing on the tourist aims to improve infrastructure, protect environment and tourism resources, and obtain funds for sustainable development of tourism. Results of tourist tax in different places are various. Macao's economic structure is single, and it relies heavily on gambling and tourism. The imposition of tourist tax may lead to a decline of tourist numbers, damage to the feelings of mainland tourists and Macao's international image, and increase the proportion of gambler numbers, which is not conducive to non-gambling business and moderate diversification of economy. Tiny space is the fundamental reason that restricts the carrying capacity of Macao. The coordination of existing spaces and diversion measures are not effective to solve the fundamental problems. Regional cooperation, especially with Hengqin, is the only and more effective way to realize the complementarity of tourism resources and natural spaces to build and share the "World Tourism and Leisure Center", which helps to balance the relations between "livable" and "tourist".

Keywords: Macao; Tourist Tax; Urban Carrying Capacity; Regional Cooperation

Ⅳ Comments

G. 4 Macao Gaming Corporate Social Responsibility Research:

Focusing on Community Participation

The "Macao Gaming Corporate Social Responsibility Study" Group / 044

Abstract: The community has become an important stakeholder of gambling enterprises, and the community participation has become an important feature and expression of the social responsibilities of Macao gambling enterprises. The social cost brought by the industry is huge, and it has a great impact on Macao. It is the fundamental driving force for gaming companies to fulfill their social responsibilities. It has also determined that "community participation" is the basic connotation of gambling corporate social responsibility. Macao gaming companies emphasize great importance to the development of community relations, comprehensively identify stakeholders, strengthen community investment and services, and achieve continuous improvement in community development capabilities and social issues. However, there are still opportunities for enhancement in the scale of community contribution, relatively concentrated resource allocation, and community dependence on gambling companies. The study believes that optimizing the structure of community participation, exploring the enterprise-led community participation model, and improving the strategic and

standardization of community participation are effective ways to ensure the balanced development and harmonious coexistence between gaming companies and Macao communities.

Keywords: Macao; Gaming; Corporate Social Responsibility; Community Participation

G. 5   The Construction and Testing of Macao Hotel Reputation Index

The "Macao Hotel Reputation Study" Group / 061

Abstract: Hotel ranking has become one of the most important ways to promote improvement and development of hotel quality. Hotel industry is the mainstay of the economic development of Macau SAR. Hotel structure optimization, hotel reception and service level improvement is the only way for constructing World Tourism and Leisure Center for Macao while it is facing diverse needs from a large number of tourists. In order to promote the structure optimization and service improvement of the hotel industry in Macao, the reputation index model can be constructed from five indexes, which contained room operation performance, number of rooms, room revenue, hotel occupancy rate and E – WOM, and we used reputation index model for ten five-star hotels exploratory testing. The measurement shows that the hotel's competitive strength is mainly affected by the number of rooms and room revenue, while the hotel room's operating performance, occupancy rate and network evaluation of the hotel also have a certain impact. Combining the index model, the development of intelligent hotels should be strengthened in the future, and compound hotel talents should be cultivated to enhance the competitiveness of the hotel industry in Macao.

Keywords: Macao; Hotel; Reputation Index; E-WOM

V Monograph

Abstract: The year of 2018 has witnessed steady growth in the supply of leisure products and leisure visitors to Macao. Its tourism and leisure sector is characterized by the following features: the composition of visitors is still not much desirable; the overall city atmosphere is not leisurely, with huge gaps existing between different localities; the revenue generated falls short of expectation; the Macao SAR government and gaming operators are the dominant suppliers of leisure products, with few initiatives undertaken by micro, small and medium enterprises; and visitor arrivals are expected to increase at an accelerated rate. Macao is advised to continuously implement the projects as specified in the Macao Tourism Industry Development Master Plan, foster the establishment of a market-oriented mechanism, scrutinize the potential risks of over tourism, research and identify the appropriate level of visitor arrivals in light of the objectives of World Tourism and Leisure Center, and proactively contribute to the crafting of the Guangdong-Hong Kong-Macao Greater Bay Area into a globally renowned destination.

Keywords: Macao; Leisure; Carrying Capacity; Guangdong-Hong Kong-Macao Greater Bay Area

Abstract: Gambling in Macao has been legal since 1847, and has experienced very rapid growth after gaming liberalization in 2002. During the

period, the market structure of the gaming industry was from perfect competition to complete monopoly to oligopoly. As the leading industry and pillar industry of Macao, the market structure of the gaming industry is crucial to the development of the industry itself and the overall economic development of Macao. Using the SCP model in modern industrial organization theory, this paper analyzes the market structure, conduct and performance of Macao's gaming industry since the liberalizing of casino license. It is found that the market structure of the gaming industry in Macao is in the boundary between competition and monopoly, and the gaming companies use more non-price competition strategy. As an oligopoly market, the economic performance of the gaming industry is better than that of the complete monopoly market. Further, between the development of the gaming industry and the moderate and diversified development of the economy, there has been a trend of change in the industrial structure. The optimization of the market structure of the future gaming industry will boost the moderate and diversified development of the Macao economy.

Keywords: Gaming Liberalization; Gaming Industry; Market Structure; Market Conduct; Market Performance

G. 8　Macao's Gaming Industry: Present Situation,
　　　Problems and Prospect　　　　　　　　　*Zeng Zhonglu* / 101

Abstract: This paper first analyzes the main causes of the continuous 26-month decline of Macao's gaming revenue from 2014 to 2016 and the two-month low growth in 2018. It then analyzes the main challenges facing Macao's gaming industry, including competition of casinos in neighboring countries, the economic downturn of the Mainland and the total ban on smoking in casinos. Finally, the prospect of Macao's gaming industry in 2019 is presented based on the analyses above. The core idea of the paper is that the main cause of the serious decline in Macao's gaming industry from 2014 to 2016 was the bursting of bubble accumulated through years of excessive lending by VIP operators. Macao's gaming industry is still in the phase of growing, and it still has some resistance to the economic recession. Due to the competitions from the casinos of neighboring countries, the smoking ban in all casino areas and the strict control of capital outflows in the Mainland, the growth of Macao's gaming industry will remain at a low level.

Keywords: Macao; Gaming Industry; Casinos; Ban on Smoking

G. 9   The Visitor Structure of Macao in 2018: Status Quo,

Characteristics and Suggestions   *Ji Chunli* / 119

Abstract: The number of visitor to Macao reaches a new record in 2018, growing over 9. 8% compared to 2017. Mainland China, Hong Kong and Taiwan region still stood as Macao's top three visitor source markets. Visitors to Macao have risen by 13. 8%. Visitors from Hong Kong have risen by 2. 6% and visitors from Taiwan region have risen slightly by 0. 1%. After the surging of 2017, international visitor to Macao declined about 1. 1% and comprised about 8. 7% of the total visitors. Although the percentage of overnight visitors is still higher than that of same-day visitors in 2018 (52% vs. 48%), the growth rate of same-day visitor arrivals is significantly higher than that of overnight visitors (12. 7% vs. 7. 2%). At the same time, the average length of stay is similar to last year, standing at 1. 2 days for all visitors. In view of the incensement of the number of visitors and its adverse impact on visitors and residents, Macao should pay much attention to its Tourism Carrying Capacity, and take measures to attract high value visitors and Individual Visit Scheme guests. Some other issues such as exploring the impact of the Hong Kong − Zhuhai − Macao Bridge on the visitor structure of Macao and accelerating the development of smart tourism also should be considered carefully.

Keywords: Macao; Visitor to Macao; Visitor Structure; Smart Tourism

G. 10   Status Quo, Features and Solutions for Tourists' Expenditure (Excluding Gambling) in Macao

Pang Chuan, Song Yu / 141

Abstract: In 2018, Macao's total visitor consumption exceeded 69.69 billion Mop. The total consumption of visitors increased significantly compared with last year, and so did the overall consumption level. The number of stay-in visitors surpassed that of overnight visitors again after 2017. The growth momentum of total consumption of stay-in visitors was particularly significant, showing double-digit growth throughout the year. Tourists' shopping consumption is higher than the average level, and the proportion of accommodation, catering and transportation consumption is reduced accordingly. Mainland Chinese tourists, the main source of tourism consumption in Macao, have contributed a lot. Mainland tourists mainly consume luxury goods, while overseas tourists mainly purchase basic goods. Under the ever-changing international economic situation, Macao's tourism industry must face up to difficulties and obstacles, link up the construction of Guangdong − Hong Kong − Macao Greater Bay Area and the Belt and Road, give full play to Macao's unique advantages, attract more tourists, take measures to promote Macao's construction of tourism and leisure industry, and motivate Macao's sustainable development.

Keywords: Macao; Tourist; Consumption

G. 11   Mass Gaming in Macao: Past, Present and Future

Ma Erdan / 155

Abstract: Over the past 20 years, the mass gaming in Macao has undergone a dramatic change, from being little to being significant, and to enjoying great expectation for future. This study demonstrates the chronic changes in the mass gaming in Macao through interviews with casino staff, investigations on visitors' characteristics, facilities and service delivery, and job characteristics of the staff. Since the liberalization of the gaming industry, the mass gaming has been expanding at high speed, but the number of visitors mostly remains large and the income keeps stable. The visitors mostly came from Hong Kong in the past but mostly come from mainland China now. The numbers of family visitors and young visitors are increasing. Instead of focusing on gambling, the visitors mainly seek for entertainment and multiple purposes now. Besides, the gaming facilities are developing in large scale and smart capability. The dealers no longer neglect customers but carefully cater them. Service quality, supported facilities, non-gaming projects and membership promotion are the key for fighting against rivals. In addition, in spite that the working environment has become healthier and more humanized, the posts in mass gaming has become less attractive due to relatively lower salary, fewer promotion opportunities and increasing working pressure. Looking into the future, the mass gaming still has a large potential, which will go ahead towards visitors being mainly occupied by tourists, facilities becoming smarter, service and non-gaming developing with intense competition, and working environment being healthier and more humanized.

Keywords: Macao; Gaming Industry; Mass Gaming

G. 12 The Inroads into a City of Gastronomy: Status Quo, Issues and Development of Macanese Cuisine in Macao

Kong Weng-Hang, Loi Kim-Ieng and Hugo Bandeira / 169

Abstract: Macao was nominated a new member city of the UNESCO Creative Cities Network in the field of Gastronomy. With this reputation, Macao can promote its unique local food culture, continue to enhance the quality of tourism experience, and promote Macao as a world-class tourism destination. Macanese cuisine is recognized as a uniqueness food culture in Macao. Nevertheless, it currently faces problems such as difficult to preserve and interpret

Macanese cuisine recipes. It also faces the challenges of how to balance between old and new cultures in the cuisine. This chapter proposes that such tension can be alleviated through the cooperation of the public and private sectors and joining force with local residents. This tripartite collaboration can enhance the quality of tourism products, allow visitors to experience the unique facet of Macao and promote Macao as an attractive gastronomy tourism destination. The development of a well-diversified tourism product portfolio provides a powerful resource bank towards a more sustainable Macao economy.

Keywords: Macao; Macanese Cuisine; Gastronomy Tourism; Diverse Tourism; Sustainable Development

G. 13 "Responsible Gambling" Policies and Promotional Work: Retrospective, Outlook and Advice

Davis Fong, Bernadete Ozorio and Ruby Chen / 180

Abstract: The development of policies and promotion of "Responsible Gambling" relies on the participation of various interested parties, including the government, gamblers and their families, gaming operators, gambling disorder prevention and treatment organizations, education and community organizations to play the appropriate roles and take the corresponding responsibilities. With the roles and functions of these parties in "Responsible Gambling" as the starting point, this paper reviews the work carried out by each of the parties over the past ten years. This paper also provides recommendations for the development of innovative policies and promotional work for "Responsible Gambling" in the future, to study the possibility of establishing maximum limits for gambling expenses so as to assist gamblers in limiting their gambling expenses to an affordable level, to launch a more detailed "Responsible Gambling" measures so as to raise the effectiveness of "Responsible Gambling", to promote "Responsible Gambling" to higher education institutions in Macao so as to enhance university students' immunity against gambling, to conduct surveys on gambling tourists so as to give tailor-made "Responsible Gambling" publicity and relevant services to them, to regularly meet and discuss among cities in the Greater Bay Area "Responsible Gambling" promotional strategy, and the establishment of the network to prevent and treat gambling disorders so as to cope with the unhealthy development of the Macao gambling industry and great cost of the local area.

Keywords: Macao; Gaming Industry; Gambling Disorder; "Responsible Gambling"

G. 14   The Status, Problems and Countermeasures of the Labour Force of Gaming Industry in Macao

Lou Shiyan / 193

Abstract: Since the return of Macao to the motherland in 1999, the gaming industry in Macao has developed rapidly and become the leading industry. And the number of employed population in this industry has increased substantially to about a quarter of the total employed population. It is found that the characteristics of the employed population of this industry has low quality, low percentage of non-local workers, high percentage of female workers, high percentage of the dealer as an occupation, importance of work experience, high salary, low job vacancy rate and low employee turnover rate from analysis. The problems of the labour force in the gaming industry mainly include the shortage of labour supply leading to crowding out effect, the low quality binging about negative impact on human capital investment, high stress from work doing harm to physical and mental health, and the low opportunities for residents of Macao to be promoted. In recent years, the earnings advantage of the employed population in the gaming industry has been weakened, and thus the attractiveness of gaming industry to the labour force has declined. Therefore, its crowding out effect has weakened and the labour shortage problem will increase. Raising the industrial level to make gaming industry a

technological and human capital-intensive industry, cultivating professional talents, appropriately increasing foreign employees, and introducing flexible work systems will be the major ways to solve these problems.

Keywords: Macao; Gaming Industry; Labour Force; Employed Population

G. 15　Singapore's Gaming Industry Development and Its Relationship with the Tourism Industry

Wu Xianghao / 211

Abstract: Singapore faced the problem of insufficient economic driving force after the 1990s. In order to overcome its limited land and resource problems, the Singapore government listed tourism industry as the development focus and hoped to develop comprehensive tourism industry including tourism, dining and shopping, and create more employment opportunities with the driving force of gaming industry. The Singapore government drew on the experience of Las Vegas and Macao in the course of the opening of gaming industry and made a plan for its development of gaming industry. Singapore's opening of gaming industry did not focus on establishing new casinos but emphasized the tourism resorts establishment in order to avoid the over-influence of gaming industry. In this way, the economic development will not be unbalanced. The study creates simultaneous equations and finds that Singapore's gaming revenue had significant negative relationship with its GDP, which indicates that Singapore's economic development does not depend on its gaming industry. Singapore's gaming industry does not have positive relationship with its economic development as expected. Instead, Singapore's tourism industry has positive relationship with its economic development.

Keywords: Singapore; Tourism; Gaming Industry

G. 16 The Legalization of Casinos in Japan: Prospect and
Impacts on Macao

Dong Xuyang / 224

Abstract: In order to promote the development of tourism and employment, Japan has been promoting the legalization of casinos for nearly two decades. On July 20, 2018, the plenary session of the House of Councillors passed the IR implementation bill, which means that gambling is officially legalized in Japan. The IR program has since entered the formal implementation phase. Further there will be the determination of the basic policy of the IR implementation and the establishment of the casino management committee. The location of the casino and the selection of cooperative operators are also receiving much attention. The first IR is expected to be completed in the middle of the 2020s. The legalization of casinos is expected to drive the development of the Japanese tourism industry and bring about an economic benefit of approximately $30 billion per year for each casino (in the case of Osaka or Yokohama). The opening of the Japanese casino will drain the mainland Chinese customers who would originally travel to Macao, which will squeeze the Macao gaming market and could result in a reduction in local gambling revenues, affect fiscal revenues, cause the loss of gaming funds and talents, and even affect the financial and economic security of mainland China. Therefore, Macao needs to consider the restrictions on liberalizing online gambling, optimize the gambling structure, support technological innovation in the development of gaming and entertainment industry, accelerate the transition to the center of world tourism and leisure, and increase non-gaming tourism elements to promote the sustainable development of Macao's economy and society.

Keywords: Japan; IR; Legalization of Casinos; Macao

澳门绿皮书

Ⅵ   Case Article

G. 17   Macao International Travel (Industry) Expo: Operation,
Effects and Recommendations

Chen Simin / 239

Abstract: Macao International Travel (Industry) Expo has been held for seven times. Under the effort of Macao Government Tourism Office and Macao Travel Agency Association, the Expo has created a platform for exchanges and cooperation between tourism industry and other related industries from all over the world. Compared with the representative travel exhibitions in Hong Kong, Guangzhou and Shenzhen, the Expo has formed a " government-organized, market-operated " operation model, actively demonstrating Macao's tourism resources, pushing forward the exchanges and cooperation of tourism industry inside Guangdong – Hong Kong – Macao Greater Bay Area and between China and Portugal, promoting the tourism resources of Maritime Silk Road. Drawing on the experience of representative travel exhibitions in Hong Kong, Guangzhou and Shenzhen, it is recommended that the Expo make continuous optimization in terms of internationalization, branding and specialization, build a smart exhibition service platform with " Internet Plus ", continuously enhancing the business value and social benefits of the Expo, and pressing ahead in the direction of " Macao brand " annual international travel expo in order to help with Macao's construction of "World Centre of Tourism and Leisure".

Keywords: Macao's Exhibition Industry; Travel Expo; World Centre of Tourism and Leisure

Abstract: Macao's gaming industry has developed rapidly since the returns. The entering into Macao market of new gaming enterprise is the driving force for the growth on gaming equipment demand, but most suppliers of gaming equipment are overseas, and local suppliers are just only take a small share in the market. The Macao gaming Show is an important way to learn about the local suppliers of gaming equipment, also, it attracts famous gaming equipment suppliers all over the world. Thus all the suppliers can take this opportunity to exchange the latest developments experiences in such area. The show held by local professionals, covering a wide range of elements, focusing on a technology of gaming equipment. However, it is also facing many insufficient areas, such as, shortage of the suppliers and financial contributions. With the development of the global gambling industry, the potential gaming equipment market of cannot be ignored. It is a new attempt that to develop the local gaming equipment industry for diversifying Macao economy. It is suggested to strengthen the diversified development and technological elements of the show, and to encourage the development of local gaming suppliers, also, to integrate regional resources for the development of the gaming industry chains.

Keywords: Macao; MSG Entertainment Show; Casino Equipment; Diversifying Economy;

Abstract: Galaxy Entertainment Group is one of the six biggest gaming

operators in Macao. The group adheres to the philosophy of "from the society and for the society" and the principle of "taking value in Macao and sticking to its commitment" to build a harmonious society in Macao, help the SAR Government build the "World Tourism and Leisure Center", assist the sustainable development of the community, promote moderate and diversified economic development, and pay attention to the holistic development of its team members. The group will continue to make good use of our enterprise and social resources and pooling strengths to implement social civic responsibility and giving back to society. The group will further adapt to the new stage and new features of Macao's economy and society and the development of the Gaming industry. In this process, the group timely adjusts its values and continuously enriches its connotation, rationally plans the social responsibility special strategy and its important tasks, establishes a social responsibility governance system and clarifies its main responsibilities, attaches importance to stakeholder participation, communication and evaluation, and makes information disclosure transparent. The group is outstanding in issues such as employee care, environmental and sustainable development, moderate economic diversity, responsible gaming and community contributions. It is characterized by up and down consistency, internal and external consistency, resource delivery in line with social expectations, regional traditions and corporate practice integration. Its sustainability, contribution, social participation and other benefits are obvious, which is a typical case of understanding and evaluating the social responsibility of Macao gaming companies. However, the group still has room for improvement in its corporate social responsibility governance system, stakeholder participation mechanism, information disclosure system, and investment in the mainland community.

Keywords: Macao; Corporate Social Responsibility; Gaming Industry; Community

G. 20   Broadway Macao: The Gaming Industry's Exploration and
Development of Non-gaming Business

Wang Qian / 278

Abstract: The formation of Broadway Macao has taken place as the Macao government, aims to diversify economy away from the gambling business. Broadway Macao was incorporated into Galaxy Entertainment Group (GEG) in 2013 and opened in 2015. Broadway Hotel, Broadway Food Street and Broadway Theatre constitute the non-gaming business of Broadway Macao. The annual average occupancy rate of Broadway hotel is higher than 99%. At present, there are more than 40 restaurants in the food street, including several with a history of over 100 years in Macao. The Broadway Theatre was built according to the concept of US Broadway stage, hosting one or two shows per month. Currently, the features of non-gaming business of Broadway Macao show as following. It has been growing steadily but remains a small proportion in non-gaming market and is susceptible to external factors. Its non-gaming revenues have exceeded gaming revenues. Hotel, food and beverage occupies the biggest part in non-gaming business of Broadway Macao. Broadway Macao stresses to support local small and medium-sized enterprises (SMEs). The report suggests that Broadway Macao should seize the opportunity that a growing numbers of tourists from mainland coming to Macao to explore more tourism projects and type of food to cater for them. It is vital for it to fully engage with reviews on travel websites and enhance customer experience based on these reviews. Also it is necessary to capitalize on vacant space inside the building to attract tourists and improve the quality and revenues of non-gaming business.

Keywords: Gaming Industry; Broadway Macao; Non-gaming Business; Small and Medium-sized Enterprises

澳门绿皮书

Ⅶ   Appendix

❖ 皮书起源 ❖

"皮书"起源于十七、十八世纪的英国，主要指官方或社会组织正式发表的重要文件或报告，多以"白皮书"命名。在中国，"皮书"这一概念被社会广泛接受，并被成功运作、发展成为一种全新的出版形态，则源于中国社会科学院社会科学文献出版社。

❖ 皮书定义 ❖

皮书是对中国与世界发展状况和热点问题进行年度监测，以专业的角度、专家的视野和实证研究方法，针对某一领域或区域现状与发展态势展开分析和预测，具备原创性、实证性、专业性、连续性、前沿性、时效性等特点的公开出版物，由一系列权威研究报告组成。

❖ 皮书作者 ❖

皮书系列的作者以中国社会科学院、著名高校、地方社会科学院的研究人员为主，多为国内一流研究机构的权威专家学者，他们的看法和观点代表了学界对中国与世界的现实和未来最高水平的解读与分析。

❖ 皮书荣誉 ❖

皮书系列已成为社会科学文献出版社的著名图书品牌和中国社会科学院的知名学术品牌。2016年，皮书系列正式列入"十三五"国家重点出版规划项目；2013~2019年，重点皮书列入中国社会科学院承担的国家哲学社会科学创新工程项目；2019年，64种院外皮书使用"中国社会科学院创新工程学术出版项目"标识。

权威报告·一手数据·特色资源

皮书数据库
ANNUAL REPORT(YEARBOOK)
DATABASE

当代中国经济与社会发展高端智库平台

所获荣誉

- 2016年，入选"'十三五'国家重点电子出版物出版规划骨干工程"
- 2015年，荣获"搜索中国正能量 点赞2015""创新中国科技创新奖"
- 2013年，荣获"中国出版政府奖·网络出版物奖"提名奖
- 连续多年荣获中国数字出版博览会"数字出版·优秀品牌"奖

成为会员

通过网址www.pishu.com.cn访问皮书数据库网站或下载皮书数据库APP，进行手机号码验证或邮箱验证即可成为皮书数据库会员。

会员福利

- 已注册用户购书后可免费获赠100元皮书数据库充值卡。刮开充值卡涂层获取充值密码，登录并进入"会员中心"—"在线充值"—"充值卡充值"，充值成功即可购买和查看数据库内容。
- 会员福利最终解释权归社会科学文献出版社所有。

社会科学文献出版社 皮书系列
SOCIAL SCIENCES ACADEMIC PRESS (CHINA)

卡号：324756855712
密码：

数据库服务热线：400-008-6695
数据库服务QQ：2475522410
数据库服务邮箱：database@ssap.cn
图书销售热线：010-59367070/7028
图书服务QQ：1265056568
图书服务邮箱：duzhe@ssap.cn

基本子库
SUB DATABASE

中国社会发展数据库（下设 12 个子库）

全面整合国内外中国社会发展研究成果，汇聚独家统计数据、深度分析报告，涉及社会、人口、政治、教育、法律等 12 个领域，为了解中国社会发展动态、跟踪社会核心热点、分析社会发展趋势提供一站式资源搜索和数据分析与挖掘服务。

中国经济发展数据库（下设 12 个子库）

基于"皮书系列"中涉及中国经济发展的研究资料构建，内容涵盖宏观经济、农业经济、工业经济、产业经济等 12 个重点经济领域，为实时掌控经济运行态势、把握经济发展规律、洞察经济形势、进行经济决策提供参考和依据。

中国行业发展数据库（下设 17 个子库）

以中国国民经济行业分类为依据，覆盖金融业、旅游、医疗卫生、交通运输、能源矿产等 100 多个行业，跟踪分析国民经济相关行业市场运行状况和政策导向，汇集行业发展前沿资讯，为投资、从业及各种经济决策提供理论基础和实践指导。

中国区域发展数据库（下设 6 个子库）

对中国特定区域内的经济、社会、文化等领域现状与发展情况进行深度分析和预测，研究层级至县及县以下行政区，涉及地区、区域经济体、城市、农村等不同维度。为地方经济社会宏观态势研究、发展经验研究、案例分析提供数据服务。

中国文化传媒数据库（下设 18 个子库）

汇聚文化传媒领域专家观点、热点资讯，梳理国内外中国文化发展相关学术研究成果、一手统计数据，涵盖文化产业、新闻传播、电影娱乐、文学艺术、群众文化等 18 个重点研究领域。为文化传媒研究提供相关数据、研究报告和综合分析服务。

世界经济与国际关系数据库（下设 6 个子库）

立足"皮书系列"世界经济、国际关系相关学术资源，整合世界经济、国际政治、世界文化与科技、全球性问题、国际组织与国际法、区域研究 6 大领域研究成果，为世界经济与国际关系研究提供全方位数据分析，为决策和形势研判提供参考。

法律声明